VOSSIUS

Q&A on European Patent Practice

지유철 · Rainer Viktor 공저

Q&A로
알아보는
유럽특허 실무

박영사

2023년 6월 1일부터 유럽특허청을 통해서, 등록과 동시에 유럽 내 17개 국가에 유효한 권리를 가지는 단일특허(Unitary patent)를 확보할 수 있게 되었고, 동시에 통합특허법원(Unified Patent Court)을 활용해 한 번의 소송으로 17개 국가에 기속력을 가지는 판결을 얻을 수 있게 되었다. 이에 따라, 미국 인구를 넘는 유럽시장에서 자사 제품 및 기술보호를 위해 유럽특허청을 통한 유럽특허 확보가 더 매력적이게 되었다.

하지만 여전히 한국기업의 특허조직에서 주된 업무는 특허분쟁 리스크가 가장 큰 미국에서 권리확보 및 분쟁대응 업무이다. 그러다 보니 한국기업의 특허실무자 및 한국대리인은 해외특허 업무 중 미국특허 업무에 대한 지식과 경험이 많은 반면, 유럽특허 업무에 대해서는 그렇지 않은 것이 사실이다. 타 특허청과 비교해서 출원절차가 상이하고 진보성 판단 방법에 독특한 기준을 가지고 있는 유럽특허청을 통한 권리확보에 익숙하지 않다.

저자가 한국의 유명 전자업체의 특허조직에서 근무할 당시에도 비슷한 경험을 한 바 있다. 경쟁사를 공격하기 위한 특허를 개발하기 위해 미국 계속출원(Continuation application)을 진행한 다음에, 동일한 청구항으로 유럽 분할출원을 진행하려고 했다가, 당시 유럽대리인이 해당 청구항은 지지규정(Art. 76(1) EPC) 위반에 해당한다고 하여 유럽 분할출원용 청구항 세트를 새롭게 작성해야 한 적이 있었다. 청구항 보정의 자유도가 떨어져서 출원 이후에 청구항 보정을 통해 공격특허를 만드는 것이 어려운 유럽출원을 굳이 해야 하나 의문을 가지기도 했다. 하지만 반대로 해석해서, 경쟁사들이 유럽특허청을 통한 권리확보 절차를 제대로 수행하지 못해서 좋은 유럽특허 확보에 어려움을 겪을 때, 자사가 유럽특허 업무의 특징과 장점을 충분히 활용해 경쟁사 대비 우수한 품질의 유럽특허를 확보할 수 있는 기회가 있을 수 있겠구나 생각했다.

이 책은 이러한 저자의 경험을 바탕으로, 한국기업의 특허실무자들과 한국대리인들이 유럽특허 업무를 충분히 이해하고 활용하여 우수한 품질의 유럽특허를 확보하는 데 기여하고자 출간하게 되었다.

이 책의 구성은 실무자들이 어떤 문제에 직면했을 때 이에 대한 해결방안을 찾는 데 도움을 주기 위하여 Q&A 방식으로 구성하였다. 또, 현재 관심있는 질문을 책에서 빨리 찾을 수 있도록 질문들을 출원 절차순으로 나열하였다. 즉, 출원절차를 출원준비 단계, 조사 단계, 심사 단계, 등록 및 개별국 유효화 단계, 이의신청 단계, 심판단계 순으로 나눈 다음, 해당 단계에 관련된 질문을 배치하였다. 모든 단계 관련사항 및 기타 질문사항도 추가하였다. 질문에 대한 답은 법령, 판례, 심사가이드 라인에서 제시하는 내용뿐만 아니라, 저자가 실무경험을 통해 얻었던 Know-how 성격의 내용도 기재하여 실무적 활용도를 높이고자 하였다. 또한 이론적 내용을 보다 쉽게 이해할 수 있도록 가능한 구체적인 사례 및 판례를 소개하였다.

주지하다시피, 유럽출원 비용은 여러 국가의 특허출원 비용과 비교해 저렴한 편이 아니다. 그렇기 때문에 유럽특허 업무를 숙지하고 유럽특허청 절차에 올바르게 대응하여 투자한 비용에 버금가는 우수한 품질의 유럽특허 확보를 위한 노력이 필요하다. 반대로, 유럽특허 업무를 제대로 이해하지 못하고 유럽특허청 거절내용에 잘못 대응할 경우, 오히려 출원비용 증가, 특허품질의 저하, 등록까지 소요시간 증가가 발생할 수 있다.

아무쪼록 한국기업의 특허실무자들과 한국대리인이 비용과 시간을 최소화하면서 우수한 품질의 유럽특허를 확보하는 데 이 책이 조금이나마 기여할 수 있기를 기대해 본다.

2023년 10월
뮌헨에서 지유철

CONTENTS
차 례

PART 01 출원준비 단계

1 소개

이 책은 유럽특허청을 통한 특허출원 및 특허권 확보를 위한 실무적 내용을 담고 있습니다. 특히 이 책은 특허제도에 대한 기본적인 지식을 가지고 있으면서 기업 및 특허사무소에서 유럽특허출원 업무를 담당하시는 분들에게 도움이 되고자 만들었습니다. 따라서 신규성, 진보성, 우선권 개념과 같은 특허제도의 기본지식에 관한 설명을 담고 있지 않습니다.

유럽특허 실무를 수행하는 과정에서 발생할 수 있는 질문 및 궁금한 사항에 대해 답을 하는 형식으로 작성하였습니다. 특정한 질문을 빨리 찾을 수 있도록 유럽특허출원 관련 절차적 순서를 바탕으로 질문들과 그에 대한 답을 나열하였습니다.

지속적으로 책의 내용을 업데이트할 예정입니다. 특히, 내용 중 잘못된 부분이나 내용 추가를 원하는 주제에 대해 저자의 이메일(y.ji@vossius.eu)로 보내주시면 많은 도움이 되겠습니다. 책 업데이트에 도움을 주신 분들을 선정하여 책을 보내드립니다.

2 용어/약어 및 기준 설명

European Patent Convention은 직역하면 유럽특허조약으로 해석됩니다만, 실질적으로 각국의 특허시스템에서 특허법과 같은 성격을 가지므로, 유럽특허법 또는 간략히 특허법으로 언급하였습니다. 유럽특허법의 개별 조항을 언급할 때는 'Art. 번호 EPC' 형식을 사용하였습니다.

Implementing Regulations to the Convention on the Grant of European Patents는 간략히 유럽특허규칙 또는 특허규칙으로 언급하였습니다. 유럽특허규칙의 개별 조항을 언급할 때는 'Rule 번호 EPC' 형식을 사용하였습니다.

Guidelines for Examination in the European Patent Office를 언급할 때는 심사가이드 라인 또는 약어 'GL'로 표기하였습니다.

Case Law of the Boards of Appeal은 심판판례집으로 약어 'CL BoA'로 표기하였습니다.

Rules relating to Fees는 수수료규칙으로 언급하였으며, 개별 조항을 언급할 때는 'Art. 번호 RFees' 형식을 사용하였습니다.

Rules of Procedure of the Boards of Appeal은 심판절차규칙을 의미하며, 개별 조항을 언급할 때는 'Art. 번호 RPBA' 형식을 사용하였습니다.

Rules relating to Unitary Patent Protection은 특허청 행정위원회(Administrative Council)가 제정한 단일특허보호에 관한 규칙을 의미하며, 개별 조항을 언급할 때는 'Rule 번호 UPR' 형식을 사용하였습니다

유럽특허청의 심판 판례번호는 'T 154/04'와 같이 표기되며, 앞의 문자는 판결을 내린 심판부(Board of Appeal) 또는 확대심판부(Enlarged Board of Appeal)의 종류 및 케이스 성격에 따라 달라집니다. 뒤에 '04'는 접수년도를, 앞에 '154'는 접수순서대로 정해진 일련번호를 표시합니다. 가장 빈번하게 접하는 판례 번호의 문자 'T'는 기술심판부(Technical Board of Appeal)의 판결임을, 'J'는 법률심판부(Legal Board of Appeal)임을, 'G'는 심판부 또는 특허청장이 의뢰한 고도의 법률적 판단을 요구하는 사안에 대해 확대심판부가 내린 판결 또는 의견을 의미합니다.

Office Journal of the European Patent Office는 특허청 공보에 해당하며 간략히 'OJ EPO'로 표기하였습니다. OJ EPO에는 특허규칙 개정에 관한 특허청 행정위원회의 결정 또는 시행세칙 성격에 해당하는 특허청장의 결정 등을 발표하므로 자주 인용됩니다.

유럽특허법, 유럽특허규칙, 문헌 또는 판례를 인용한 경우, 직접적인 참조를 위해 해당 문장이나 단락에 부분에 직접 기재하였습니다.

본 책에서 언급된 관납료 금액은 2023년 4월 1일부터 새롭게 적용되는 시점의 관납료 금액입니다. 현 시점에 적용되는 관납료 내역은 특허청 사이트(https://www.epo.org/applying/fees.html)에서 확인할 수 있습니다.

영어로 된 원문용어는 가능한 국문용어로 바꾸어 기술하였습니다. 국문용어에 대한 원문용어를 확인하기 위해서 다음의 용어 대응표를 참조하시기 바랍니다.

3 용어 대응표

국문번역	영어	국문번역	영어
객관적 기술문제	Objective technical problem	관할배제	Opt−out
구두심리	Oral proceedings	국제예비 심사기관	International Preliminary Examination Authority (IPEA)
국제예비심사 보고서	International preliminary examination report (IPER)	국제조사기관	International Search Authority (ISA)
국제조사기관 의견서	Written opinion of international search authority (WO−ISA)	국제조사보고서	International search report (ISR)
권리상실	Loss of rights	권리회복	Restoration of rights
권리회복 청구료	Fee for restoration of rights	기술주제	Subject−matter
단일특허	Unitary Patent	등록료	Fee for grant and publishing
문제−해결 접근법	Problem solution approach	법리검토부	Legal Division
보충적 국제조사기관	Supplementary International Search Authority (SISA)	보충적 국제조사보고서	Supplementary international search report
보충적 유럽조사의견서	Supplementary European search opinion	부분 유럽조사보고서	Partial European search report
실체심사	Substantive examination	심사부	Examining Division
심사청구	Request for examination	심사청구료	Examination fee
심판부	Boards of appeal	심판절차	Appeal proceedings
심판청구료	Appeal fee	심판청구인	Appellant
연차료	Renewal fee/annuity fee	예비의견	Preliminary opinion

유럽조사보고서	European Search Report	유럽조사의견서	European Search Opinion
유럽특허공보	European Patent Bulletin	유럽특허등기부	European Patent Register
이의신청	Opposition	이의신청부	Opposition Division
이의신청이유	Grounds for opposition	이의신청절차	Opposition proceedings
재검토청원	Petition for Review	절차속행	Further Processing
절차속행료	Fee for further processing	접수부	Receiving Section
제3자 의견제출	Third party observations	조사료	Search fee
지정료	Designation fee	철회절차	Revocation proceedings
청구항료	Claims fee	최근접 선행자료	closest prior art
추가 조사료	Further search fees	통합특허법원	Unified Patent Court (UPC)
한정절차	Limitation proceedings	확대심판부	Enlarged Board of Appeal
허여의사 통지	Notice of intent to grant	형식심사	Formality examination

4 면책

본 책에 수록된 내용은 저자의 공식적인 법률 자문을 의미하지 않습니다. 따라서, 이 책의 내용을 바탕으로 독자가 판단하여 행한 법률 행위에 대해서 저자는 책임을 지지 않습니다.

PART

01

출원준비 단계

PART 01 | 출원준비 단계

1.1 특허출원부터 등록까지 전체적인 절차는?

일반적으로 유럽특허출원은, **형식심사, 조사보고서 및 조사의견서 발행, 실체심사** 그리고 **등록 및 개별국 유효화** 단계들을 거쳐서 (단일특허는 개별국 유효화 단계가 없음) 개별국가에 유효한 특허권을 가지게 된다. 중요한 점은, 유럽특허청에 등록되었다고 해서 유럽특허조약에 가입된 모든 국가에 해당 특허권이 자동적으로 생기는 것이 아니라, 개별국가에 유효화(Validation)시켜야 특허권이 생긴다는 것이다.

제3자는 유럽특허등록 후 9개월 내에 해당 특허에 대해 이의신청을 제기할 수 있다. 한편, 특허권자는 필요 시 자발적으로 특허권의 권리범위를 좁히는 한정절차 또는 특허권을 철회하는 철회절차를 진행시킬 수 있다. 다만, 이의신청절차가 계류 중인 동안에는 한정절차와 철회절차를 신청할 수 없다.

형식심사는 접수부가, 조사보고서 및 의견서 발행은 조사부가, 실체심사, 한정절차와 철회절차는 심사부가, 이의신청절차는 이의신청부가 담당한다.

한편, 접수부, 심사부, 이의신청부 및 법리검토부의 결정에 불복하는 경우에는 심판절차를 제기할 수 있다.

심판절차 진행에 근본적인 절차적 흠결이 있는 예외적인 경우, 재검토 청원(Petition for review)을 신청할 수 있다. 이 재검토 청원은 확대심판부에서 담당한다. 확대심판부는 재검토 청원 이외에, 심판부나 특허청장이 의뢰한 법리적인 사항에 대해 판결하거나 의견을 주는 업무를 담당한다.

확대심판부의 제한적인 역할을 고려할 때, 실체적인 내용에 대한 특허청의 결정에 대해 다툴 수 있는 마지막 절차는 심판절차이다.

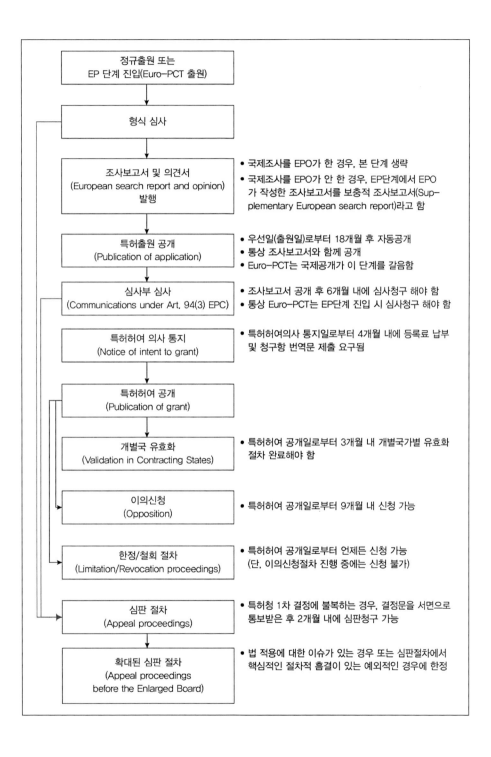

정규출원 또는
EP 단계 진입(Euro-PCT 출원)

↓

형식 심사

↓

조사보고서 및 의견서
(European search report and opinion)
발행

- 국제조사를 EPO가 한 경우, 본 단계 생략
- 국제조사를 EPO가 안 한 경우, EP단계에서 EPO
  가 작성한 조사보고서를 보충적 조사보고서(Sup-
  plementary European search report)라고 함

↓

특허출원 공개
(Publication of application)

- 우선일(출원일)로부터 18개월 후 자동공개
- 통상 조사보고서와 함께 공개
- Euro-PCT는 국제공개가 이 단계를 갈음함

↓

심사부 심사
(Communications under Art. 94(3) EPC)

- 조사보고서 공개 후 6개월 내에 심사청구 해야 함
- 통상 Euro-PCT는 EP단계 진입 시 심사청구 해야 함

↓

특허허여 의사 통지
(Notice of intent to grant)

- 특허허여의사 통지일로부터 4개월 내에 등록료 납부
  및 청구항 번역문 제출 요구됨

↓

특허허여 공개
(Publication of grant)

↓

개별국 유효화
(Validation in Contracting States)

- 특허허여 공개일로부터 3개월 내 개별국가별 유효화
  절차 완료해야 함

↓

이의신청
(Opposition)

- 특허허여 공개일로부터 9개월 내 신청 가능

↓

한정/철회 절차
(Limitation/Revocation proceedings)

- 특허허여 공개일로부터 언제든 신청 가능
  (단, 이의신청절차 진행 중에는 신청 불가)

↓

심판 절차
(Appeal proceedings)

- 특허청 1차 결정에 불복하는 경우, 결정문을 서면으로
  통보받은 후 2개월 내에 심판청구 가능

↓

확대된 심판 절차
(Appeal proceedings
before the Enlarged Board)

- 법 적용에 대한 이슈가 있는 경우 또는 심판절차에서
  핵심적인 절차적 흠결이 있는 예외적인 경우에 한정

한편, 단일특허(Unitary Patent) 시스템의 시작에 앞서, 2023년 4월에 유럽특허청 내 단일특허보호부(Unitary Patent Protection Division)라는 조직이 새롭게 만들어졌다. 이 조직은 유럽연합 규정(Art. 9(1) Regulation (EU) No 1257/2012)에서 정의하고, 유럽특허청 행정위원회가 제정한 '단일특허보호에 관한 규칙(Rules relating to Unitary Patent Protection, UPR)'을 통해 위임된 단일특허 관련 모든 유럽특허청의 추가적인 업무들을 관장한다(Unitary Patent Guide, Par. 42). 유럽특허법이 규정한 절차들을 관장하는 유럽특허청 조직들, 즉 접수부, 조사부, 심사부, 이의신청부 및 심판부들은 단일특허와 관련된 업무에 대한 권한이 없다. 따라서 단일특허보호부의 결정에 대한 불복은 특허청의 심판부에 제기할 수 있는 것이 아니라, 통합특허법원에 제기해야 한다(Unitary Patent Guide, Par. 43).

위에서 설명한 특허허여절차 및 특허 후 절차들을 흐름도로 나타내면 앞과 같다.

1.2 특허출원부터 등록까지 대략적인 소요 기간은?

출원부터 등록까지 소요 기간은 개별 건마다 차이가 크며, 유럽특허청은 출원 유형별 정확한 통계치를 제공하고 있지 않다. 다만, 유럽특허청이 발표한 2022년 연간 보고서에 따르면, 심사에 소요되는 평균 기간은 약 24개월이며, 우선권 주장 없이 유럽특허청에 최초 출원한 경우 출원부터 등록까지 평균 44.2개월(약 3.5년)이 걸린다는 통계가 나와 있다.

한국에 최초 출원한 이후 우선권 기간을 꽉 채워 유럽출원한 경우, 출원 후 약 6개월 지나서 유럽조사보고서가 공개된다. 공개 후 6개월 내 심사청구하거나 이미 심사청구가 이루어진 경우에는 심사단계로 진행할지 여부를 특허청에 통지한다. 이후 심사과정에서 통계치에서 밝힌 평균 24개월 소요되고, 허여의사 통지 후 등록료 납부 및 청구항 번역문 제출을 위해 주어지는 4개월의 시간을 추가 고려하면, 정규 유럽출원의 경우 출원부터 등록까지 평균 40개월이 걸리는 것으로 예상할 수 있다.

PCT출원의 유럽단계 진입(Euro-PCT출원)의 경우, 유럽진입 후 약 2개월 내로

Rule 161/162 EPC에 따른 통지문이 발행된다. 이 통지문에 대한 답신기간 6개월, 이후 보충적 유럽조사보고서 발행까지 약 6개월, 앞서 통계치에서 밝힌 평균 24개월 심사기간, 허여의사 통지 후 등록료 납부 및 번역문 제출에 주어지는 4개월의 시간을 모두 고려하면, 유럽진입 후 등록까지 평균 42개월이 소요될 것으로 예상할 수 있다.

1.3 특허출원부터 등록까지 대략적인 소요 비용은?

3~4년의 심사기간 동안 발생하는 비용은 특허청에 납부하는 관납료와 대리인에게 지불하는 서비스료가 있다. 대략 4년의 심사기간을 고려하면, 관납료는 어느 수준으로 결정되지만, 서비스료는 여러가지 변수에 의해 금액 차이가 커진다.

우선, 4년의 기간 내에서 몇 번의 특허청 통지문에 대한 대응이 있었는지에 따라 대리인이 하는 일의 양이 달라지기 때문에 이에 비례해서 총 서비스료가 달라진다. 게다가 특허사무소마다 서비스료 책정 수준이 다르고, 같은 사무소 내에서라도 고객과 계약 내용에 따라 차이가 있을 수 있다.

이러한 이유로 여기서 서비스료는 논의하지 않기로 하며, 출원인은 사건 의뢰 시 유럽대리인에게 구체적인 서비스료를 사전에 받아서 대략적인 수준을 예상할 필요가 있다.

아래에서는 특허출원부터 등록 시점까지 납부해야 할 관납료를 상세히 설명한다. 아래 설명 내용을 바탕으로 할 때, **정규 유럽출원이며, 등록허여 공개까지 4년 기간 소요되고, 명세서 페이지 수나 청구항 개수에 대한 초과료를 납부하지 않는 것을 전제할 때, 총 관납료는 대략 6,325유로**이다.

1. 특허출원 시 반드시 납부해야 할 관납료: 출원료(filing fee)와 조사료(Search fee)

온라인 출원 시 출원료는 135유로, 조사료는 1,460유로이다. 출원 시, 출원명세서 전체 페이지 수가 35페이지를 초과하면, 초과된 페이지당 17유로의 추가료를 출원료의 일부로서 납부해야 한다(GL A-III 13.2, 2nd par.). 유럽정규출원의 경우,

지정료 660유로와 심사청구료, 1750유로는 유럽조사보고서가 공개된 후 6개월 내에 출원절차 계속 여부를 판단하여 납부할 수 있다(Rule 70(1) EPC).

출원료와 조사료는 ⅰ) 정규 유럽출원인 경우 출원일로부터 1개월 이내(Rule 38 EPC), ⅱ) 분할출원인 경우 분할출원일로부터 1개월 이내(Rule 36(3) EPC), ⅲ) Euro－PCT출원인 경우 국제출원일로부터 31개월 이내 (Rule 159(1) EPC, 우선권을 주장한 경우 우선일로부터 31개월) 유럽단계 진입 시 납부해야 한다.

단, 유럽특허청이 국제조사보고서나 보충적 국제조사보고서를 작성했기 때문에 유럽단계 진입 후 보충적 유럽조사보고서를 작성할 필요가 없는 Euro－PCT출원의 경우는 조사료를 납부할 필요가 없다(GL A－Ⅲ 13.1, 5th par.).

출원료와 조사료가 제때에 납부되지 않으면 해당 출원은 취하 간주된다. 그러면, 특허청은 출원인에게 Rule 11(1) EPC에 따른 권리상실을 통지하고, 출원인은 Art. 121 EPC와 Rule 135 EPC에 따른 절차속행을 신청하여 권리상실을 치유할 수 있다.

2. 청구항료(Claims fee)

특허출원 시 제출된 청구항 개수가 15항을 넘은 경우, 출원일로부터 1개월 이내에 초과 청구항에 대한 추가료를 납부해야 한다(Rule 45(1) and (2) EPC). 추가료는 16항부터는 청구항당 265유로이고, 51항부터는 660유로이다(Art. 2(1), item 15, RFees). 추가료 비용 수준을 감안하면 가능한 15항을 넘지 않도록 청구항 세트를 구성하는 것이 경제적이겠다.

청구항료가 1개월 이내로 납부되지 않으면, 특허청은 미납 사실을 출원인에게 통지하고, 출원인은 통지일로부터 1개월 내에 청구항료를 납부할 수 있다(Rule 45(2) EPC). 즉, 특허출원 시 청구항을 제출했지만 청구항료를 납부하지 않은 경우, 출원 시점부터 대략 2개월 내까지 납부할 수 있는 셈이다. 그래도 청구항료가 납부되지 않았다면, 초과 청구항에 대해서는 포기한 것으로 간주된다(Rule 45(3) EPC).

출원 시점에 청구항을 제출하지 않은 경우, Rule 58 EPC에 근거한 통지문을 받고 이 통지문이 정한 2개월의 기한 내에 청구항을 제출할 수 있다. 이 경우도 청구항료는 청구항을 제출한 후 1개월 내에 납부할 수 있다.

3. 지정료(designation fee)

2009년 4월 1일부터는 EPC 계약국 전체를 지정하는 정액 지정료를 납부해야 한다. **지정료는 660유로**이다(Art. 2(1), item 3, RFees).

지정료는 출원 시점에 납부할 수 있지만 **유럽조사보고서가 공개된 날로부터 6개월까지 납부**할 수 있다. 이 기간 내에 지정료가 납부되지 않으면 해당 출원은 취하된 것으로 간주된다(Rule 39(1) and (2) EPC).

위 기간 내에 지정료가 납부되지 않으면, 특허청은 권리상실을 통지하고, 출원인은 절차속행(Further processing)을 신청하고 권리상실을 치유할 수 있다(GL A−III 11.2.3, 2nd par.).

PCT출원이 유럽단계에 진입한 Euro−PCT출원의 경우, 국제조사보고서와 국제조사보고서의 공개는, 유럽특허청의 유럽조사보고서와 유럽조사보고서의 공개를 대체한다(Art. 153(6) EPC). 따라서 **대부분의 Euro−PCT출원의 경우, 유럽단계 진입 시한인 국제출원일로부터 31개월 내**(우선권을 주장한 경우 우선일로부터 31개월 내) **이미 국제조사보고서의 공개 후 6개월 기한이 만료된 시점으로, 유럽단계 진입 시점에 지정료를 납부**해야 한다(GL A−III 11.2.5, 1st par.).

만일, 이 기간 내에 지정료가 납부되지 않으면 해당 Euro−PCT출원은 철회된 것으로 간주한다(Rule 160(1) EPC). 이 경우 특허청은 출원인에게 권리상실을 통지하고, 출원인은 절차속행을 신청하여 권리상실을 치유할 수 있다(GL A−III 11.2.5, 2nd par.).

4. 심사청구 및 심사청구료(Examination fee)

특허등록을 받기 위해서는 청구항을 포함한 명세서가 특허등록을 위한 형식적 및 실체적 요건을 만족하는지 여부에 대한 심사가 필수적이다. 이를 위해 출원인은 특허청에 해당 특허출원에 대한 심사청구를 신청해야 한다. 심사청구료가 납부되지 전까지 심사청구는 신청되지 않은 것으로 간주된다(Art. 94(1) EPC).

정규 유럽출원의 경우 **심사청구료는 1,840유로**이다. 한편, 유럽단계에서 보충적 유럽조사보고서(Supplementary European Search Report)를 작성할 필요가 없는 PCT 출원의 경우는 심사청구료는 2,055유로이다(Art. 2(1), item 6, RFees). 대부분의 한국 출원인의 경우 PCT출원의 국제조사보고서를 한국특허청에서 작성하므로, 유럽단계 진입 후에는 유럽특허청이 보충적 유럽조사보고서를 작성한다. 따라서 대부분의 한국출원인의 경우 Euro-PCT출원에 대해 심사청구료는 1,840유로를 부담한다.

심사청구 및 심사청구료 납부 기한은 지정료 납부 기한과 동일하다. 즉, **심사청구 및 심사청구료 납부는** 출원 시점에 할 수도 있지만, **조사보고서가 공개된 날로부터 6개월까지** 할 수 있다(Rule 70(1) EPC).

이 기간 내에, 심사청구료가 납부를 포함해서 심사청구가 이루어지지 않으면 해당 출원은 취하된 것으로 간주된다(Art. 94(2) EPC). 이때 특허청은 출원인에게 권리상실을 통지하고, 출원인은 절차속행을 신청하고 권리상실을 치유할 수 있다(GL A-Ⅵ 2.3, 1st par.).

만일, 유럽조사보고서가 출원인에게 통지되기 이전에 이미 심사청구가 신청되었다면, 특허청은 출원인에게 유럽조사보고서 공개일로부터 6개월 내에 해당 특허출원의 추가 절차를 계속할지 여부를 알려줄 것을 요구하는 통지를 한다. 만일 심사절차를 계속 진행할 경우, 이 6개월 기간 내에 유럽조사의견서의 거절이유에 대한 답변과 필요한 명세서 보정을 해야 한다. 요구에 대응하지 않으면, 해당 출원은 취하된 것으로 간주된다(Rule 70(2) and (3) EPC).

앞서, Euro-PCT출원의 지정료 납부 기한 관련에서 설명한 바와 같이, **대부분의 Euro-PCT출원의 경우, 유럽단계 진입 시한인 국제출원일로부터 31개월**(우선권을 주장한 경우 우선일로부터 31개월 내) **내에 이미 국제조사보고서의 공개 후 6개월 기한이 만료되었으므로, 유럽단계 진입 시점에 심사청구 및 심사청구료 납부를** 해야 한다(GL E-Ⅸ, 2.1.3, 1st par.).

만일 이 기간 내에 심사청구가 이루어지지 않으면 해당 Euro-PCT출원은 취하된 것으로 간주한다(Rule 160(1) EPC). 이 경우 특허청은 출원인에게 권리상실을 통지하고, 출원인은 절차속행을 신청하여 권리상실을 치유할 수 있다(GL E-IX, 2.1.3, 2nd and 3rd pars.).

5. 연차료(Annuity fee)

특허출원이 계류상태를 유지하기 위해서는 **출원 후 3년차부터 연차료를 납부**해야 한다.

다가오는 연차에 대한 연차료는 해당 특허출원의 출원일이 있는 달의 마지막 날을 마감일(due date)로 한다. 3년차는 마감일 전 6개월 내에 납부할 수 있으며, 그 밖의 연차에 대한 연차료는 해당 마감일 전 3개월 내에 납부할 수 있다(Rule 51(1) EPC).

앞서 전제한 바와 같이, 등록까지 4년이 소요된다고 치면, 3년차와 4년차 연차료를 납부해야 한다. 2023년 4월 1일 기준으로 **3년차 연차료는 530유로이고 4년차 연차료는 660유로**이다(Art. 2, item 4, RFees).

만일, 마감일까지 연차료를 납부하지 못했으면, 마감일로부터 6개월 내(마감일이 있는 달의 이후 6번째 달의 마지막 날 포함, J 4/91)에 추가납부료와 함께 납부할 수 있다. 이때, 추가납부료는 미납된 연차료의 50%에 해당된다. 이 6개월 납부기간에도 연차료가 납부되지 않으면, 해당 출원은 취하한 것으로 간주된다(Art. 86(1) and Rule (2) EPC).

한편, **Euro-PCT출원의 경우 국제출원일을 기준으로 연차료를 계산**한다. 국제출원이 우선권을 주장했더라도 우선일을 기준으로 연차료를 계산하지 않는다.

대부분 Euro-PCT출원의 경우 유럽단계 진입 시한인 국제출원일로부터 31개월 내(우선권을 주장한 경우 우선일로부터 31개월 내)에 임박하여 유럽단계 진입을 하므로, **진입 시점에 연차료 3년차 마감일이 이미 만료되는 경우가 많다. 즉 대부분 Euro-PCT출원의 경우 유럽단계 진입일이 연차료 3년차 마감일**이 된다(Rule 159(1)(g) EPC). 이때, 유럽단계 진입 시 3년차 연차료를 납부하지 못한 경우, **유럽단계 진입일로부터 6개월 내에 추가납부료와 함께 미납된 3년차 연차료를 납부**할 수 있다(J 1/89).

연차료 미납에 의한 권리상실은, Art. 122 및 Rule 136 EPC에 따른 권리회복 절차를 이용하여 치유할 수 있다(Rule 51(5) and (6) EPC).

연차료에 대한 상세한 규정 및 예외적인 규정에 대해서는 다른 질문을 통하여 다루기로 한다.

6. 등록료(Fee for grant)

Rule 71(3) EPC에 따른 특허허여의사 통지(notice of intent for grant)가 이루어진 날로부터 4개월 내로 등록료 납부 및 타 특허청 공식언어로 된 청구항 번역문을 제출해야 한다.

2023년 4월 1일 기준으로 **등록료는 1,040유로**이다(Art. 2(1), item 7 RFees).

위 4개월의 기한 내에 등록료가 납부되지 않거나, 번역문이 제출되지 않으면, 해당 출원은 취하된 것으로 간주된다(Rule 71(7) EPC). 이 경우 특허청은 출원인에게 권리상실을 통지하고, 출원인은 절차속행을 신청하여 권리상실을 치유할 수 있다(GL C−V, 3rd par.).

1.4 특허출원 이후 등록까지의 소요 기간을 줄이는 방법은?

1. 알고 있는 종래기술을 고려한 합리적인 청구범위 작성

심사단계에서 특허청이 Art. 94(3) EPC에 따른 거절이유를 통지(미국출원에서 편하게 OA라고 부르는 심사의견통지에 해당)하고 이에 대해 답변하는 절차가 반복될수록 심사단계 소요 기간이 길어지게 된다. 따라서 최초 출원 시부터 이미 알려진 종래기술의 범위를 고려하여 합리적인 권리범위를 가지는 청구항을 작성하게 되면, 심사단계에서 Art. 94(3) EPC에 따른 통지를 받지 않고 바로 Rule 71(3) EPC에 따른 허여의사 통지를 받거나, Art. 94(3) EPC에 따른 통지를 받는 회수를 줄일 수 있어, 심사단계 기간을 줄이는 것을 기대할 수 있다.

2. 기한 연장하지 않고 최대한 빠른 시점에 답변서 제출

당연히 기한 내에 정해진 대응을 못해 기한 연장하는 것을 피해야 한다. 특히,

기한 연장을 하게 되면 아래 설명하는 PACE 신청을 철회하는 효과가 발생하므로, PACE 신청을 한 경우 더욱 기한 준수에 유념해야 한다.

그리고 가능하면 기한 내에 빠른 시점에 답변하도록 한다. 특허청의 내부 업무 절차는 출원인의 답변서 제출일로 설정되는 경우가 있으므로 빠른 답변은 빠른 심사절차 진행에 기여한다.

3. PACE(Program for accelerated prosecution of European patent applications) 활용

조사단계 또는 심사단계에서 좀 더 빠른 절차 진행을 원하는 출원인은 해당 출원이 PACE 프로그램하에 진행되도록 신청할 수 있다. 이 PACE 신청은 조사단계에서 한 번 그리고 심사단계에서 한 번 신청 가능하다(GL E-VIII 4). 조사단계에서 PACE 신청을 했다고 해서 심사단계 절차의 빠른 진행에 영향을 주지 않는다.

PACE 신청 시 관납료는 없다. 특허사무소에 따라 PACE 신청 시 서비스료를 100~200유로 수준에서 청구한다. PACE 신청 시 신청 사유를 기재하지 않으므로, 필요에 따라 자유롭게 PACE 신청이 가능하다.

만일, 출원일이 특허청의 통지문에 대해 기한 내에 답변하지 않거나, 기한 연장을 신청하게 되면, 해당 출원은 PACE 프로그램으로부터 제외되므로(GL E-VIII 4), PACE 신청을 한 출원에 대해서는 특히 답변기한을 준수하는 데 유념해야 한다.

PACE 프로그램을 통해 절차가 얼마나 빨라질 것인가는, 관련 조사부와 심사부의 업무량에 좌우된다. 따라서 많은 출원들에 대해 동시에 PACE 신청을 한 경우, 해당 조사부와 심사부의 업무량도 동시에 증가하는 셈이 되므로 기대한 것만큼의 빠른 절차 진행이 안 될 수 있다. 이러한 점을 고려할 때, 특별히 중요하거나 시급히 등록이 필요한 일부 출원에 대해 선별적으로 PACE 신청을 활용할 필요가 있다.

한편, 2014년 7월 1일 이후의 직접 출원 또는 유럽단계 진입한 PCT출원에 대해서, 특허청은 유럽조사보고서를 출원일로부터 6개월 이내 또는 Euro-PCT출원의 경우 Rule 161(2) EPC 규정의 기한으로부터 6개월 이내에 유럽조사보고서를 발행하도록 노력하고 있다(GL E-VIII 4.1). 그러므로 2014년 7월 1일 이후 출원의 경우, **실질적으로 조사단계에서 PACE 신청이 불필요**하다.

심사단계에서 PACE 신청은 해당 출원이 심사부로 넘겨진 시점 이후에 제출해야 빠른 절차 진행의 혜택을 받을 수 있다. 심사단계에서 PACE 신청을 한 경우, 원칙적으로 특허청은 신청을 접수한 후 3개월 이내에 첫 번째 심사 통지문을 발행하기 위해 노력한다(GL E-VIII 4.2).

4. Rule 161 및 162 EPC 규정의 통지문 포기

국제출원이 유럽단계에 진입한 경우, 즉 Euro-PCT출원의 경우, 진입일 직후에 출원인은 Rule 161 및 162 EPC 규정의 통지를 받게 된다. 이 통지에 따라, 출원인은 통지일로부터 6개월 내에, 명세서를 자진해서 보정하거나, 유럽특허청이 국제조사기관 또는 국제예비심사기관이였던 경우 조사 결과나 예비심사 결과에 대한 의견을 제출할 수 있다.

만일, 출원일이 Rule 161 및 162 EPC 규정의 통지를 포기한다면, 유럽특허청은 6개월을 기다리지 않고 바로 보충적 유럽조사보고서 작성을 위해 조사부에 전달하거나, 유럽특허청이 국제조사기관이였던 경우에는 심사부에 전달을 한다. 따라서 이러한 통지 포기는 Euro-PCT출원에 대해서 최대 6개월의 기간 단축 효과를 가져올 수 있다.

Rule 161 및 162 EPC 규정에 따른 통지를 포기하기 위해서는, 유럽단계 진입 시점에 해당 통지를 포기하겠다는 의사를 표시해야 한다. 이 의사표시는 유럽단계 진입 시 제출하는 양식인 EPO Form 1200의 12.2 항목에 체크를 함으로써 이루어진다(OJ 2015, A94).

또한, 31개월의 유럽단계 진입기한 내에 다음의 요건을 충족시켜야만 이 통지 포기가 유효하다. 즉, i) 유럽단계 진행을 위한 청구항 개수가 15개가 넘을 경우 추가 청구항료를 납부해야 하고, ii) 국제조사기관 의견서(WO-ISA), 국제예비심사보고서(IPER) 또는 보충적 국제조사보고서(SISR)를 유럽특허청이 작성한 경우, 이 의견서/보고서에 있는 부정적인 의견에 대한 답변서를 제출해야 한다(Euro-

PCT Guide, 5.4.018).

한국특허청을 접수기관으로 하는 대부분의 PCT출원은 국제조사기관이 한국특허청이고 유럽단계 진입 시 청구항 수를 15개로 조정하는 청구항 보정을 하는 것이 일반적이다. 이 경우, Rule 161 및 162 EPC 규정의 통지 포기를 신청하는 하는데 있어서, 위에서 언급한 두 요건이 제약이 되지 않으므로, 한국출원인들에게 많이 활용가능하다.

5. Rule 70(2) EPC 규정의 통지 포기

Rule 70(2) EPC에 따르면, 유럽조사보고서가 출원인에서 통지되기 전에 심사청구가 이루어진 경우, 특허청은 유럽조사보고서 공개 후 6개월 내에 해당 출원이 계속해서 심사진행을 원하는지 밝히라는 통지문을 출원인에게 보낸다. 이후, 출원인이 조사보고서 및 조사의견서 내용을 보고 심사단계 진행을 할 필요가 있다고 판단하고, 그렇게 하겠다는 의사를 표시했을 경우에 심사단계로 진행하게 된다.

만일, 출원일이 Rule 70(2) EPC 규정의 통지를 받는 것을 포기한다면, 유럽조사보고서가 공개된 직후 심사부는 해당 출원의 심사에 대한 책임을 맡게 된다. 따라서 이러한 Rule 70(2) EPC 규정의 통지 포기는 최대 6개월의 기간 단축 효과를 가져올 수 있다. 이후 출원이 허여가능한 상태가 아니라면 심사부가 Art. 94(3) EPC에 따른 통지문을 발행한다.

6. PPH(Patent Prosecution Highway)

PPH 제도는 한국, 일본, 중국, 미국 및 유럽특허청들(IP5 특허청) 간에 상호 협약에 의해 진행되는 프로그램으로, 타 특허청(OEE, Office of Earlier Examination)에 제출된 특허출원에서 등록 가능 또는 허여 가능하다고 인정된 청구항들이 있는 경우, 유럽출원(OLE, Office of Later Examination)이 이러한 등록/허여 가능 청구항들에 대응되는 청구항들로 청구항 세트를 구성했을 때, 활용할 수 있는 프로그램이다.

하지만 PPH 프로그램은 실무적으로 활용 가치가 낮다. 그 첫 번째 이유는, PPH 프로그램을 신청하기 위한 조건이 까다롭다는 것이다. 예를 들어, 유럽출원의 "모든" 청구항은 OEE가 등록/허여 가능하다고 판단한 청구항들에 대응되어야만 PPH 신청이 가능하다. 두 번째 이유는, PPH 신청이 받아들여지게 되더라도, 유럽특허청은 다른 특허청의 판단을 따르는 것이 아니라 독자적으로 조사와 심사를 진행한다는 것이다. 따라서 PPH에 의한 절차가속과 PACE에 의한 절차가속이 실무적으로 큰 차이가 없다. 복잡한 절차적 요건을 만족하면서 PPH 신청하는 것과 간단히 PACE 신청하는 것이 혜택 측면에서 차이가 없다는 것이다. 오히려 PPH는 청구항의 대응성(correspondence)을 만족시키기 위해 보정이 자유롭지 못하다. 이러한 이유로, PPH 프로그램은 제도는 있지만 실무적으로 활용도가 낮다.

7. 진행상태 문의(Enquiry)

유럽특허청에서 이루어지는 제반 절차의 당사자들이, 해당 절차의 진행상황 또는 특허청의 다음 심사통지문(Office Action)시기에 대해 알고 싶은 경우, 진행상태를 문의할 수 있다. 이러한 문의는 EPO Form 1012를 활용해서, 한 번에 하나의 출원이나 특허에 대해 진행상태 문의를 할 수 있다(GL E−VIII 7, 2nd par.).

PACE 프로그램과 달리, 진행상태 문의 자체가 반드시 조사/심사절차를 가속하는 것은 아니다. 하지만 특허청은 진행상태 문의에 대한 답변으로 다음 심사통지문이 언제까지 이루어질 것인지를 언급하게 되고, 출원인은 특허청이 제시한 기한이 너무 늦다고 판단될 경우, 추가로 PACE를 신청할 수 있다(GL E−VIII 7, the last par.).

한편, 다음의 경우에는 **특허청은 진행상태 문의가 접수된 후 1개월 내에 다음 통지문을 발행**해야 한다. 즉, ⅰ) 2014년 6월 1일 이후 출원된 (또는 유럽단계 진입한) 유럽특허출원으로, 출원일로부터 6개월 이내 또는 Rule 161(2) EPC 규정의 기한 만료로부터 6개월 이내 유럽조사보고서가 발행되지 않은 경우, ⅱ) PACE 프로그램하에 진행된 출원이나 이전 진행상태 문의가 있었던 출원에 대해서, 심사통지문이 예정된 기한 내에 발행되지 않은 경우(GL E−VIII 7, 5th par.).

1.5 PCT출원의 유럽단계 진입 시 비용은?

앞에서 유럽정규출원 및 PCT출원의 유럽진입(Euro-PCT출원)의 경우, 출원 또는 진입시점에 납부해야 할 관납료를 설명한 바 있다. 하지만 Euro-PCT출원의 경우, 국제단계에 어떤 절차가 있었냐에 따라서 유럽특허청에 납부해야 할 관납료의 금액이 달라질 수 있기 때문에, 정확한 비용을 예상하기 위해 좀 더 상세히 알아볼 필요가 있다.

1. 출원료와 조사료

Euro-PCT출원의 경우 원칙적으로 출원료와 조사료는 국제출원일로부터 31개월 이내(우선권을 주장한 경우 우선일로부터 31개월) 납부해야 한다(Rule 159(1)(c) 및 (e) EPC). 2023년 4월 1일 기준 출원료는 135유로(온라인 제출 시), 조사료는 1,460 유로이다.

한편, 조사료는 국제단계에서 있었던 절차에 따라 조사료를 면제 또는 감면 혜택을 받을 수 있다. 즉, **유럽특허청이 국제조사기관이나 보충적 국제조사기관인 경우에는** 유럽단계에서 보충적 유럽조사보고서를 작성할 필요가 없으므로, **조사료를 납부하지 않아도 된다**(GL A-III 13.1, 5th par.).

또한, **오스트리아특허청**, 핀란드특허청, 스페인특허청, 스웨덴특허청, 터키특허청, 북유럽특허청(Nordic Patent Institute) 또는 비세그라드특허청(Visegard Patent Institute)**이 국제조사기관 또는 보충적 국제조사기관인 경우에는 보충적 유럽조사보고서 작성을 위한 조사료를 1,245유로만큼 감면**받는다(OJ EPO 2023, A25, Art. 2). 따라서 2023년 4월 1일 기준으로, 위 금액을 감면받으면 215유로를 납부하면 된다.

한국특허청을 접수기관으로 PCT출원한 경우, 위에 열거된 특허청 중에서 국제조사기관으로 선택할 수 있는 특허청은 오스트리아특허청이다. 하지만 대부분의 한국출원인들의 경우 국문으로 PCT출원하고 한국특허청을 국제조사기관으로 PCT출원하므로, 위에 언급한 조사료의 감면 혜택 대상이 안 된다.

참고로 2023년 1월 1일 기준 출원언어가 한국어인 경우, 한국특허청이 받는 국제조사료는 450,000원이다. 반면, 오스트리아특허청을 국제조사기관으로 선정하려면 국문으로 PCT출원 후 1개월 내에 영어번역문 제출이 필요하고 국제조사료도 2,536,000원으로 매우 비싸다. 따라서 국제조사기관을 오스트리아특허청으로 해서 유럽특허청의 조사료를 감면받더라도 국제조사기관을 한국특허청으로 한 경우가 비용 측면에서 더 유리하다.

2. 심사료와 지정료

원칙적으로 심사료와 지정료를 납부할 수 있는 마지막 기한은 유럽조사보고서가 공개된 날로부터 6개월까지이다(Rule 39(1) 및 70(1) EPC). Euro-PCT출원의 경우, 국제조사보고서의 공개가 유럽조사보고서의 공개를 대체한다. 따라서 **대부분 Euro-PCT출원의 경우, 유럽단계 진입 시한인 국제출원일로부터 31개월 내**(우선권을 주장한 경우 우선일로부터 31개월 내) **이미 국제조사보고서의 공개 후 6개월 기한이 만료된 시점으로, 심사료 및 지정료 납부는 유럽단계 진입 시점에 납부**해야 한다(GL A-III 11.2.5, 1st par. 및 E-IX 2.1.3, 1st par). 2023년 4월 1일 기준 심사료는 1,840유로, 지정료는 660유로이다.

한편, 심사료는 국제단계에서 있었던 절차에 따라 감면 혜택을 받을 수 있다. 즉, **국제단계에서 유럽특허청이 국제예비심사기관으로서 국제예비심사를 한 경우에는, 심사료를 75% 감면**받는다(GL A-X 9.3.2, 1st par.). 따라서 2023년 4월 1일 기준으로, 통상 심사료의 25%인 460유로를 납부하면 된다.

하지만 한국특허청을 접수기관으로 PCT출원을 하면, 유럽특허청을 국제예비심사기관으로 선정할 수 없다(호주특허청, 오스트리아특허청, 싱가포르특허청, 일본특허청 및 한국특허청만이 국제예비심사기관이 될 수 있다). 따라서 아쉽게도 한국특허청으로 PCT출원을 하는 한국출원인들은 이 심사료 감면 혜택을 받을 수 없다.

3. 청구항료

우선적으로 Euro-PCT출원의 청구항료는 유럽단계 진입 시 제출된 청구항 세트를 기준으로 계산한다. 따라서 PCT출원 시 청구항 수는 미국특허출원을 고려하여 20개로 구성하였더라도 유럽단계 진입 시 청구항을 보정하여 15개를 구성하면, 청구항료를 납부하지 않는다. 청구항 50개까지는, 청구항 1개당 265유로를 납부해야 하므로, 유럽진입 청구항 개수를 15개로 유지하는 것이 비용측면에서 바람직하다.

원칙적으로 유럽단계 진입 시 청구항료는 국제출원일로부터 31개월 이내(우선권을 주장한 경우 우선일로부터 31개월) 납부해야 한다(Rule 162 EPC). 단, 이 기간 내에 청구항료를 납부하지 않은 경우는, **Rule 161/162 EPC에 따른 통지를 받은 후 6개월 내에 청구항료를 납부하거나 청구항 수를 15개 이내로 줄여서 청구항료 납부를 회피**할 수 있다(GL E−IX 3.1).

4. 추가 페이지료

유럽단계 진행을 위해 제출 또는 지정한 명세서(도면 및 요약 1페이지 포함)가 35페이지를 넘을 경우, 페이지당 일정 금액의 추가 페이지료를 납부해야 한다. 이 추가 페이지료는 출원료에 포함된다. 따라서 추가 페이지료의 납부기한 역시 국제출원일로부터 31개월 이내(우선권을 주장한 경우 우선일로부터 31개월)이다(Rule 159(1)(c) and Art. 78 (2) EPC).

대부분 한국출원인들의 경우, 국제단계에서 국제예비심사를 하지 않기 때문에, 유럽단계 진행을 위한 명세서는 국문으로 국제공개된 PCT출원명세서로 지정한다. 따라서 **국문으로 공개된 PCT출원명세서를 기준으로 명세서 총 페이지 수를 계산**한다. 단, **유럽단계 진입 시 청구항을 보정하는 경우, 청구항에 해당되는 페이지 수는 보정한 영문 청구항이 차지하는 페이지 수로 대체**한다. 청구항뿐만 아니라 **상세한 설명도 함께 보정하는 경우**, 국제공개된 PCT출원명세서상 청구항 및 상세한 설명 페이지 수 대신에, **보정한 영문 청구항 및 상세한 설명 페이지 수로 계산**한다(GL A−III 13.2). 국문을 영문으로 번역할 경우, 페이지 수가 30~40% 정도 증가하는 것을 감안하면 페이지 수가 많은 상세한 설명 부분의 보정을 하지 않는 것이 바람직하다.

5. 연차료

정규출원과 마찬가지로 Euro−PCT출원도 계류상태를 유지하기 위해서는 국제출원 후 3년차부터 연차료를 납부해야 한다.

Euro-PCT출원의 연차료 계산은 유럽단계 진입일이 아니라 **PCT출원일**을 **기준**으로 한다. 다가오는 연차에 대한 연차료는 해당 특허출원의 출원일이 있는 달의 마지막 날을 마감일로 한다. 3년차는 마감일 전 6개월 내에 납부할 수 있으며, 그 밖의 연차에 대한 연차료는 해당 마감일 전 3개월 내에 납부할 수 있다(Rule 51(1) EPC). 2023년 4월 1일 기준으로, 3년차 연차료는 530유로이다(Art. 2, item 4, RFees).

많은 Euro-PCT출원의 경우 유럽단계 진입 시한인 국제출원일로부터 31개월 내(우선권을 주장한 경우 우선일로부터 31개월 내)에 임박하여 유럽단계 진입을 하므로, 진입 시점 이전에 연차료 3년차 마감일이 이미 만료되는 경우가 많다. 이 경우 3년차 연차료 마감일은 유럽단계 진입일까지 늦춰진다(Rule 159(1)(g) EPC). 만일, 유럽단계 진입 시 3년차 연차료를 납부하지 못한 경우, 유럽단계 진입일로부터 6개월 내에 추가납부료와 함께 미납된 3년차 연차료를 납부할 수 있다(J 1/89).

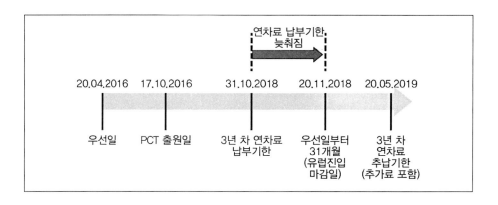

1.6 PCT출원의 유럽단계 진입기한을 놓친 경우 또는 우선권 주장 기한을 놓친 경우 해결방법은?

1. 유럽단계 진입기한을 놓친 경우

PCT출원이 유럽단계에 진입하기 위한 기한은 PCT출원일 또는 우선권 주장을 한 경우 우선일로부터 31개월이다(Rule 159(1) EPC). 이 기한을 놓친 경우, **절차속행**(Further processing, Art. 121 and Rule 135 EPC) **및 경우에 따라 권리회복**(Re-establishment of rights, Art. 122 and Rule 136 EPC) **청구를 통해서 뒤늦게라도 유럽단계에 진입 가능**하다.

유럽진입을 위한 31개월의 기한을 지키지 못한 경우, 특허청은 Rule 112(1) EPC 에 따른 권리상실을 통지한다. 이 **통지를 받은 후 2개월 내에 절차속행료**(fee for further processing)**를 납부하고, Rule 159(1) EPC에서 규정한 유럽진입을 위한 서면제출 및 관납료 납부**를 함으로써 늦게라도 유럽단계 진입이 가능하다(Rule 112(1) 및 135(1) EPC).

31개월이 지나고 얼마 후에 특허청이 Rule 112(1) EPC에 따른 통지문을 발행했고 어느 시점에 출원인/대리인이 받았는가에 따라, 절차속행 청구를 통해 유럽진입이 가능한 최종일이 결정된다. 만일, Rule 112(1) EPC에 따른 통지문이 출원인/대리인에게 전달되지 않아 유럽특허공보를 통해 해당 권리상실이 공표된 경우라면 그 최종일은 몇 개월 더 연기될 수도 있다. 출원인이 권리상실 통지를 31개월 지나자마자 바로 받았다고 보수적으로 가정하면, PCT출원일 또는 우선일로부터 **33개월까지는 절차속행료를 추가 부담함으로써 유럽단계 진입이 가능**한 셈이다.

단일하지 않은 절차적 행위들은 각각 독립적인 기한을 가지고, 절차속행료는 각각의 독립적인 기한에 적용된다(J 26/95). 즉, Rule 159(1) EPC에 열거된 유럽단계 진입에 요구되는 행위 중 단일하지 않은 절차적 행위들은 각기 독립적인 기한을 구성하므로, 이 기한 각각에 절차속행료를 납부해야 한다. Rule 159 EPC에 열거된 행위 중 출원료와 추가 페이지료 납부 그리고 심사청구와 심사청구료 납부는 단일한 절차적 행위에 해당한다(GL E-VIII 2, 3rd par.). 31개월 이전에 마감인 연차료는 50%의 추가납부료만 내면 37개월까지 납부가능하므로 절차속행의 대상이 아니다. 따라서 GL E-VIII 3.1.3의 테이블에 설명된 바와 같이, 5개의 미준수한 기한에 대해 절차속행료를 내야 한다.

절차속행료는 누락된 절차적 행위(가령, 번역문 미제출)**에 대해서는 고정금액인 290유로이고, 미납부에 대해서는 미납부된 금액의 50%**이다(Art. 2(1)12 RFees). 예를 들어, 31개월 기한을 지나서 출원료 및 추가 페이지료를 내는 경우, 절차속행료는 미납부된 출원료 및 추가 페이지료의 50%에 해당한다. 또한, 31개월 기한을 지나서 심사청구를 하고 심사청구료를 납부해야 하는 경우, 절차속행료는 뒤늦은 심사청구에 대한 고정액 290유로에 미납부된 심사청구료의 50%를 포함한다 (Euro-PCT Guide, 5.19.003). 따라서 많은 절차속행료의 부담에도 뒤늦게 유럽단계 진입이 필요한지 판단해야 한다.

물론, 31개월의 기한에 맞추어 Rule 159(1) EPC에 규정한 서면제출 및 수수료 납부를 하였지만 일부 누락이 있는 경우, 해당 누락된 행위에 대해서도 절차속행료를 내고 누락된 행위를 완성함으로써 유효하게 유럽진입이 가능하다.

절차속행 청구를 할 수 있는 시기를 지났다면, 권리회복 청구를 통해서만 유럽단계 진입이 가능하다. 즉, 유럽단계 진입을 위해 **절차속행을 청구할 수 있는 기한을 놓친 것에 대해 권리회복을 청구**해야 한다. 아래 '기한을 지키지 못한 경우 해결 방법은?'에서 설명한 바와 같이, 모든 주의 의무(all due care)를 다했음에도 기한을 놓친 경우에만 권리회복이 허용된다. 따라서 예외적인 상황에서만 권리회복이 허용된다.

권리회복 청구료(fee for re-establishment of rights)는 고정액인 720유로이다(Art. 2(1)13 RFees). 권리회복 청구료도 마찬가지로 각각의 독립적인 기한에 납부해야 한다. 따라서 유럽진입을 위해 31개월의 기한 내에 어떠한 절차적 행위(절차속행 청구 포함)도 하지 않은 경우, GL E-VIII 3.1.3의 테이블에서 설명한 바와 같이 5개의 절차속행 청구기한 각각에 대해 권리회복 청구료를 납부해야 한다.

권리회복 청구를 하면서 동시에 기한 내에 하지 못한 행위(omitted act)를 완성해야 해야 한다(Rule 136(1) EPC). 따라서 유럽진입을 위해 31개월의 기한 내에 어떠한 절차적 행위(절차속행 청구 포함)도 하지 않은 경우, **권리회복 청구료 납부뿐만 아니라, 기한을 놓친 절차속행에 대한 절차속행료 납부 그리고 Rule 159(1) EPC에서 규정한 유럽진입을 위해 요구되는 행위를 모두 완료해야** 한다(GL E-VIII 3.1.3, the last par.). 따라서 권리회복 청구를 통한 유럽단계 진입은 추가적인 관납료 부담이 상당하다.

2. 우선권 주장 기한을 놓친 경우

1년의 우선권 주장 기한을 놓친 경우 절차속행 청구는 허용되지 않고, 권리회복 청구를 통해서 우선권 주장을 해야 한다. 따라서 모든 주의 의무(all due care)를 다 했음에도 우선권 주장 기한을 놓친 예외적인 상황에서만 가능하다. 이 경우, 권리 회복 청구는 우선권 주장 기한 만료 후 2개월 이내에 해야 한다(Rule 136(1) EPC).

권리회복 청구를 통한 뒤늦은 우선권 주장은 PCT 절차에서도 가능하다(PCT Rule 49.6). 주목할 점은, PCT에서 규정하는 권리회복 청구를 허용하는 조건은 우선 권 기한을 놓친 것이 의도와는 다르게(unintentional) 발생하였거나 주의 의무를 다 했음에도(in spite of due care) 발생한 경우에 허용된다(PCT Rule 49.6(a)). 이 기준은 유럽특허법(Art. 122 EPC)에서 규정하는 모든 주의 의무(all due care)보다 낮은 기준 이라, PCT 접수 특허청에서는 권리회복 청구를 허용하더라도 유럽단계 진입 시 유럽특허청에서는 이를 허용하지 않는 경우가 발생할 수 있다.

J 8/21 판례에 따르면, 심판청구인은 2017년 8월 9일 미국특허청에 선출원하였 고, 이를 우선권 기초로 2018년 8월 14일에 미국특허청을 접수기관으로 PCT출원 하면서 우선권에 대한 권리회복 청구를 하였다. 미국특허청은 우선권 기한을 지 키지 못한 것이 의도와는 다르다(unintentional)라는 기준을 만족하므로 권리회복 청구를 인정하였다. 심판청구인은 유럽단계 진입하면서, 유럽특허청에 우선권 주 장의 유효성을 확인해달라는 요청을 하였으나 접수부는 유럽단계 진입한 PCT출 원의 우선권 주장이 유효하지 않다고 판단하였고, 심판부도 접수부의 판단을 인 용하였다.

심판부는 Art. 122 EPC 규정에 따른 주의 의무(due care) 기준은, 기한 미준수가 **통상적으로 만족스러운 모니터링 시스템**(normally satisfactory monitoring system)**하에서 예외적인 상황**(exceptional circumstances) **또는 단발성 실수**(isolated mistake)**로 발생**할 것을 요구한다는 기존 판례를 다시 한번 확인하였다. 그리고 통상적으로 만족스 러운 모니터링 시스템이 되기 위해서는 **독립적인 크로스 체킹이 이루어지는 시스 템이어야** 한다고 판단하였다. 이 사건에서, 비서가 마감일을 시스템에서 지워야 할지 확실하지 않을 경우 다른 사람(담당 변호사)에게 문의할지 여부를 결정해야 한다는 사실은 해당 시스템이 독립적인 크로스 체킹 기준에 부합하지 않는 것으로 판단하였다. 또한, 비서가 출원인의 제출 지시를 "제출이 불필요함"으로 잘못 바꾸는 1차 실수를 한 다음에, 시스템에서 마감일을 삭제하기 위해 담당 변호사에게 문의하지 않는 2차 실수를 한 것은 단발성 실수(isolated mistake) 기준에 부합하지 않는 것으로 판단하였다.

1.7 공지예외규정 적용을 받기 위한 조건은?

Art. 55 EPC에서는 공개된 내용이 Art. 54(1) EPC에서 규정하는 선행기술에 해당되어 해당 출원의 특허성 거절에 활용되지 않기 위한 조건을 규정하고 있다.

이 공지예외규정에서 가장 중요한 것은, **공개가 발생한 후 6개월 이내에 유럽특허출원**이 되어야 한다는 것이다. 여기서, **6개월의 기산은 실제 유럽특허출원일**(actual filing date)**을 기준**으로 하고 우선일을 기준으로 하지 않는다(G 3/98). 따라서 박람회에 공개 후 6개월 내에 유럽출원을 하기 위한 번역문 준비가 어려운 경우, 우선은 6개월 내에 PCT출원을 한 후에 유럽단계에 진입하는 방법을 고려해 볼 수 있겠다.

공지예외규정을 받기 위한 공개 유형은, ⅰ) 출원인 또는 출원인의 법률적 승계인이 박람회에 발명을 공개한 경우(Art. 55 (1)(b) EPC), ⅱ) 출원인 또는 출원인의 법률적 승계인의 이익을 해하려는 명백한 의도(evident abuse)로 공개한 경우(Art. 55 (1)(a) EPC)가 있다.

최근 들어, 유럽특허청은 다른 국가들의 특허시스템과 같이 공지예외규정을 적용받기 위한 조건 및 6개월을 늘리는 방안에 대해 논의하고 있다.

1. 박람회에 발명을 공개한 경우

공지예외규정 적용을 받기 위해서는 특허청이 공식적으로 인정한 국제박람회에 발명이 공개되었어야 한다. 특허청은 공인된 국제박람회의 리스트를 유럽특허공보에 게시하고 있다. 하지만 이 리스트에 포함되는 국제박람회들은 국제박람회사무국에 등록된 일부 박람회로 한정되어 있다. 따라서 공지예외규정을 활용하는 것보다, 박람회에서 대중에게 공개할 것으로 예상되는 발명들에 대해서는 박람회

출시 전에 출원을 완료하는 것이 바람하다.

이 규정의 적용을 받기 위한 형식적 요건으로는, 출원 시에 발명이 박람회에 전시되었다는 사실을 언급해야 하고, 출원일로부터 4개월 이내에 이를 입증하는 증명서를 제출해야 한다(Art. 55 (2) EPC). 이 증명서는 박람회에서 지적재산권 보호를 담당하는 관계자에 의해 발행되었어야 하고, 발명이 실제 공개되었다는 사실과 박람회의 개최 날짜가 기재되어야 하고, 위 관계자가 확인한 발명 내용도 포함되어야 한다(Rule 25 EPC).

박람회 전시 후 6개월 내에 유럽출원을 하지 못한 경우 또는 유럽특허청이 공인하지 않은 박람회에 발명을 공개한 경우, 발명을 권리화할 수 있는 대안은 없을까?

독일 실용신안의 경우, 출원일/우선일 전에 선사용(Prior use)이 **독일 내에서 발생해야 선행기술**(state of prior art)에 해당한다(GebrMG §3 (1)). 이를 이용하여, 독일이 아닌 국가의 박람회에서 발명이 공개된 경우에는, 유럽특허출원 대신에 **독일 실용신안으로 권리화를 추진**하는 것을 고려할 수 있다.

예를 들어, 2014년 10월 14일에 한국 박람회에서 발명을 공개하였고, 그로부터 2개월 후인 2014년 12월 19일에 한국출원을 하였다. 한국 박람회 공개일로부터 6개월이 지난 2014년 5월 1일에, 공지예외규정을 적용받기 위한 6개월의 기간을 경과했고, 또 이 박람회가 유럽특허청이 공인한 국제박람회가 아님을 알았다. 이 경우, 한국출원을 우선권 기초 출원으로 하여 독일 실용신안을 출원할 수 있다. 그러면 한국 박람회에서 발명의 공개는 독일 밖에서의 선사용에 해당하므로, 출원한 독일 실용실안에 대해서 선행기술이 되지 못한다.

한편, **박람회에 어떤 제품이 출품되었다고 해서, 무조건 해당 제품에 적용된 발명 내용 전부가 선사용에 의한 공개된 것으로 간주되지 않는다.** 즉, 해당 제품이 박람회에서 보여지기만 했다면, 단지 해당 제품의 시각적인 특징만 대중으로 공개된 것으로 본다(T 1085/82). 만일, 보여지는 것과 동시에 구두로 어떤 설명이 있었다면, 설명된 내용에 따라서 비시각적인 특징이 추가적으로 공개된 것으로 판단할 수 있다. 즉, 박람회에서 어떤 내용이 어떤 수준으로 공개되었냐에 따라서, 제품에 적용된 특정 발명이 공개되었는지 아닌지 판단이 달라질 수 있는 것이다.

2. 출원인의 이익을 명백히 해하려는 의도(evident abuse)로 공개한 경우

명백히 권한이 없는 제3자가, 입수한 발명에 대한 정보를 타인에게 공개하는 경우가 이에 해당된다. 또한, 출원인과 그 승계인을 해할 명백한 의도를 가진 경우뿐만 아니라 해를 끼칠 수 있다는 위험성을 알면서 공개한 경우도 해당된다(T 173/83).

한편, 정부기관의 업무상 오류로 조기에 특허출원이 공개되고 이로 인해 부정적인 결과를 얻었더라고 하더라고, 출원인의 이익을 명백히 해하는 의도로 보지 않는다. 즉, 권한 없는 제3자의 의도를 중심으로 판단한다.

1.8 모출원의 허여된 청구항보다 넓은 권리범위를 가지는 청구항으로 분할출원이 가능한가?

결론적으로는, 넓은 권리범위를 가지는 분할출원 청구항의 기술주제가 모출원(parent application)의 최초출원명세서(application as filed)에 개시된 내용의 범위 안에 있으면 가능하다(Art. 76(1) EPC).

분할출원 청구항의 기술주제가 모출원명세서의 개시범위 내에 있는가에 대한 판단은 '청구항을 어떻게 보정한 경우 출원명세서의 개시범위를 벗어나는 보정에 해당하는가?' 부분에서 제시된 Art. 123(2) EPC 규정에 대한 판단기준을 동일하게 적용한다(GL C-IX 1.4, 5th par.).

즉, 모출원의 허여된 청구항에서 일부 구성요소를 삭제하여 분할출원 청구항을 구성한 경우, 모출원의 상세한 설명에서 개시한 내용으로부터, 분할출원 청구항의 기술주제가 별도의 발명에 해당한다는 것을 직접적이고 명확히 도출할 수 있으면(directly and unambiguously derivable), 이러한 분할출원의 청구항은 Art. 76(1) EPC 규정을 만족한다.

한편, 모출원의 등록청구항에 포함되어 있는 일부 특징을 삭제하여 분할출원 청구항을 구성한 경우, 삭제된 특징이 발명의 필수적 특징이기 때문에 분할출원 청구항이 Art. 76(1) EPC 규정을 위반한다는 거절이 나오는 경우가 빈번하다. 이러한 거절에 대한 반박으로는, **모출원의 등록청구항에 정의된 발명이 해결하고자 하는 문제와 분할출원의 청구항 정의된 발명이 해결하고자 하는 문제가 서로 상이**

하며, 삭제된 특징은 분할출원 발명에 필수적 특징이 아니라는 것을 주장하여 극복할 수 있다(CL BoA, II.E.1.4.5).

예를 들어, 모출원의 독립항은 사용자가 냉장고로부터 소정 거리 내로 접근하면 문을 열어주는 발명에 대한 것으로 A+B+C라는 특징들의 조합으로 허여의사통지를 받았다. 출원인은 분할출원 여부를 검토하면서 상세한 설명에 기재된 기술내용 중에, 사용자가 냉장고로부터 소정 거리 내로 접근하면 냉장고 문을 투명하게 만들어 내부를 들여다볼 수 있도록 하는 기술이 중요하다고 판단하였다. 그리고 이 기술에 필수구성요소라고 판단되는 특징들의 조합 A+B+D로 독립항을 구성하여 분할출원을 진행하였다. 특허청은 모출원의 등록된 독립항에 포함된 특징 C가 필수구성요소인데, 분할출원의 독립항에 포함되어 있지 않는다는 사실에 근거해 불명료 거절(Art. 84 EPC) 및 모출원명세서 개시범위를 벗어났다고(Art. 76(1) EPC) 거절하였다. 이 거절을 극복하기 위해서는, 특징 C는 냉장고로부터 소정 거리 내로 접근하면 문을 열어주는 발명에 대해서는 필수구성요소이지만, 사용자가 냉장고로부터 소정 거리 내로 접근하면 냉장고 문을 투명하게 만드는 발명에 대해서는 비필수구성요소임을 주장한다. 또한, 후자 발명에 대해서는 특징 D가 필수구성요소이며, 모출원의 명세서 특정부분에 기재된 내용을 고려할 때 모출원의 개시된 내용이 특징 D를 A+B 조합에 결합시키는 것을 지지한다고 주장해야 한다.

따라서 분할출원 시 Art. 76(1) EPC에 의한 거절 리스크를 줄이기 위해서는, ⅰ) 상세한 설명에서 필수구성요소와 비필수구성요소들 간의 다양한 조합가능성을 구체적으로 언급하고, ⅱ) 어떤 특징이 어떤 문제를 해결하는 데 또는 어떤 기술적 효과를 달성하는 데 기여하는지 가능한 많이 언급하고, ⅲ) 청구항에서는 다중인용을 적극활용하여 모출원의 청구항에 정의되는 발명의 수를 늘리는 것이 바람직하다.

1.9 향후 경쟁사 공격특허 개발을 위해 분할출원을 해 두어야 하는데, 현시점에 경쟁사 제품과 매칭되는 청구항을 준비할 수 없는 상황인 경우, 분할출원에 대한 청구항은 제출은 언제까지 최대한 미룰 수 있을까?

출원 시점에 청구항을 제출하지 않은 경우, 특허청은 Rule 58 EPC에 근거한 통지문을 발행하면서 2개월 내로 청구항을 제출할 것을 요구한다. 통상 이 통지문은 출원 후 2개월이 지난 시점에 발행된다. 따라서 **일반적으로 출원 시점부터 4개월까지** 청구항 제출을 미룰 수 있다.

Rule 58 EPC 통지문에서 설정한 2개월 내로 청구항을 제출하지 않은 경우, 해당 출원은 거절된다(Art. 90(5) EPC). 이 기한을 놓치면 절차속행(Further processing, Art. 121 and Rule 135 EPC)을 통해서 거절된 출원을 살릴 수 없고, 권리회복(Re-establishment of rights, Art. 122 and Rule 136 EPC)을 청구하는 방법밖에 없다. 하지만 아래 '기한을 지키지 못한 경우 해결방법은?'에서 설명한 바와 같이, 권리회복은 아주 예외적인 경우에만 인정되므로, Rule 58 EPC 통지문에서 설정한 2개월 기한은 반드시 지켜야 한다.

1.10 출원 시점에 비용을 줄이기 위해서는 어떻게 해야 하나?

특허출원 시 발생하는 비용은 유럽특허청에 납부하는 관납료와 유럽 대리인에게 지불해야 하는 서비스료가 있다.

1. 서비스료 계약

서비스료 수준은 특허사무소마다 차이가 있으며, 같은 특허사무소라고 하더라도 출원인과 다양한 조건으로 계약할 수 있다.

통상 특허사무소는 출원인의 연간 총 출원의뢰 건수에 비례하여 서비스료 할인 비율을 달리하는 경향이 있으므로, 비용 측면에서만 본다면 여러 특허사무소를 이용하지 않고 하나의 특허사무소를 이용함으로써, 연간 출원 건수를 높여 보다 나은 서비스료 할인 비율 혜택을 받는 것을 고려할 수 있다.

큰 규모의 특허사무소보다는 작은 규모의 특허사무소의 서비스료가 더 저렴하다고 생각하시는 분들이 많다. 하지만 서비스 품질 수준은 비용과 상관 관계가 있기 때문에, 비용 때문에 무조건 작은 규모의 특허사무소를 찾는 것은 재고해야 한다.

낮은 시간당 서비스료(Hourly rate)를 제시하였다고 해당 로펌이 저렴하다고 속단해서는 안 된다. 일부 로펌의 경우, 고객유치를 위해서 낮은 시간당 서비스료를 제시하지만 시간을 늘려서 청구함으로써, 결국에는 총액 기준으로 보면 다른 로펌과 차이가 없을 수 있다.

2. 출원 시점 이후에 낼 수 있는 관납료

특허출원 시 반드시 납부해야 할 관납료는 출원료와 조사료이다. **출원료와 조사료의 납부를 미룰 수 있는 최대 기한은 정규 유럽출원일로부터 1개월 이내**이다. Euro-PCT출원인 경우 유럽단계 진입 시 출원료와 조사료(EPO가 추가 조사보고서를 작성해야 하는 경우)를 납부해야 하므로, 출원료와 조사료 납부를 유럽단계 진입 이후로 미룰 수 없다.

만일, 출원료 또는 조사료가 1개월 이내로 납부되지 않은 경우, 해당 출원은 취하된 것으로 간주되고 특허청은 출원일에게 권리상실을 통지한다(Art. 78(2) EPC). 이에 대해, 출원일은 절차속행을 이용하여 미납된 비용을 납부할 수 있지만(Art. 121(1) and Rule 135 EPC), 미납된 금액에 대한 50%를 추가로 납부해야 하므로 오히려 출원 비용을 증가시키게 된다(Art. 2(1) item 12 RFees).

한편, 심사청구 및 지정료 납부는 출원 시점에 할 수도 있지만, 출원 시점에 비용을 줄이기 위해서, **유럽조사보고서가 유럽특허공보에 공개된 날로부터 6개월까지 심사청구 및 지정료 납부시점을 미룰 수 있다.** 이를 활용하면, 출원 시점 1년 이후로 지정료와 심사청구료 납부시점을 늦출 수 있어서, 현금흐름이 어려운 고객에게 추후 납부를 제안할 수 있겠다.

이와 대조적으로 **Euro-PCT출원의 경우**, 일반적으로 유럽단계 진입 시점에서는 이미 국제조사보고서가 공개된 지 6개월이 경과한 시점이므로, 심사청구 및 지정료 납부는 유럽단계 진입 시 완료되어야 하므로, 대부분 **심사청구와 지정료 납부를 유럽단계 진입 이후로 미룰 수 없다.**

3. 피할 수 있는 관납료는 피하자

출원 시 명세서 페이지 수와 청구항 수에 따른 추가비용을 내지 않도록 한다. 즉, **명세서 페이지 수는** (도면 페이지 수 및 요약 1페이지를 포함하여) **총 35페이지 이내로** 하고, **청구항 개수는 15개 이내로** 한다.

한국 특허사무소 대부분은 유럽특허출원 의뢰 시, 번역사무소 내부 기준으로 정한 페이지 양식으로 작성되었거나, 미국출원에 맞는 페이지 양식으로 작성된 영문명세서를 유럽대리인에게 송부한다. 이러한 페이지 양식은, 유럽특허청에서 허용하는 페이지 양식보다 테두리 간격이나 줄 간격이 크기 때문에, 한 페이지에 작성된 텍스트양이 많지가 않다. 따라서 **명세서 분량이 많은 경우 전체 페이지 수를 줄이기 위해서 유럽실무에서 허용하는 페이지 양식으로 변경하는 것이 필요**하다.

2023년 2월 1일부터 적용되는 특허청이 정하는 명세서 페이지 양식은, A4 세로 방향 용지에 **최소 테두리 간격은 윗면이 2cm, 아랫면이 2cm, 왼쪽면이 2.5cm 그리고 오른쪽면이 2cm고, 줄 간격은 1.5**이다(OJ EPO 2022, A113). 또한, **대문자 글자 크기가 최소 0.21cm이어야** 한다고 규정하고 있다. 실무적으로 많은 로펌에서는 글자 크기로 Word 폰트크기 12를 사용한다.

위와 같이 유럽실무 맞는 명세서 페이지 양식으로 변경 시, 경우에 따라 40%가량 페이지 수를 줄일 수 있다. 여러 건의 우선권 출원을 병합하여 유럽특허출원을 할 경우, 한국 특허사무소로부터 받는 영문명세서가 150페이지가 되는 경우도 있는데, 만일 40% 페이지 수를 줄인다고 생각하면 추가 페이지료로 1,000유로 넘게 절감할 수 있다.

특히, 분할출원의 경우 추가 페이지료를 줄이기 위한 방법이 있다. 모출원이 유럽특허청 공식언어가 아닌 언어로 출원된 경우, 분할출원은 유럽특허청 공식언어뿐만 아니라 모출원의 언어로도 할 수 있다(Rule 36(2) EPC). 대부분 한국출원인들은 PCT출원 유럽단계 진입 시, 국제단계에서 국문으로 공개된 PCT 공개문헌을 유럽단계를 진행하기 위한 명세서로 지정한다. 즉, 한국출원인의 Euro-PCT출원의 경우 대부분 출원언어가 한국어이다. 이 경우, Euro-PCT출원에 대한 분할출원은 국문 또는 유럽특허청 공식언어로 출원할 수 있다. 국문을 영어로 번역 시 텍스트 양이 30~40%가량 증가하고, 국문으로 공개된 PCT 공개문헌은 통상 한 페이지에 38라인이 들어갈 정도로 한 페이지에 텍스트양이 많다. 이렇게 때문에, **모출원인 PCT출원에 대한 분할출원명세서를 모출원의 국제단계 공개문헌으로 한다면 페이지 수 절감효과를 기대할 수 있다.** 다만, 이 방식으로 분할출원 시 유럽대리인이 실무적/절차적으로 신경을 써야 할 부분이 있다. 즉, **분할출원의 언어가 국문이 되도록 하기 위해서는, 우선 국문으로 된 모출원의 국제단계 공개문헌 중 상세한 설명과 도면만을 가지고 일단 출원**을 한다. 출원일은 상세한 설명만 있어도 부여되므로, 분할출원의 출원일이 결정된다. **그리고 이 출원일 이후에**(보통 출원일 다음날), **상세한 설명과 도면의 번역문 그리고 영문으로 된 청구항과 요약서를 제출**한다. 이렇게 해야만 분할출원의 언어가 국문으로 인정되고, 국문으로 된 상세한 설명을 기준으로 페이지 수를 계산한다.

한편, 미국 특허출원명세서는 일반적으로 기본 청구항 수 20개를 포함하고 있다. 그래서 만일 미국 특허출원명세서를 그대로 유럽출원명세서로 사용할 경우 15개를 초과하는 청구항 1개당 265유로, 즉 초과 청구항 5개에 대해서는 1,325유로를 납부해야 한다. 이는 출원인에게 큰 비용 부담이 될 수 있다. 따라서 유럽출원 의뢰 시 사전에 청구항 개수를 15개로 조정하는 것이 필요하다.

미국실무와 달리, 유럽실무에서는 청구항에서 다중 인용(Multiple back-reference)을 사용하는 것에 대한 제약이 없다. 따라서 **미국특허출원에 맞추어 준비된 20개의 청구항을 유럽실무에 부합하게 15개로 줄이기 위해 다중 인용을 많이 활용**할 필요가 있다.

4. 분할출원에서 발생하는 추가비용

분할출원은 모출원이 계류 중(pending)인 상태이기만 하면 가능하므로, 최초 출원을 시작으로 해서 여러 세대에 걸친 분할출원이 가능하다. 하지만 이미 출원된 분할출원을 기초로 추가로 분할출원을 하는 경우에는 추가비용을 납부해야 한다. 즉, 제1세대 분할출원(모출원이 분할출원이 아닌 경우)에는 추가 비용이 없지만, 제1세대 분할출원을 기초로 제2세대 분할출원을 하는 경우 235유로를, 제2세대 분할출원을 기초로 제3세대 분할출원을 하는 경우 480유로를 추가 납부해야 한다.

따라서 **최초 출원과 제1세대 분할출원이 동시에 계류 중인 경우에 분할출원에 따른 추가비용을 내지 않기 위해서는, 제1세대 분할출원을 기초로 분할출원하지 말고 최초 출원을 기초로 분할출원을 해야** 한다.

분할출원에 대한 연차료 계산은, 분할출원의 기초가 된 가장 앞선 모출원의 출원일을 기준으로 계산한다(Rule 51(3) EPC). 일반적으로, 분할출원은 상기 모출원의 출원일로부터 최소 2년이 경과한 시점 이후에 출원하는 경우가 많으므로, **분할출원일 이전에 도래했던 그리고 분할출원일 당일에 도래하는 연차료는 분할출원일로부터 4개월 이내 납부해야** 한다. 만일, 이 기간 내에 납부하지 못한 경우, 분할출원일로부터 6개월 이내 50% 가산료와 함께 납부할 수 있다(Rule 51(3) EPC).

따라서 분할출원에 대한 연차료 총액을 줄이기 위해서는 가능한 모출원의 출원일로부터 가능한 빠른 시점에 분할출원을 진행한다. 이는 연차가 많아질수록 비싼 유럽특허청 연차료와 각 개별국 연차료의 차가 커지기 때문이다. **연차료 금액이 커서 출원 시점에 다른 비용과 함께 납부하기 어려운 경우, 분할출원 후 최대한 4개월까지 납부 시점을 미룰 수 있다**(Rule 51(3) EPC).

`1.11` 비용측면에서 유럽출원보다 독일직접출원이 유리하지 않을까?

예상보다 많이 소요되는 유럽출원비용 때문에, 독일에서만 권리확보가 필요한 경우, 유럽출원 대신에 독일직접출원을 하는 것이 더 비용이 적게 들지 않는지 문의하시는 분들이 많다.

결론적으로 말하면, **출원명세서의 독일어 번역비용이 얼마나 많이 드는가 및 연차료를 얼마나 많이 내야 되는가에 따라** 독일직접출원이 유럽출원보다 더 저렴할 수 있고 그렇지 않을 수 있다.

아래와 같은 구체적인 상황을 가정하여 유럽출원비용과 독일직접출원의 비용을 산출해 보자.

- 청구항은 15개
- 영문 1페이지당 독일어 번역에 100유로(페이지당 영문 370단어, 영문 100단어당 27유로로 가정)
- 유럽출원과 독일출원 모두 3번의 거절이유통지(유럽조사의견서 포함)를 받고 등록
- 유럽출원단계 서비스료 1,300유로, 독일출원단계 서비스료 800유로, 유럽/독일 모두 거절이유통지에 대한 답변으로 1회당 서비스료가 1,300유로, 유럽등록단계 서비스료 600유로, 독일등록단계 서비스료 400유로
- 유럽출원은 4년차 연차료까지 납부, 독일출원은 5년차 연차료까지 납부(통상 독일출원이 유럽출원보다 심사기간이 더 긴 것을 고려)

1. 사례 1: 영문명세서가 총 35페이지, 번역 대상 페이지가 25페이지

1) 출원단계 비용

유럽출원의 경우 출원시점에 지정료 및 심사청구료를 모두 같이 납부할 경우 관납료는 4,095유로(출원료 135유로, 조사료 1,460유로, 지정료 660유로 및 심사청구료 1,840유로)이고 출원서비스료 1,300유로까지 합하여 총 5,395유로가 든다.

한편, **독일출원의 경우** 출원시점에 심사청구를 할 경우 관납료는 390유로(출원료 40유로, 심사청구료 350유로), 출원서비스료 800유로 및 명세서 번역료 약 2,500유로가 소요되어 총 3,790유로가 소요된다. 따라서 **출원단계 비용으로는 독일출원이 유럽출원보다 1,705유로가량 저렴**하다.

2) 심사 및 등록단계 비용

유럽출원의 경우 연차료로 1,190유로(3년차료 530유로, 4년차료 660유로), 3번의 거절이유통지 대응 서비스료 3,900유로, 등록청구항 번역료 500유로(영어→독일어 및 프랑스어) 및 유럽등록단계 서비스료 600유로, 등록료 1,040유로 및 독일 유효화 서비스료 150유로를 더하면 총 7,380유로가 소요된다.

한편, **독일출원의 경우** 연차료로 240유로(3년차료 70유로, 4년차료 70유로, 5년차료

100유로), 3번의 거절이유통지 대응 서비스료 3,900유로, 3번의 거절이유통지서 번역료 660유로(독일어→영어) 및 독일등록단계 서비스료 400유로를 합하면 총 5,200유로가 된다. 따라서 **심사 및 등록단계 비용으로는 독일출원이 유럽출원보다 2,180유로가량 저렴**하다.

　출원, 심사 및 등록단계 비용을 모두 합하면 독일출원이 유럽출원보다 3,885 유로가량 저렴하므로, 독일에서만 권리확보를 필요로 하는 경우, 독일직접출원이 더 경제적이라는 말은 옳은 말이다.

2. 사례 2: 영문명세서가 총 100페이지, 번역 대상 페이지가 80페이지

1) 출원단계 비용

　유럽출원의 경우 앞의 사례보다 추가 페이지료 1,105유로를 더 납부해야 하므로, 총 6,500유로가 든다.

　한편, **독일출원의 경우** 추가 페이지료 규정은 없으므로 추가 페이지료 부담은 없다. 하지만 앞의 사례보다 번역료가 훨씬 많이 들어서 약 8,000유로가 소요된다. 따라서 총비용은 9,190유로가 소용된다. 따라서 **이 사례에서는 출원단계 비용으로 독일출원이 유럽출원보다 2,690유로가량 비싸다.**

2) 심사 및 등록단계 비용

　유럽과 독일출원 모두 앞의 사례와 동일하게 비용이 소요되어, **심사 및 등록단계 비용으로는 독일출원이 유럽출원보다 2,180유로가량 저렴**하다

　출원, 심사 및 등록단계 비용을 모두 합하면, 앞의 사례와 달리 **독일출원이 유럽 출원보다 510유로 더 비싸다.**

3. 결론

　명세서 페이지 수가 적으면 독일직접출원이 유럽출원보다 더 저렴하지만, 반대로 명세서 페이지 수가 많으면 독일직접출원이 더 비쌀 수 있다.

　앞에 열거된 비용 및 조건을 가정하면, **번역 대상 영문명세서 페이지 수가 약 70페이지보다 작으면 독일직접출원이 비용측면에서 유리하고, 이보다 많으면 유럽**

출원이 유리하다.

하지만 명세서 페이지 수만큼이나 비용에 영향을 많이 주는 변수는 연차료이다. 아래 표에서 보는 바와 같이 유럽특허청에 내는 연차료는 독일특허청에 내는 연차료보다 작게는 4배 크게는 7배가량 차이가 난다. 따라서 출원 이후 등록까지 심사기간이 길어질수록 독일직접출원이 유리하다.

(단위: 유로)

년차	유럽특허청	독일특허청
3	530	70
4	660	70
5	925	100
6	1,180	150
7	1,305	210
8	1,440	280
9	1,570	350

유럽특허청 및 독일특허청에 내는 연차료가 한국 및 미국특허청에 납부하는 연차료와 어떻게 다른지에 대해서는 아래 '유럽특허청 및 EP특허가 유효한 개별국가에 납부해야 하는 연차료는 한국 및 미국특허청에 납부하는 연차료와 어떤 차이가 있는가?' 부분을 참조하기 바란다.

1.12 공격특허개발에 제약이 되는 Art. 76(1) 및 123(2) EPC 규정을 고려한 바람직한 명세서 작성 방법은?

심사 진행 중인 특허출원의 청구항을 보정하거나, 계류 중인 모출원으로부터 분할출원을 하여 경쟁사 제품/서비스와 매칭되는 공격특허 또는 전략특허를 개발하고자 하는 요구가 많다. 이러한 공격특허개발에 제약이 되는 규정이 Art. 76(1) 및 123(2) EPC 규정이다.

Art. 76(1) EPC 규정에 따르면, 분할출원의 기술주제(subject-matter)는 **모출원의**

최초 출원명세서 내용(content of the earlier application as filed)을 벗어나지 않아야 하고, Art. 123(2) EPC 규정에 따르면, 명세서를 보정할 경우, 보정된 기술내용은 **최초 출원명세서의 내용**(content of the application as filed)을 벗어나지 않아야 한다.

경쟁사 제품/서비스와 매칭되기 위해서는 청구범위를 넓히거나 변경을 해야 하는데, 넓히거나 변경된 내용이 최초 출원명세서 내용을 벗어난다고 판단될 경우, 특허청은 Art. 76(1) 또는 123(2) EPC 규정 위반을 제기한다. 실무적으로 이 규정을 위반하는 경우를, 간단히 국문으로 "지지규정 위반", 영어로 "New(Added) matter" 또는 "(Undue) Broadening"이라고도 말한다.

문제는 **유럽실무가 위 규정의 중요문구인 "최초 출원명세서 내용"의 범위를 판단하는 데 상당히 엄격**하다는 점이다.

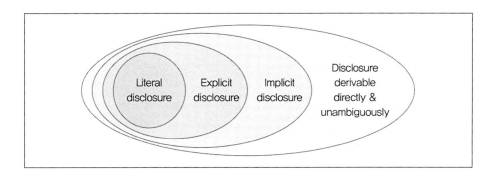

위 그림과 같이 "최초 출원명세서 내용"은 명세서 글자 그대로 기술된 개시내용(문언적 개시, Literal disclosure)과 기술된 내용으로부터 명확히 이해되는 개시내용(명시적 개시, Explicit disclosure)을 기본으로 한다. 판례에 의하면, 문언적 개시와 명시적 개시뿐만 아니라, 문언적/명시적으로 개시된 내용을 바탕으로 당업자의 기술적 상식을 고려할 때 명백히 얻어지는 결과(clear and unambiguous consequence)를 내재적 개시내용(Implicit disclosure)이라 하고, 이는 명세서 개시내용에 포함되는 것으로 판단한다. 한발 더 나아가서, 당업자의 기술적 상식, 내재적 개시내용을 사용하여 명세서 전반적인 개시내용으로부터 **직접적이고 명확하게 도출될 수 있는**(derivable directly and unambiguously) **범위도 명세서 개시내용에 포함**되는 것으로 판단한다. 여기서, "**직접적이고 명확하게 도출될 수 있는**(directly and unambiguously derivable)" 기준은 신규성 판단이나 우선권 관련 동일발명을 여부를 판단하는 데도 활용되는 중요한 기준이다.

문제는, 판례에서 최초 출원명세서 내용의 범위를 직접적이고 명확하게 도출될 수 있는 범위까지 확대하여 해석하고 있지만, 이 범위를 판단하기 위해서는 당업자의 기술적 상식이라는 주관적 기준을 활용해야 하기 때문에 심사관마다 다를 수밖에 없다. 심사관은 이러한 주관적인 평가를 피하고 쉽게 판단할 수 있는 **문언적 개시 또는 명시적 개시내용으로 범위를 좁혀서 "최초 출원명세서 내용"을 판단하는 경향**이 있다.

Art. 76(1) 및 123(2) EPC 규정 위반은 조사, 심사 및 이의신청 단계에서 많은 문제를 야기할 수 있다. 가령, 유럽단계에 진입하면서 한 청구항 보정이 이 규정을 위반했을 경우, 조사부는 의미있는 조사(meaningful search)가 불가능하다고 판단하여 Rule 63(1) EPC에 의한 통지문을 발송하면서, 선행조사대상인 기술주제(subject-matter)를 특정하라고 요구할 수 있다. 심사단계에서 한 청구항 보정이 이 규정을 위반했을 경우, 심사부는 이 규정에 부합하는 청구항이 제출될 때까지 신규성/진보성 판단을 하지 않을 수 있다. 이의신청단계에서는 Art. 100(c) EPC에서 규정한 바와 같이 지지규정 위반은 등록철회의 사유 중 하나에 해당한다.

이의신청절차에서는 신규성/진규성 부족에 대한 공격보다 지지규정 위반이 공격하기 쉬운 부분이다. 많은 이의신청 사건에서, 신규성/진보성에 대한 논박보다, 지지규정 위반했는가 여부를 다투는 데 더 많은 시간과 비용이 투여된다. 이의신청자들은, "최초 출원명세서 내용"을 좁게 해석하여, 등록 청구항의 권리범위가 최초 출원명세서 내용을 벗어나기 때문에 등록철회된다는 주장을 한다.

경우에 따라서, 지지규정 위반을 해결하기 위해 청구항을 보정하려고 하나, 특허등록 후 보정은 등록청구항의 권리범위를 벗어나는 보정을 할 수 없다는 Art. 123(3) EPC 규정 때문에, 청구항을 보정할 수도 없어 결국에는 해당 청구항이 취소되는 결과가 발생할 수 있다. 이러한 상황을 **"탈출할 수 없는 덫**(Inescapable trap)"이라고도 부른다.

이와 같이, Art. 76(1) 및 Art. 123(2) EPC 규정 위반의 리스크를 최소화하여 보다 자유롭게 공격특허개발하기 위해서는, 처음부터 **청구항 보정의 자유도를 최대한 높일 수 있는 방향으로 출원명세서 작성이 요구**된다.

1. 발명의 구현하는 데 필수적 특징(essential feature)과 비필수적 특징(non-essential feature)을 판단하고, 그들 간의 다양한 조합 가능성을 정의하자

경쟁사 공격특허를 개발할 때, 청구항에 정의된 일부 특징을 삭제하여 청구범위를 넓히거나, 다른 특징으로 대체하여 청구범위를 조정하는 보정을 빈번하게 한다.

판례에 따르면, 이와 같이 **기존 청구항에 정의된 일부 특징을 삭제하거나 다른 특징으로 대체하는 보정이 Art. 123(2) EPC 규정에 부합하기 위해서는 세 가지 조건**을 만족해야 한다. 첫 번째, 삭제되거나 대체되는 특징이 최초 **출원명세서상에 필수적인 특징으로 설명되어 있지 않아야** 한다. 두 번째, 삭제되거나 대체되는 특징이 **문제해결에 요구되는 발명의 기능을 구현하는 데 꼭 필요한 것이 아니라는 것을 당업자가 직접적이고 명확히 인식**할 수 있어야 한다. 세 번째, 해당 특징을 **삭제하거나 대체함으로서 다른 특징들을 수정해야 되는 상황이 아니어야** 한다(GL H-V 3.1).

참고로, 심사지침서에서 '필수적인 특징'이라 함은 어떤 기술적 문제에 대한 해결방안의 기저를 이루는 기술적 효과를 달성하는 필요한 특징으로 정의하고 있다(GL F-IV 4.5.2). 간단히 말하면, 어떤 기술적 문제를 해결하기 위해 발명이 제공하는 해결방안을 구현하는 데 필요한 특징으로 말할 수 있다.

위 판례 기준에 따르면, **어떤 특징이 상세한 설명상에 필수적 특징으로 기술되어 있거나, 발명의 기능을 구현하는 데 꼭 필요한 요소로 이해될 수 있도록 기재되어 있다면, 해당 특징을 청구항에서 삭제하거나 다른 특징으로 대체하면 지지규정 위반에 해당**한다는 것을 의미한다.

예를 들어, 명세서 작성자가 비필수적 특징을 필수적 특징으로 잘못 이해하고 정의하거나, 필수적 특징이 아니라고 이해했음에도 작성상에 실수로 필수적 특징으로 이해되게끔 기술하는 경우가 발생한다. 이렇게 작성된 경우, 청구항에서 해당 비필수적 특징을 삭제하거나 다른 구성요소로 대체하는 보정을 할 경우 Art. 123(2) EPC 규정 위반이 된다.

따라서 Art. 123(2) EPC위반의 리스크를 낮추면서 보정의 자유도를 높이기 위해서는, 발명의 기술할 때 필수적인 특징과 비필수적인 특징을 판단하여 기술해야 한다.

어떤 특징이 발명의 구현하는 데 필수적인지 비필수적인지 여부에 대한 판단은 여러 가지 실시예 또는 회피설계 가능성을 상정해 봄으로써 쉽게 할 수 있다. 가령, 발명자가 제시한 가장 효율/성능이 높은 실시예에서는 특징 A가 필요했지만, 효율/성능이 낮은 실시예 또는 회피설계 가능성을 상상해 보니 경쟁사가 채택 가능한 실시예에서는 특징 A가 꼭 필요하지 않다면, 특징 A는 비필수적 특징에 해당한다.

물론, 필수적 특징에 대한 판단은 보수적으로 해야 하며, 필수적 특징인지 비필수적 특징인지 확신이 안 될 경우 비필수적 특징으로 간주하는 것이 바람직하다. 비필수적 특징이라고 판단되면, 필수적 특징들을 설명하는 부분과 구별해서 정의하되, 선택적 특징(optional feature) 또는 대안적 특징(alternative feature)이라는 것을 명확히 언급하도록 한다.

다수의 비필수적 특징들이 확인된 경우, 비록 발명자가 제시한 가장 바람직한 실시예에서는 보여지지 않더라도, 필수적 특징과 비필수적 특징들과의 다양한 조합 가능성을 명세서 내에 언급한다. 이때, 명세서상에 기재된 여러 특징들이 서로 상호 간에 다양하게 조합되어 구현될 수 있다는 막연한 추상적 언급이 아니라, 구체적으로 어떤 특징이 어떻게, 어떤 다른 특징과 결합될 수 있는지를 구체적으로 언급해야 한다. 같은 맥락으로 하나의 실시예에서 적용되었던 특징이 다른 실시예에도 적용이 가능하다고 판단되면, 개별 실시예 설명의 마지막 부분에 해당 실시예에 적용되었던 특징이 다른 실시예에도 어떻게 적용 가능한지를 언급하도록 한다.

통상 실시예를 설명할 때 발명의 구성요소를 설명한 다음, 각 구성요소에 대해 순차적으로 자세히 설명하는 것이 일반적이다. 이때, 필수적 특징과 비필수적 특징을 구분하여 발명의 정의하는 방식은, 발명의 구성요소를 설명할 때뿐만 아니라 각 구성요소의 세부구성을 설명할 때도 적용하는 것이 바람직하다.

예를 들어, 냉장실 문에 장착된 제빙공간 및 제빙공간 내 제빙기에 관한 발명을 설명한다고 하자. 발명의 필수적 특징(구성요소)들은, 음식물을 보관하는 냉장실 및 냉기발생수단을 가지고 있는 케비넷, 상기 냉장실을 개폐하는 문, 상기 문 내에 마련되며 냉장실과 구획되는 제빙공간, 상기 제빙공간 내 제빙기 및 상기 제빙공간과 냉기발생수단을 연결하는 냉기공급유로로 정의할 수 있다. 발명의 비필수적 특징(구성요소)의 예로는, 상기 케비넷이 냉동실을 추가로 가지고 있고 상기 냉장실이 냉동실 상측에 배치된다던가, 상기 냉기공급유로가 제빙공간 상측과 연결된다던가, 상기 제빙공간이 냉장실과 연결되는 냉기토출유로를 가지고 있다는 것들이 있다. 위의 비필수적 특징 중 어느 하나가 필수적 특징들과 조합하여 '적용될 수 있다는 것을 구체적으로 설명하는 것이 바람직하다.

위의 발명의 구성요소에 대한 설명에 이어서, 제빙공간에 대한 세부적인 구성을 설명한다고 하자. 제빙공간에 대한 필수적인 특징이 무엇인가를 판단하려면, 다양한 회피설계 또는 구조변경 가능성을 고려해야 한다. 만일, 얼음이 문 전면 디스펜서를 통해서 배출되는 것이 아니라 사용자가 직접 제빙공간에 접근해서 얼음을 꺼내어 사용할 수 있는 구조변경 가능성까지 상정한다면, 제빙공간의 필수적 특징들은, 제빙기, 제빙기 하측에 마련된 아이스뱅크 및 상기 제빙공간에 접근 가능하게 하는 제빙실 문으로 정의할 수 있다. 비필수적인 특징은, 상기 제빙공간이 문 전면과 연결되는 얼음배출통로를 구비하고 있거나, 상기 아이스뱅크 내 얼음을 문 전면을 향해 이송시키는 얼음이송기구들이 있다. 이 경우, 제빙공간에 대한 비필수적 특징 중 어느 하나가 다른 필수적 특징들과 조합하여 적용될 수 있다는 것을 구체적으로 설명하는 것이 바람직하다.

위와 같이 **로직트리 방법으로, 발명의 필수적 특징(구성요소)과 비필수 특징(구성요소)을 설명**하는 방법을 도식화하면 다음과 같다.

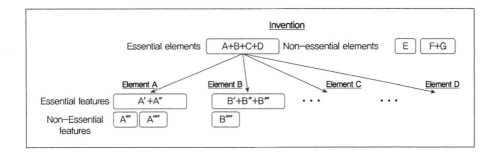

2. 여러 특징들을 AND로 함께 묶어서 정의하는 것을 최소화하자

많이 활용하는 청구항 보정 방법 중 하나는, 상세한 설명에 개시된 일부 특징을 청구항에 병합하는 보정이다. 이러한 보정은 대부분 신규성/진보성 거절을 극복하기 위해 많이 하지만, 경우에 따라 경쟁사 제품/서비스와 매칭되면서 신규성/진보성 측면에서 안전한 종속항을 구성하기 위해서도 많이 한다.

상세한 설명에 있는 특정 실시예에 속하는 일부 특징을 청구항에 추가하는 보정을 중간 일반화(intermediate generalization)라고도 부른다. 이때 다음 두 가지 조건을 만족하면, 이런 중간 일반화 방식이 보정이 허용된다. 첫 번째는, **청구항에 추가된 특징이 실시예의 다른 특징들과 뗄 수 없을 정도로 연결되지**(inextricably linked) **않아야** 한다. 두 번째는, **명세서 전반의 개시내용이 해당 특징만을 떼어 청구항에 더하는 것을 정당화**할 수 있어야 한다(GL H−V 3.2.1).

여러 개의 특징들이 서로 뗄 수 없을 정도로 연결되었는지 여부는, 상세한 설명에 전반에 기술된 여러 특징들 간 기능적 또는 구조적 연결관계를 따져서 판단해야 한다. 하지만 상세한 설명상에서 **여러 특징들이 AND 조건으로 연결되어 기술된 경우, 해당 특징들이 서로 뗄 수 없을 정도로 연결된 조합을 이루는 것으로 간주**한다. 이때, **AND 조건으로 묶인 특징 중 하나만을 따로 떼어 청구항에 더하는 보정을 하는 경우, 이를 허용되지 않는 중간 일반화**(inadmissible intermediate generalization)**라고 판단**하며 Art. 123(2) EPC 규정 위반이 된다. 물론, 기능적/구조적 연결관계를 엄밀히 따져서, 청구항에 병합된 특징이 상세한 설명에 남아 있는 다른 특징들과 뗄 수 없을 정도로 연결된 관계가 아니라고 반박하여 설득시킬 수 있겠지만, 이를 위한 시간과 비용의 낭비는 불가피하다.

따라서 애초부터 여러 개의 특징들을 정의할 때, 해당 특징들이 기능적/구조적으로 뗄 수 없을 정도로 연결된 관계가 아니라면 AND 조건으로 한 문장 안에 정의하지 말아야 한다. 즉, **하나의 문장으로 하나의 특징만을 정의하는 것이 가장 바람직하며, 한 문장 내에 여러 특징들을 정의할 경우에는 가능한 AND/OR 조건으로 묶어서 다양한 조합 가능성을 정의한다.** 다시 말하면, 한 문장 내에 여러 개의 구성요소들이 AND 조건으로 동시에 정의되는 것을 피해야 한다.

예를 들어, A라는 구성요소가, B와 C라는 하위구성요소를 가질 수 있다고 하자. 이를, "A는 B와 C를 포함할 수 있다"라고 기재하면, B와 C는 동시에 적용되어야 하는 것으로 해석되기 때문에, B와 C를 분리해서 다른 특징들과 조합하는 보정을 하게 되면, Art. 123(2) EPC 규정 위반이 될 수 있다. 이 경우, "A는 B를 포함할 수 있다" 그리고 "A는 C를 포함할 수 있다" 이렇게 2개의 문장으로 나누어서 정의하는 것이 가장 바람직하다. 물론, "A는 B 또는 C를 포함할 수 있다"라고 기재할 수도 있다. 이러한 기술방식은 명세서 작성의 기초로 생각하여 당연시할 수 있지만, 실제 명세서 작성 시 특히 어떤 장치의 구조적 특징을 기술할 때는 자주 간과되는 기재방식이다.

좀 더 구체적인 예로, 대상물의 구조적 특징을 설명하는 다음과 같은 문장을 살펴보자. "The first sleeve 393b and the second sleeve 393c are partitioned by a partition wall 393e, and a disc valve coupling portion 394 is formed on a lower side of the partition wall 393e, and a protrusion portion 394a and a depression portion 394b are formed on a bottom surface of the partition wall 393e defining the disc valve coupling portion 394". 이 문장은 3개의 개별적인 구조적 특징들을 AND 조건으로 연결하면서 정의하고 있다. 유럽실무에서는 이 경우 3개의 개별 특징들이 하나의 조합(Combination)으로 정의된 것으로 보고, 이 특징 중 하나를 개별적으로 따로 뗴어 청구항 보정에 사용할 경우 중간 일반화(Intermediate generation)로 판단하며 Art. 123(2) EPC에 따른 거절을 할 수 있다.

또 다른 예로, 구성요소의 세부 구성을 설명하는 다음과 같은 문장을 살펴보자. "The power generator 19 may include a driving part 191 fixed to an inner circumference surface of the case 11 and a driven part 192 fixed to the agitating member 23." 이 문장은 위 사례와 마찬가지로 3가지 특징을 하나의 문장으로 정의하고 있다. 즉, 특징 ⅰ) The power generator 19 may include a driving part 191 and a driven part 192, 특징 ⅱ) a driving part 191 of the power generator 19 is fixed to an inner circumference surface of the case 11 및 특징 ⅲ) a driven part 192 of the power generator 19 is fixed to the agitating member 23이 하나의 문장에 AND 조건으로 묶어져 정의되어 있다. 마찬가지로 AND로 묶인 특징 중 하나를 개별적으로 따로 떼어 청구항 보정에 사용할 경우 중간 일반화(Intermediate generation)로 판단하여 Art. 123(2) EPC에 따른 거절을 할 수 있다. 따라서 Art. 123(2) EPC 관점에서 위 세 가지 특징을 선택적으로 활용하여 자유롭게 보정하기 위해서는 위 특징들을 따로 나누어서 개별 문장으로 정의하는 것이 바람직하다.

또 다른 예로, 메모리의 기능을 설명하는 다음 문장을 살펴보자. "the memory 76 may store various control data for controlling the overall operation of the washing machine, washing setting data input by a user, washing time calculated according to the washing setting, data about a washing course, and data for determining whether an error occurs in the washing machine." 이 문장에서는 메모리가 저장하는 정보들이 AND 조건으로 묶여서 정의되어 있다. 열거된 정보 중 "washing setting data input by a user"와 "washing time calculated according to the washing setting"은 서로 연관된 정보이므로 둘 중 하나만을 따로 떼어 메모리를 정의할 경우 허용되는 중간 일반화로 Art. 123(2) EPC에 따른 거절을 받을 수 있다. 만일, 처음부터 위 정보들이 AND/OR 조건으로 묶여서 정의되어 있었다면 이 중 일부를 따로 떼어 청구항에 합치는 보정을 할 때에 합치는 보정을 할 때 Art. 123(2) EPC 규정을 위반할 가능성이 낮아진다.

3. 종속항의 특징들을 AND 조건으로 정의하는 것을 최소화하자

앞서 설명한 것과 동일한 맥락에서, **종속항을 정의할 때에도 하나의 종속항에 두 개 이상의 독립적인 특징들을 AND 조건으로 포함하는 것을 피해야** 한다.

종속항에 여러 개의 특징들이 AND로 묶여 있다면, 이 특징들의 전체 결합이 하나의 발명을 구성하는 것으로 해석된다. 이 경우 종속항의 다수의 특징 중 **하나의**

특징 만을 떼서 독립항에 포함시키는 보정을 자유롭게 할 수 없다. 이러한 보정이 가능하려면, 종속항에 남게 되는 특징이 상세한 설명상에서 발명의 필수적 특징으로 기술되어 있지 않고, 실질적으로 발명의 기능을 수행하는 데 꼭 필요한 특징이 아니며, 해당 특징을 독립항에 포함시키지 않는 것이 다른 특징들의 변경을 초래하지 않을 경우에만 가능하다(GL H-V, 3.1).

예를 들어 다음과 같은 종속항을 살펴보자.

> 3. The refrigerator according to claim 1, wherein the cover (50) includes:
> a light-emission portion (51) having a shape for blocking the case opening (102a) and transmitting therethrough light reflected from the cavity; and
> a step portion (52) extended from one end of the light-emission portion (51) and covered by the inner case (102),
> wherein the light-emitting unit (60) is configured to emit light in a direction in which the step portion (52) is extended.

이 종속항은 3가지 특징(즉, 특징 ⅰ) a light-emission portion (51) having a shape for blocking the case opening (102a) and transmitting therethrough light reflected from the cavity, 특징 ⅱ) a step portion (52) extended from one end of the light-emission portion (51) and covered by the inner case (102), 특징 ⅲ) the light-emitting unit (60) is configured to emit light in a direction in which the step portion (52) is extended)을 AND 조건으로 묶어서 정의하고 있다.

만일, 위 3가지 특징 중 특징 ⅰ)과 특징 ⅱ)만을 독립항에 병합시키는 보정을 하고 싶은 데 상세한 설명 내에서 독립항에 정의된 특징들 및 특징 ⅰ)과 특징 ⅱ)의 조합을 개시하고 있지 않을 경우, Art. 123(2) EPC 관점에서 보정이 가능한지에 대한 판단이 필요하다. 상세한 설명상에서 특징 ⅲ)이 발명의 필수적인 특징으로 설명되어 있지 않고, 실질적으로 발명의 기능을 수행하는 데 꼭 필요한 특징이 아니며, 특징 ⅲ)을 독립항에 병합시키지 않더라도 다른 특징들의 변경을 초래하지 않는다면, 특징 ⅰ)과 특징 ⅱ)만을 독립항에 병합시키는 것은 가능하다.

다시 말하면, 종속항에 여러 개의 특징들이 AND 조건으로 묶여서 정의되어 있을 경우, 일부 특징만을 선택적으로 독립항과 병합하는 보정에 제약이 따르므로,

가능한 종속항 하나에는 하나의 특징을 정의하거나 아니면 **가능한 여러 개의 특징들을 OR 또는 AND/OR 조건으로 정의**하는 것이 바람직하다.

한편, 전체 청구항 수 15개를 맞추기 위해서 하나의 종속항에 여러 개의 독립적인 특징들을 포함시킬 수밖에 없는 경우라면, 이 상대적으로 덜 중요한 특징들을 "preferably" 또는 "or" 용어를 사용하여 선택적 특징들로 정의하는 것이 바람직하다.

4. 다중인용을 최대한 많이 활용하자

유럽실무에 특징 중에 하나가 청구항에서 다중 인용이 가능하다는 점이다. 다중 인용은 미국실무에 맞게 작성된 20개의 청구항을 15개로 줄이는 목적뿐만 아니라 청구항에 정의된 발명의 수를 늘이는 효과가 있다. 인용관계로 결정되는 청구항들의 조합이 많을수록 청구항에 정의된 발명의 개수가 많다는 것을 의미한다.

인용관계로 연결된 청구항들의 조합을 바탕으로 독립항을 보정하면, Art. 123(2) EPC에 부합한다는 것을 주장하기 위해서 상세한 설명에 의존할 필요가 없다. 따라서 최초출원명세서의 청구항에서 가능한 많은 다중인용을 적용하는 것이 바람직하다. 가령, 상세한 설명에서는 어떤 특징들의 조합을 구체적으로 설명하지 않았지만, 그 조합이 기능적/구조적으로 가능하다면 청구항들의 인용관계를 통해 해당 특징들의 조합을 정의하는 것이 바람직하다.

5. 종속항에 AND 조건으로 묶여서 정의된 다수개의 특징들을 상세한 설명상에서는 각 특징을 선택적 특징으로 기재한다

종속항에 정의된 여러 특징 중 일부 특징만을 독립항에 병합시키는 보정을 하고자 할 때, 독립항과 종속항 사이의 인용관계가 이 병합을 지지하지 못하고, 실시예 설명 부분에서도 해당 종속항의 특징과 독립항의 특징들과의 병합을 개시하지 못하는 경우가 빈번하게 발생한다. 이 경우, 해당 일부 특징만을 독립항에 병합하는 보정은 Art. 123(2) EPC 규정 위반에 해당될 수 있다.

이러한 상황을 피하기 위해, 상세한 설명 내에 (일반적으로 발명의 요약 부분) 종속항에서 AND 조건으로 묶여서 정의된 특징들을 각각 선택적 특징으로 기재하는 것이 필요하다. 가령, 종속항 2항에는 특징 A가, 2항를 인용하는 종속항 3항에는 특징 B와 C가 정의되어 있지만, 특징 A, B 및 C가 반드시 서로 조합해서 적용되어야 한다는 제약이 없다면, 발명의 요약부에는 특징 A, B 및 C를 모두 선택적 특징으로 기재한다. 즉, 상세한 설명에 "본 발명은 A, B 또는 C를 선택적으로 더 포함할 수 있다". 이렇게 되면, 특징 B만을 독립항에 포함시키는 보정을 할 경우, 청구항의 인용관계는 이러한 보정을 지지하지는 않지만, 상세한 설명에 기재된 내용이 보정을 지지하는 데 활용될 수 있다.

앞서 소개한 예에서, 상세한 설명 내에 특징 i), ii) 및 특징 iii)이 아래와 같이 선택적 특징으로 정의되어 있다고 가정하자.

> "The cover may further include a light-emission portion (51) having a shape for blocking the case opening (102a) and transmitting therethrough light reflected from the cavity.
>
> The cover may further include a step portion (52) extended from one end of the light-emission portion (51) and covered by the inner case (102).
>
> The light-emitting unit (60) may be configured to emit light in a direction in which the step portion (52) is extended".

만일 그렇다면, 특징 iii)에 관한 특별한 제약 조건 없이 상세한 설명에 개시된 내용을 바탕으로 특징 i)과 특징 ii)를 독립항에 병합시키는 보정이 가능하다.

6. 표나 도면에서 보여지는 특징들을 가능한 구체적으로 명세서에 기재한다

많은 사례에 있어서 명세서 내에 기재된 특징이 아니라, 표나 도면에 보여지는 특징이 인용문헌 대비 차별적 특징에 해당하나, 그 특징이 명세서 내에 기재되어 있지 않아서 청구항 보정 시 활용하지 못하는 경우가 발생한다. 특히, 속도제어 방법과 같이 그래프 형태의 도면의 경우는, 제어방법의 특징이 그래프의 형상으로 나타나는 경우가 많다. 이러한 그래프의 형상에 대한 기재가 명세서에 되어 있지 않아서, 그래프 특징을 설명하는 새로운 문구로 청구항을 보정할 경우 Art. 123(2) EPC 규정 위반에 해당될 수 있다. 왜냐하면, EP실무에서는 각각의 표나 도면 자체가 하나의 실시예를 구성한다고 보기 때문에, **도면에 나타난 특징 중 일부만을 선택하여 독립항에 추가하는 보정은, 허용되지 않는 중간 일반화**(inadmissible intermediate generalization)로 간주한다.

도면에만 나타난 특징을 청구항에 포함시키는 보정이 실질적으로 불가능하다는 것을 아래 판례(T 0912/08)를 통해 알 수 있다.

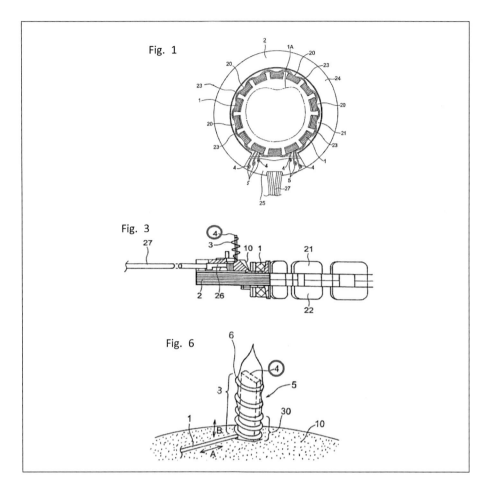

위 도면으로 설명되는 모터구조에 대해서 아래와 같은 청구항으로 보정하였다. 이 청구항에서 특징 A와 특징 B는 도면에만 개시된 특징이었다.

1. A terminal connection structure, arranged upon a resolver stator (2) comprising a stator coil (1) ⋯, comprising:

a winding and connection portion (5) formed by winding an end portion (3) of said stator coil (1) around a plurality of terminals (4) provided in a peripheral edge portion (25) of said insulation cap (21) ⋯,

wherein each of said plurality of terminals (4) are of rectangular form in cross
−section (특징 A)⋯,

characterized in that: in said cross−section, through a region of each
rectangular terminal (4) around which said end portion is wound, the long
direction of the terminal extends towards a rotor (1A) of the resolver stator (2)
(특징 B).

심판부는, 터미널 단면이 사각형 형상을 가진다는 특징 A는 도면으로부터 명확
히 도출할 수 있는 특징이라고 판단했지만, 해당 사각형 단형의 터미널이 특징 방
향을 향하도록 배치한다는 특징 B는 그렇지 않다고 판단하였다. 게다가, 특징 A와
특징 B가 도면에서 보이는 구조적으로 연관된 다른 특징들과 분리되었기 때문에,
허용되지 않는 중간 일반화(inadmissible intermediate generalization)에 해당하여 Art.
123(2) EPC 규정을 위반한다고 판단하였다.

이러한 유럽실무를 감안할 때, 도면이나 표에 근거한 청구항 보정의 자유도를
높이기 위해서는, **표나 도면에서 보여지는 특징들을 가능한 많이 그리고 가능한 구
체적으로 상세한 설명에 기재**하는 것이 바람직하다.

1.13 청구항에 독립항을 여러 개 포함시킬 수 있는 예외 조건은?

유럽실무의 독특한 특징 중 하나로서, 청구항 카테고리당 독립항을 1개만 허용
한다는 규정이 있다(Rule 43(2) EPC). 여기서 특허법에서 규정하는 청구항 카테고리
는 4개가 있는데, 제품(product), 공정(process), 장치(apparatus) 및 용도(use)이다. 이
를 다시 2개의 기본분류로 나누면, 물리적 객체뿐만 아니라 물질, 조성물을 포함
하는 제품 청구항(product claim)과 제품이나 물질, 에너지 또는 다른 프로세스에 적
용되는 모든 활동에 대한 공정 청구항(process claim)으로 나눈다. 실무적으로는 전
자를 장치 청구항, 후자를 방법 청구항으로도 말한다.

만일, 이 규정을 위반하여 청구항을 작성한 경우, 조사단계에서 Rule 62a EPC에
따른 통지문을 받게 되며, 2개월의 기한 내에 이 하자를 해결해야 한다. 많은 한국
기업들이, 한국 또는 미국실무에 맞추어져 작성된 청구항 세트를 가지고 그대로
유럽출원을 진행하기 때문에, 빈번하게 조사단계에서 이 통지문을 받게 된다.

이 규정은 다양한 관점에서 발명을 보호하는 청구항 세트를 구성하는 데 제약이 될 수 있다. 하지만 다행히도 유럽특허규칙 및 심사가이드 라인에서는 이 규정이 적용되지 않는 다수의 예외적 조건을 정의하고 있다.

1. 상호 관련된 제품들(Interrelated products)

발명이 상호 관련된 제품에 해당하는 경우, 각각의 제품에 대한 독립항을 포함할 수 있다. 여기서 "상호 관련된 제품들"의 의미는, "서로를 보완하거나 함께 동작하는 다른 객체들"을 의미한다. 또한, "제품"이라는 용어는 일반적인 장치뿐만 아니라 시스템, 서브-시스템 및 시스템의 서브-유닛도 포함한다(Rule 43(2)(a) and GL F-IV 3.2).

여기에 속하는 예로는, 플러그/소켓, 송신기/수신기, 중간/최종 화학 제품, 및 유전자/유전자 구조체/숙주/단백질/약제 등이 있다.

2. 제품 또는 장치의 서로 다른 독창적 용도

하나의 약품이 여러 의학적 용도에 적용되거나 하나의 화학 조성물이 서로 다른 목적으로 이용되는 경우가 이에 해당한다(Rule 43(2)(b) and GL G-II 4.2).

3. 특정 문제에 대한 대안적인 해결방안

대표적인 예로는, 일련의 그룹의 형성하는 화학 조성물 또는 그러한 조성물을 생산하는 둘 이상의 제조공정들이 이에 해당한다(Rule 43(2)(c) EPC).

4. 컴퓨터 구현 발명(Computer-implemented invention)

1) 모든 방법의 단계가 일반적인 데이터 처리 수단에 의해 이루어지는 경우

이 경우 다음 4가지 형태의 독립항을 구성할 수 있다. 첫 번째는 방법 자체에 관한 독립항(Method claim), 두 번째는 해당 방법을 실행하는 데이터 처리 장치(Apparatus/device/system claim), 세 번째는 컴퓨터 프로그램 자체(Computer program claim) 및 네 번째로는 컴퓨터 인식 가능한 저장수단(Computer-readable storage medium/data carrier claim)이 있다(GL F-IV 3.9.1).

위 4가지 형태의 독립항의 도입부는 아래와 같은 형태를 가진다.

(1) **방법 자체**: "A computer-implemented method comprising steps A, B, ..."

(2) **방법을 실행하는 데이터 처리 장치**: "A data processing apparatus/device/system comprising means for carrying out step A, means for carrying out step B, ..."

(3) **컴퓨터 프로그램 자체**: "A computer program [product] comprising instructions which, when the program is executed by a computer, cause the computer to carry out steps A, B, ..."

(4) **컴퓨터가 읽을 수 있는 저장수단**: "A computer-readable [storage] medium comprising instructions which, when executed by a computer, cause the computer to carry out steps A, B, ..."

2) 일부 방법 단계가 추가적인 외부 장치 및/또는 특정 데이터 처리 수단에 의해 이루어지는 경우

이 경우는, 외부 데이터 처리수단 자체 및 이 처리수단에 의해 이루어지는 단계가 필수구성요소에 해당한다. 따라서 방법 자체에 관한 독립항은 외부 데이터 처리수단에 의해 이루어지는 단계를 포함시켜야 한다. 또한, 방법을 실행하는 데이터 처리 장치에 관한 독립항은 외부 데이터 처리수단이 해당 데이터 처리 장치에 포함되도록 작성해야 한다(GL F-IV 3.9.2).

3) 분산 컴퓨팅 환경에서 구현되는 발명의 경우

분산 컴퓨팅 환경의 사례로는, 네트워크로 연결된 단말기와 서버 시스템, 컴퓨터 클라우드의 저장수단 또는 데이터 처리 수단에 접속하는 것, P2P 네트워크상에서 파일을 공유하는 장치들, 헤드 마운드 디스플레이를 가지는 증강현실 환경, 네트워크를 통해 상호통신하는 자율주행차량들 또는 블록체인을 활용한 분산원장 시스템이 있다(GL F-IV 3.9.3, 1st par.).

이 경우, 분산시스템 각각의 객체에 대한 독립항, 해당 객체를 아우르는 시스템에 대한 독립항, 각 객체 및 전체 시스템에서 수행되는 방법에 대한 독립항을 포함할 수 있다(GL F−IV 3.9.3, 2nd par.). 예를 들어, 네트워크로 연결된 단말기와 서버 시스템의 경우, **단말기, 서버 및 전체 시스템에 대한 장치 독립항 3개와 각 장치에서 수행되는 방법에 관한 방법 독립항 3개를 포함하여 총 6개의 독립항**을 포함시킬 수 있다.

여러 독립항이 포함된 경우에는 발명의 단일성을 충족시키기 위해 청구항 작성에 세심한 고려가 필요하다. 즉, 각 독립항에서 **동일하거나 서로 대응되는**(same or corresponding) **신규성/진보성을 만족시킬 수 있는 기술적 특징을 포함**하도록 작성한다(GL F−V 2, 3rd par.).

또한, 방법을 구성하는 여러 단계들을 여러 객체에 의해 나누어 실행시키는 것이 필수구성요소인 경우, Art. 84 EPC 요건을 만족시키기 위해서는 각 단계를 어떤 객체가 수행하는지 정의해야 한다.

한편, 네트워크로 데이터를 전송하는 방법에 있어서, 송신장치가 단계 A와 단계 B를 포함하는 알고리즘으로 데이터를 인코딩하고, 수신장치가 단계 C와 단계 D를 포함하는 알고리즘으로 데이터를 디코딩하는 기능을 수행하는 발명이 있다고 하자. 이 발명에 대한 독립항은 아래와 같이 구성할 수 있다(GL F−IV 3.9.3, example).

독립항 1. A transmitter device comprising means for encoding data by performing steps A and B and means to transmit the encoded data to a receiver device.

독립항 2. A receiver device comprising means for receiving encoded data from a transmitter device and means for decoding the data by performing steps C and D.

독립항 3. A system comprising a transmitter device according to claim 1 and a receiver device according to claim 2.

독립항 4. A computer program [product] comprising instructions which, when the program is executed by a first computer, cause the first computer to encode data by performing steps A and B and to transmit the encoded data to a second computer.

독립항 5. A computer program [product] comprising instructions which, when the program is executed by a second computer, cause the second computer to receive encoded data from a first computer and decode the received data by performing steps C and D.

2.1 확장된 유럽조사보고서, 부분 유럽조사보고서, 보충적 유럽조사보고서라는 용어는 그냥 유럽조사보고서와 무슨 차이가 있는가?

2.2 단일성 위반으로 부분 유럽조사보고서를 받은 경우 어떻게 대응해야 하나?

02

조사단계

PART 02 | 조사단계

2.1 확장된 유럽조사보고서, 부분 유럽조사보고서, 보충적 유럽조사보고서 라는 용어는 그냥 유럽조사보고서와 무슨 차이가 있는가?

유럽출원 업무를 하다 보면 유럽조사보고서(European search report)라는 단어 이외에, 확장된 유럽조사보고서(Extended European search report), 부분 유럽조사보고서(Partial European search report) 및 보충적 유럽조사보고서(Supplementary European search report)라는 단어를 접하게 된다. 같은 유럽조사보고서인데 왜 이렇게 다양한 용어가 파생되어 나온 걸까 의구심이 들 수 있다.

우선, 확장된 유럽조사보고서라는 단어는 통상의 유럽조사보고서와 같은 의미라고 보면 된다. 유럽조사보고서가 발행될 때, 조사대상인 청구항들이 특허허여에 요구되는 실체적/형식적 요건을 만족하는지 의견을 덧붙여 발행한다. 이러한 의견을 유럽조사의견서(European search opinion)라고 하는데, **유럽조사의견서와 함께 발행되는 유럽조사보고서를 확장된 유럽조사보고서**라고 부른다. 확장된 유럽조사보고서는 앞 알파벳만을 따서 간단히 EESR이라고도 부른다.

한편, **조사대상인 청구항들이 단일성을 위반하여 일부 청구항에 대해서만 선행조사를 하여 유럽조사보고서가 발행된 경우, 이를 부분 유럽조사보고서**(Partial European search report)라고 한다. 부분 유럽조사보고서를 받은 후, 조사되지 않은 청구항에 대한 추가 조사료(Additional search fees)를 납부한 후 다시 발행되는 것을 통상적으로 부르는 유럽조사보고서에 해당한다. 물론, 부분 유럽조사보고서를 받은 후 추가 조사료를 납부하지 않은 경우에는, 이후에 발행되는 유럽조사보고서의 내용과 앞서 발행된 부분 유럽조사보고서가 내용이 실질적으로 동일하다.

PCT출원이 유럽단계에 유효하게 진입한 것을 Euro-PCT출원이라고 부른다(Art. 153(2) EPC). Euro-PCT출원에 대해서는 국제단계에 이루어진 국제조사보고서(International search report)가 유럽조사보고서에 해당한다(Art. 153(6) EPC). 만일, 국제조사보고서를 유럽특허청이 작성했다면 유럽단계 진입 후 추가적인 조사보고서가 발행되지 않는다. 하지만 국제조사보고서를 유럽특허청 이외의 특허청이 작성한 경우, 유럽진입 후에 유럽특허청이 추가로 조사보고서를 작성한다. 이때 **국**

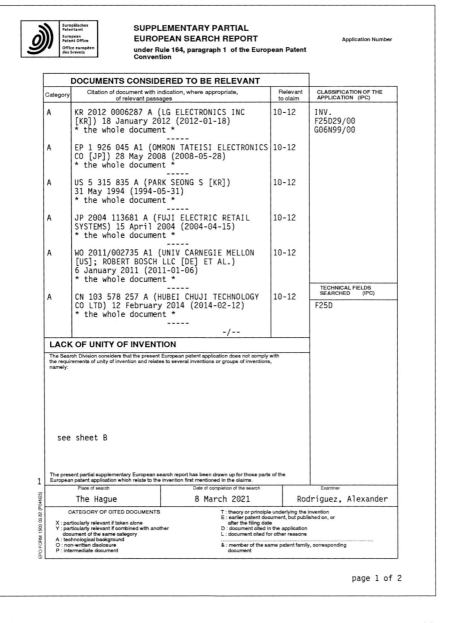

제조사보고서가 이미 유럽조사보고서에 해당하므로, 이와 구별하기 위해 유럽특허청이 추가로 작성하는 조사보고서를 보충적 유럽조사보고서로 부르는 것이다.

PCT출원이 유럽단계에 진입해서 유럽특허청이 조사보고서를 작성할 때, 청구항 발명이 단일성을 위반할 때 일부 청구항 발명에 대해서만 우선적으로 조사를 한 부분조사보고서를 발행한다. 그러면 이때의 조사보고서 명칭은 보충적 부분 유럽조사보고서(Supplementary Partial European Search Report)라고 한다. 앞의 그림은 보충적 부분 유럽조사보고서의 첫 페이지를 보여준다.

2.2 단일성 위반으로 부분 유럽조사보고서를 받은 경우 어떻게 대응해야 하나?

조사부는 청구항 발명이 발명의 단일성을 위반하는 것으로 판단하면, 두 가지 절차를 선택할 수 있다. 첫 번째는, 통상 사후적 단일성 위반(posteriori-type lack of unity)에 해당하는 경우로, 발명의 단일성 위반에도 불구하고 여러 개의 발명 간에 개념적으로 유사하여 추가 조사를 수행하는 데 부담이 적다면, 모든 발명들에 대해 조사를 수행한 후에 완전한 유럽조사보고서를 발행할 수 있다(GL B-VII 2.2).

그렇지 않은 경우에는, 청구항에서 제일 먼저 언급된 발명에 대해서만 종래기술을 검색하여, 부분 유럽조사보고서(Partial European Search Report)를 발행할 수 있다.

조사부는 부분 유럽조사보고서와 함께, 출원인에게 발명의 단일성 위배를 통지한다. 이 통지 시, 부분 유럽조사보고서상에서 종래기술 조사를 수행하지 않은 발명들에 대한 추가 조사를 원할 경우 추가 조사료를 통지일로부터 2개월 내에 납부할 것을 통지한다(Rule 64 EPC).

조사단계에서는 발명의 단일성 위배에 대한 조사부의 판단이 합당한지 여부에 대해서 다툴 수 없으며, 심사단계에서만 다툴 수 있다. 즉, 부분 유럽조사보고서에 언급된 단일성 판단에 대해서 이를 반박하는 답변서를 제출하더라도 조사부는 유럽조사보고서를 발행할 때 이 답변서의 내용을 고려하지 않는다(Rule 64(2) EPC; GL B-VII 1.2).

출원인은 심사단계에서 발명의 단일성 위배에 대한 조사부의 판단이 합당하지 않은 이유를 주장할 수 있고, 이미 추가 조사료를 납부한 경우 납부한 추가 조사료의 반환을 청구할 수 있다. 만일, **심사부가 출원인의 주장이 합당하다고 판단하면, 발명의 단일성 위반을 근거로 조사되지 않은 발명에 대해서는 추가 조사를 수행하고, 추가 조사료 납부에 따라서 조사부가 추가 조사를 한 경우에는 추가 조사료의 일부 또는 전부를 반환한다**(GL C–IV 7.2 (iii) 및 Rule 64(2) EPC). 발명의 단일성 위반 판단을 반박하는 논리는, '심사단계에서 단일성 위반(Art. 82 EPC 규정 위반) 반박 및 추가 조사료 반환 요구 논리는?'에서 좀 더 자세히 다루도록 한다.

▣ 부분 유럽조사보고서 통지 후 절차

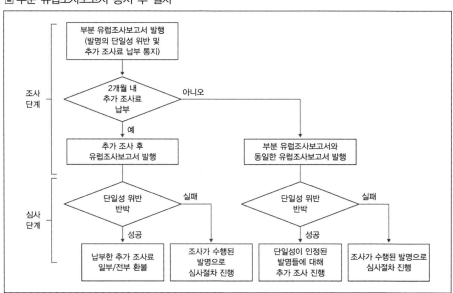

2.3 동일한 청구항 카테고리에 다수의 독립항이 있어서 Rule 62(a) EPC 에 따른 통지를 받은 경우 이에 대한 대응은?

원칙적으로 청구항 카테고리당 독립항 한 개를 포함한다는 Rule 43(2) EPC 규정을 위반한 경우, 특허청은 2개월의 기한을 주면서 Rule 43(2) EPC 규정에 부합하는 선행조사가 이루어질 청구항을 지정하라고 통지한다(Rule 62(a) EPC). 물론, 특허청은 Rule 43(2) EPC 규정 위반을 지적하면서도 직권으로 모든 독립항에 대해 조사를 수행할 수 있다.

이때 Rule 43(2)(a), (b) 및 (c) EPC에서 규정한 예외조건에 해당하지 않을 경우, 독립항을 삭제하거나 종속항으로 변경한 청구항 세트를 제출한다. 한편, 앞서 예외조건에 해당하는 경우에는 이를 주장하는 의견서를 제출한다. 이러한 주장이 받아들여지지 않을 경우, 조사부는 각 카테고리에서 첫 번째 독립항에 대해 조사를 수행한다. 이러한 상황을 방지하고자, 앞서 의견서 제출과 함께 예비적인 조치로서 원하는 독립항만 있는 청구항 세트를 같이 제출할 수 있다.

분산컴퓨팅에 관련된 발명의 경우, 단말기, 서버 및 전체 시스템에 대한 장치 독립항 3개와 각 장치에서 수행되는 방법에 관한 방법 독립항 3개를 포함하여 총 6개의 독립항을 포함시킬 수 있다(GL F-IV 3.9.3, 2nd par.). 하지만 많은 심사관들이 이 규정을 몰라서 Rule 43(2) EPC 규정 위반을 주장하는 경우가 많으므로 심사관들의 잘못된 판단으로 Rule 62(a) EPC 통지를 받을 경우, 이를 지적할 필요가 있다.

2.4 의미있는 조사를 수행할 수 없다는 통지(Rule. 63 EPC)를 받은 경우 어떻게 대응해야 하나?

청구항에 정의된 발명에 대해서 의미있는 조사(meaningful search)를 하기 힘든 경우, Rule 63 EPC 규정에 따라 출원인에게 이를 통지한다. 의미있는 조사(meaningful search)를 하기 힘든 경우는, 청구항이 Art. 52(3) 및 Art. 53 EPC에서 규정하고 있는 특허받을 수 없는 발명 또는 Art. 57 EPC에서 규정하는 산업상 이용 가능성이 없는 발명을 정의하는 경우이거나, 청구항에 정의된 발명의 내용상의 사유로 효과적인 조사를 할 수 없는 경우이다(GL B-VIII 3).

다음 그림은 Rule 63 EPC 규정에 의한 통지문의 첫 번째 페이지를 보여준다.

특허받을 수 없는 발명이나 산업상 이용 가능성이 없는 발명을 출원하는 경우가 실무적으로는 거의 없다. 따라서 Rule 63 EPC 규정에 따른 통지를 받는 경우는, 특허받을 수 있는 기술주제이지만 **청구항에 정의된 발명의 내용상의 사유로 의미있는 조사를 하기 힘든 경우가 대부분**이다.

European Patent Office
Postbus 5818
2280 HV Rijswijk
NETHERLANDS
Tel: +31 70 340 2040
Fax: +31 70 340 3016

Formalities Officer
Name: Isliy, Saïda
Tel: +49 89 2399 - 4562
or call
+31 (0)70 340 45 00

Vossius & Partner
Patentanwälte Rechtsanwälte mbB
Siebertstraße 3
81675 München
ALLEMAGNE

Application No.		Ref. Z2798 EP/1	Date 19.04.2022
Applicant			

Invitation pursuant to Rule 63(1) EPC

The EPO considers that the above-mentioned European patent application fails to comply with the European Patent Convention to such an extent that it is impossible to carry out a meaningful search regarding the state of the art on the basis of all or some of the subject-matter claimed. In accordance with Rule 63(1) EPC, the applicant is invited to file a statement indicating the subject-matter to be searched.

Claims which the Search Division considers cannot be searched at all: 1-14

See Annex (EPO Form 2906) for the reasons.

You are invited to file the required statement within a period of

two months

from the notification of this communication.

If the statement indicating the subject-matter to be searched is submitted in due time and the statement is sufficient to overcome the deficiencies, the subsequent search report will be issued with respect to the relevant subject-matter.

Failure to comply with this invitation by either not replying in due time or not sufficiently overcoming the deficiency raised will result in either a reasoned declaration stating that it is impossible to carry out a meaningful search or a partial search report as far as is practicable (R. 63(2) EPC). Should the applicant contest the objection under Rule 63(1) EPC, a final decision on the matter may be taken in the course of substantive examination proceedings before the Examining Division (R. 63(3) EPC).

Re-establishment of rights (Art. 122 EPC)

An applicant who, in spite of all due care required by the circumstances having been taken, was unable to observe a time limit, shall have his rights re-established upon request, provided that the time limits and other requirements of Rule 136(1) and (2) EPC are met.

Registered letter
EPO Form 1056b 04.2010TRI

조사단계에서 청구항을 보정하는 절차는 없다. 따라서 Rule 63 EPC 통지에 대한 대응으로는, **조사대상이 되는 기술주제를 특정하는 의견서를 제출해야 한다** (Rule 63(1) EPC). 실무적으로는, 기존 청구항의 내용상 하자를 치유하는 수정된 청구항을 제출한다. 이때 제출하는 청구항은 공식적으로 기존의 청구항을 대체하는 목적으로 제출하는 것이 아니므로, 제출된 청구항이 기존의 청구항을 대체하기 위해서는, 이후 심사단계에서 공식적으로 해당 청구항을 다시 제출해야 한다.

Rule 63 EPC 통지의 사유가 되는 경우는 다음의 4가지로 나누어볼 수 있다. 즉, ⅰ) 명세서에 정의된 발명에 대비해 청구항 발명의 범위가 과도하게 넓은 경우, ⅱ) 청구항 발명이 간결하게 기재되지 않은 경우, ⅲ) 청구항 발명이 명확하지 않아 이해하기 어려운 경우, ⅳ) 청구항 발명이 최초 출원명세서에 개시된 내용을 넘는 내용을 포함하고 있는 경우이다(GL B-Ⅷ 3). 실무적으로는, 위 4가지 경우 중 ⅰ) 및 ⅳ)의 경우가 상대적으로 자주 발생한다.

1. 명세서에 정의된 발명에 대비해 청구항 발명의 범위가 과도하게 넓은 경우

파이프의 재질에 대한 발명으로, 상세한 설명에서는 조성 물질이 A, B, C, D, E, F로 이루어지는 것으로 발명을 설명하고 있는데, 정작 청구항에서는 조성 물질이 A와 B로 이루어지는 것으로 정의하고 있다. 조성 물질이 A와 B로 이루어지는 파이프의 응용분야는 너무 광범위하여 관련 선행기술도 너무나 많은 상황이다. 이 경우, 특허청은 Rule 63 EPC에 따른 통지를 발행할 가능성이 높다.

이에 대응하여, 조사대상을 명확히 하기 위해, 출원인은 상세한 설명에서 언급한 다양한 조성 중에서, 출원인이 주된 목적으로 하는 응용분야에 적합한 보다 구체적인 조성을 포함하는 청구항을 제출해야 한다.

2. 청구항 발명이 간결하게 기재되지 않은 경우

너무 많은 청구항이 있거나, 한 청구항 내에 너무 많은 선택사항이 있어서 조사대상이 되는 기술주제를 결정하기 어려운 경우가 해당한다. 이 경우, 조사대상 범위를 좁히기 위해 청구항 또는 청구항 내 선택사항을 일부 삭제한 청구항 세트를 제출한다.

3. 청구항 발명이 명확하지 않아 이해하기 어려운 경우

밸브 구조에 대한 발명으로, 상세한 설명에서는 밸브축이 A, B, C 부재를 관통하는 것으로 설명하고 있는데, 번역상의 오류로 청구항에서는 A, B, C 부재가 밸브축을 관통하는 것으로 정의하고 있어, 청구항만 보면 발명의 내용을 이해하기 어려운 상황이 있다.

이 경우 역시, 특허청은 Rule 63 EPC에 따른 통지를 발행할 가능성이 높으며, 이에 대응하여 조사대상을 명확히 지적하는 목적으로, 출원인은 번역의 오류를 해소한 청구항을 제출해야 한다.

4. 출원명세서에 개시된 내용을 넘는 내용을 포함하고 있는 경우

Euro-PCT출원이 유럽단계 진입 시 청구항 보정을 하였는데, 보정청구항에 정의된 내용이 PCT출원명세서에 개시된 내용을 벗어나서 Art. 123(2) EPC 규정을 위반할 때 또는 분할출원 청구항이 모출원의 최초출원명세서 개시된 내용을 벗어나서 Art. 76(1) EPC 규정을 위반할 때, 의미있는 조사를 수행할 수 없다는 통지를 받을 수 있다.

이 경우, PCT출원명세서 개시 범위 내 또는 모출원의 최초출원명세서 개시 범위 내에 해당하는 보정된 청구항 세트를 조사대상 범위로 제출한다. 이후 심사절차에서 보정된 청구항 세트를 제출하여 공식적으로 기존의 청구항 세트를 대체하도록 한다.

심사단계

3.1 거절이유 대응을 위한 유럽대리인의 투여시간을 줄이기 위해서는 어떻게 대응지시를 주어야 하나?

유럽조사보고서와 함께 발행되는 유럽조사의견서와 Art. 94(3) EPC에 근거한 통지서(미국실무에서 통상 말하는 Office Action에 해당)에서는 신규성, 진보성을 포함한 특허허여를 위한 하자에 대해 출원인에게 통지한다. 유럽조사의견서에서 지적한 거절이유(objection)들에 대응하는 답변서 제출 및/또는 청구항 보정은 유럽조사보고서가 공개된 날로부터 6개월 내에 이루어져야 하고(Rule 70a(1) EPC), Art. 94(3) EPC에 근거한 통지서에서 지적한 거절이유들에 대응하는 답변서 제출 및/또는 청구항 보정은 심사관이 지정한 기간(일반적으로 4개월) 내에 이루어져야 한다.

일반적으로 유럽대리인들은 이러한 답변서 제출 및/또는 청구항 보정을 위해서 출원인 내지 한국대리인으로부터 어떻게 대응 지시하라는 내용을 전달받아서 이를 바탕으로 답변서 및/또는 보정 청구항을 준비한다. 이러한 프로세스는 두 가지 장점이 있다. 첫 번째는, 거절이유에 대응하는 데 있어서 출원인의 의견을 정확히 반영할 수 있다는 것이다. 두 번째는, 유럽대리인이 모든 내용을 분석하여 해당 제출서류들을 준비할 경우 투여시간이 많이 들고 따라서 유럽대리인이 서비스 비용이 증가하므로, 이를 줄이기 위한 목적이 있다.

하지만 유럽실무를 제대로 이해하지 못하고 잘못된 대응지시를 유럽대리인에게 준다면, 유럽대리인이 잘못된 지시를 재검토하고 수정하는 시간을 더 들이게 된다. 따라서 국내대리인의 잘못된 대응지시는 유럽대리인의 투여시간을 증가시켜 오히려 출원인의 비용 부담을 증가시킨다.

가령, 출원인/한국대리인이 잘못된 대응지시를 주었을 때, 유럽대리인이 잘못된 대응의 문제점을 지적하고 새로운 대응안을 출원인에게 제안하는 것이 허용된다면(이것은 출원인이 유럽대리인과 위임계약 시 명확히 할 필요가 있다), 유럽대리인은 처음부터 제반적인 사항을 분석해야 하므로 유럽대리인 비용이 증가하게 된다.

한편, 출원인/한국대리인이 잘못된 대응지시를 주더라도, 무조건 유럽대리인이 이를 바탕으로 대응을 해야 하는 것으로 계약이 되어 있다면, 잘못된 대응 지시를 따른 결과 유럽특허청으로부터 다시 한번 Art. 94(3) EPC에 근거한 통지서를 받을 가능성이 높다. 그렇게 되면, 한국대리인 및/또는 유럽대리인에게 지불하는 비용이 함께 증가하는 문제가 발생할 수 있다. 따라서 유럽실무를 제대로 이해하고 이에 맞는 대응지시를 유럽대리인에게 주는 것이, 비용절감 측면에서 중요하다.

따라서 실무적으로 출원인/한국대리인이 어떠한 잘못된 지시를 많이 주는가를 살펴보고, 이러한 잘못된 지시를 피하도록 유념할 필요가 있다.

한편, 유럽대리인이 신규성/진보성 주장을 전개하는 데 필요한 정보가 출원인/한국대리인으로부터 적절히 전달된다면, 인용된 선행자료와 출원발명의 분석에 소요되는 시간을 줄일 수 있다. 따라서 유럽대리인이 **신규성/진보성 주장을 작성하는 데 어떠한 정보가 필요한지 알고 이를 적절히 제공**해야 한다 .

1. 출원명세서의 개시범위를 벗어나는 보정(Art. 123(2) EPC 규정 위반)을 피하자

거절이유 극복을 주장하는 답변서에는 신규성/진보성을 논하기 이전에, 보정된 청구항의 기술주제가 출원명세서의 개시범위에 있다는 것(Art. 123(2) EPC 규정을 만족하는 것)을 우선 설명한다. 이 첫 번째 허들을 넘지 못하면, 많은 경우 심사관들은 보정청구항을 받아들이지 않기 때문에 보정 전 기존 청구항을 바탕으로 동일한 신규성/진보성 거절을 반복하는 경우가 많다. 따라서 '어떠한 경우 출원명세서의 개시범위를 벗어나는 보정(Art. 123(2) EPC 규정 위반)에 해당하는가?' 부분에서 상세히 설명한 바와 같이, 보정된 청구항이 출원명세서의 개시범위 내에 있는지 여부를 보다 엄격한 기준으로 살펴보는 것이 필요하다. 이러한 유럽실무를 이해하지 못하고, 미국 또는 한국 출원의 심사과정에서 활용했던 청구항 보정을 그대로 유럽 청구항에도 반영하도록 지시하는 경우가 상당히 많다.

잘못된 보정 지시의 대표적인 유형은, ⅰ) 상세한 설명 또는 청구항 내에 AND 조건으로 묶여서 기술된 여러 개의 특징 또는 한정어구 중 일부만을 독립항에 추가하는 보정, ⅱ) 중간에 몇 단계 연속적인 인용관계가 있는 종속항의 특징만을 따로 떼어 독립항에 추가하는 보정(이 독립항에 추가된 특징이 중간의 인용관계가 있는 다른 종속항의 특징들과 서로 연관되어 있는 경우), ⅲ) 독립항에 포함되어 있는 어떤 특징이, 발명에 기능을 구현하는 데 필수적 특징이 아니라고 주장할 근거가 명세서 내에 없고 그 특징을 삭제함으로써 다른 특징에 영향을 줄 수 있음에도 해당 특징을 삭제하는 보정이 있다.

이와 같은 잘못된 보정 지시를 받은 경우, 유럽대리인은 우선 명세서 전체를 꼼꼼히 읽어 보면서 혹시 출원인/한국대리인이 제안한 보정 청구항을 지지할 부분이 명세서 내에 있는지 검토한다. 만일, 지지할 부분이 없다면, 제안된 보정 청구항과 최대한 근접하면서 동시에 명세서가 지지할 수 있는 문구를 찾아서 보정 청구항을 작성하고 출원인에게 제안한다. 이 과정에 걸리는 시간은, 통상 진보성 논리를 개발하는 시간보다도 훨씬 많이 소요된다. 게다가 출원인에게 제안할 청구항을 보내고 이를 확인받는 단계로 필요하므로 절차적인 그리고 시간적인 낭비도 발생한다.

유럽대리인이 출원인/한국대리인으로부터 전달받은 보정 청구항이 출원명세서에 지지되는지 여부를 빨리 파악하기 위해서는, **명세서 어느 부분에 근거해서 보정이 이루어졌는지를 구체적으로 기재**하는 것이 바람직하다. **Word 프로그램의 '주석' 기능을 활용하여 각 보정이 어디에서 지지되는지를 기재**하는 것이 바람직하다. 이러한 구체적인 메모를 통해서, 출원인/한국대리인도 각 보정이 유럽실무 관점에서 적절한 보정인지 재검토하는 기회가 될 수 있다.

명세서의 어느 부분에서 보정을 지지하는지를 기재할 때, **반드시 최초출원명세서**(application as filed)**를 기준으로 기재**해야 한다. 만일, 한국대리인이 유럽공개문헌을 기준으로 어느 단락에서 보정 내용을 지지한다고 설명하면, 유럽대리인은 유럽공개문헌의 해당 단락이 언급된 출원명세서 상의 부분을 찾아서 그 부분을 답변서에 기재해야 하므로, 유럽공개문헌과 출원명세서를 두 개를 놓고 대조작업을 벌여야 하는 시간 손실이 발생한다.

강조하면, **유럽대리인과의 명세서 커뮤니케이션을 무조건 최초출원명세서를 기준으로** 해야 한다. 이러한 원활한 커뮤니케이션을 위해서는, 유럽대리인이 유럽출원을 위해 준비했던 최종 Word 또는 PDF 파일을 받아서, 한국대리인들도 원형 파일이 유지되도록 관리해야 한다. 많은 유럽로펌에서는 출원하자마자 출원명세서를 출력해서 파일철을 한 후에, 이 출원명세서상에는 어떤 마킹이나 수정을 가하지 않도록 관리한다. 만일, 거래하고 있는 유럽대리인이 출원 후에, 출원용 최종 Word 또는 PDF 파일을 보내주지 않는다면, 이를 보내주도록 요구해야 한다.

영어로 출원하지 않고 국문명세서로 출원 후 번역문을 제출한 경우, 최초출원명세서는 국문명세서이다. 하지만 유럽대리인이나 특허청이 국문명세서를 이해하기 어려우므로, 이 경우는 **번역문의 어느 부분이 보정된 내용을 지지하는지 언급**해야 한다. 국문명세서가 최초출원명세서인 경우, 번역 오류는 심사절차 심지어 이의신청절차에서 언제든지 바로잡을 수 있다(Art. 14(2) EPC).

한국에서 국문으로 PCT출원한 이후에 이 PCT출원이 유럽단계에 진입할 경우(Euro−PCT출원), 최초출원명세서는 국문으로 제출한 PCT출원서가 된다. 통상, 유럽단계 진입 시 국문으로 국제공개된 문헌을 유럽단계 진행을 위한 문서로 지정하게 되고, 유럽단계 진입 시 국제공개된 문헌의 번역문을 제출한다. 이 경우도, 보정된 내용이 명세서 어느 부분에서 지지되는 언급은 **이 번역문을 기준으로** 한다. 역시나, 번역에 오류가 있는 경우 국제공개된 문헌을 기준으로 잘못된 번역을 언제든지 바로잡을 수 있다.

2. 발명의 차별적 특징(Distinguishing feature) 및 기술적 효과를 알려주자

청구항에 정의된 발명의 특징 중에서 적어도 하나의 특징이 단일한 선행자료에서 보여지지 않을 때, 청구항 발명이 해당 선행자료에 대해 신규성을 가진다고 한다. 통상적으로 신규성 주장의 순서는, 우선 각 선행자료에서 개시하는 내용을 요약한 다음에, 해당 선행자료가 청구항 발명의 어떤 특징을 개시하지 않는지를 언급한다. 따라서 이와 같은 신규성 주장 방식을 고려할 때, i) **각 선행자료에서 개시하는 내용의 요약과 ii) 청구항에 정의된 특징 중 각 선행자료에 개시되지 않은 특징**(차별적 특징, distinguishing feature)을 알려주어야 한다.

문제-해결 접근법(problem-solution approach)에 따라 진보성을 주장할 때 중요한 단계는, 최근접 선행자료(closest prior art)에서 개시되지 않는 차별적 특징이 어떤 기술적 효과를 가져다주는지 파악하는 것이다. 이 단계 이후에는, 파악된 기술적 효과를 바탕으로 객관적 기술문제(objective technical problem)를 설정한 다음, 당업자가 최근접 선행자료를 바탕으로 객관적 기술문제를 풀려고 할 때 왜 청구항 발명에 도달하기 어려운지 그 이유를 제시한다. 이와 같은 문제-해결 접근법에 따른 진보성 주장 순서를 고려할 때, 출원인/한국대리인으로부터 제공되었을 때 가장 우선적이면서 꼭 필요한 정보는, **최근접 선행자료**(closest prior art) **대비 본 발명의 차별적 특징 및 이 특징이 가져다주는 기술적 효과**이다.

만일, 선행자료에서 개시되지 않은 차별적 특징을 청구항에 추가하는 보정을 하고 이 보정 청구항에 대한 진보성을 주장하고자 할 때, 추가하는 특징이 어떤 기술적 효과를 가져다주지 않는다면, 이를 근거로 진보성 주장을 할 수 없다. 따라서 **유럽대리인에게 보정된 청구항을 제공할 때, 보정 결과로 추가된 또는 변경된 발명의 특징이 어떤 기술적 효과를 가져다주는지 반드시 함께 언급해야 한다.**

한편, 진보성 주장에 가장 많이 그리고 보편적으로 활용되는 논리는, 선행자료들이 청구항 발명의 특징을 지시하거나 제안하지 않기 때문에 최근접 선행자료로부터 출발하더라도 청구항 발명에 도달하기 어렵다는 논리이다. 만일 가능하다면, 이 논리 이외에 추가적으로 활용가능한 논리를 제공하면 유럽대리인들이 보다 강한 진보성 주장을 펼칠 수 있다('진보성 거절을 극복하는 방법/논리는 어떤 것이 있나?' 부분 참조).

3. 가능한 모든 거절이유에 대한 의견을 주지만, 모를 경우에는 과감히 유럽대리인에게 위임하자

신규성 및 진보성 거절에 대응하기 위한 의견 이외에, 명세서상의 형식적 요건, 불명료, 발명의 단일성 등 가능한 모든 거절이유에 대한 의견을 제공하도록 하자. 만일, 해당 거절이유에 대한 대응한 적절한 대응을 몰라서 의견을 줄 수 없는 경우에는, 의견을 주지 않은 나머지 거절이유들에 대한 대응은 유럽대리인이 자체적으로 판단하여 대응하라는 코멘트하는 것이 바람직하다. 유럽실무를 잘 모르는 상황에서 잘못된 의견을 줄 경우, 유럽대리인은 이를 바로 잡고 한국대리인에게 올바른 대응을 설명하는 레터를 작성해야 하므로, 유럽대리인의 서비스 비용이 증가하게 된다.

■ 심사부가 심사결과를 통지하는 Art. 94(3) EPC 통지문의 첫페이지

European Patent Office
Postbus 5818
2280 HV Rijswijk
NETHERLANDS
Tel: +31 70 340 2040
Fax: +31 70 340 3016

Questions about this communication?
Contact Customer Services at
www.epo.org/contact

Primary Examiner
Name: Bijn, Koen
Tel: +31 70 340 · 4472

Vossius & Partner
Patentanwälte Rechtsanwälte mbB
Siebertstrasse 3
81675 München
ALLEMAGNE

Application No.	Ref. AD2968 EP	Date 08.02.2023
Applicant		

Communication pursuant to Article 94(3) EPC

The examination of the above-identified application has revealed that it does not meet the requirements of the European Patent Convention for the reasons enclosed herewith. If the deficiencies indicated are not rectified the application may be refused pursuant to Article 97(2) EPC.

You are invited to file your observations and in sofar as the deficiencies are such as to be rectifiable, to correct the indicated deficiencies within a period

of 4 months

from the notification of this communication, this period being computed in accordance with Rules 126(2) and 131(2) and (4) EPC. One set of amendments to the description, claims and drawings is to be filed within the said period on separate sheets (R. 50(1) EPC).

If filing amendments, you must identify them and indicate the basis for them in the application as filed. Failure to meet either requirement may lead to a communication from the Examining Division requesting that you correct this deficiency (R. 137(4) EPC).

Failure to comply with this invitation in due time will result in the application being deemed to be withdrawn (Art. 94(4) EPC).

Registered Letter
EPO Form 2001 11.16AUWF (03.02.2023)

3.2 어떤 경우에 선행자료가 신규성 공격에는 사용될 수 있지만 진보성 공격에는 사용될 수 없는가?

한국특허법 제29조 제3항 따르면, 특허출원한 발명이 그 특허출원일 전에 특허출원 또는 실용신안등록출원을 하여 그 특허출원 후에 출원공개되거나 등록공고된 다른 특허출원 또는 실용신안등록출원의 출원서에 최초로 첨부한 명세서 또는 도면에 기재된 발명 또는 고안과 동일한 경우에는 그 발명에 대해서는 특허를 받을 수 없다. 쉽게 말하면, **후출원보다 앞서 출원되었으나 후출원일 이후에 공개된 선출원의 경우, 선출원의 최초명세서에 기재된 내용은 후출원 청구항의 신규성을 공격하는 데 활용**될 수 있다. 이러한 선출원의 지위를 확대된 선출원의 지위라고 말한다.

한국특허법 제29조 제3항에 대응되는 규정이 유럽특허법 Art. 54(3) 및 Art. 56 EPC의 두 번째 문장이다. Art. 54(3) EPC에 따르면, "본 출원일보다 앞서는 출원일을 가지나, 본 출원일과 같은 날 또는 이후에 공개된 타 유럽출원의 최초출원서의 내용은, 본 출원에 대한 종래기술(the state of the art)에 포함된다". 또한, Art. 56 EPC 두 번째 문장에 따르면, "종래기술이 Art. 54(3) EPC 규정에 해당하는 문서를 포함하면, 해당 문서는 진보성이 있는지를 결정하는 데 고려되지 않는다 ". 즉, **한국실무와 마찬가지로, 확대된 선원의 지위에 해당되는 내용은 신규성을 공격하는 자료가 되지만, 진보성을 공격하는 자료로 활용될 수 없다.** 이때, **확대된 선원의 지위를 가지는 선행자료를 'Art. 54(3) EPC에 따른 선행자료'**라고 실무적으로 말한다.

중요한 점으로는 Art. 54(3) EPC에서 규정한 바와 같이 **확대된 선원의 지위는 선출원이 유럽출원일 경우에만** 가지며, 타 국가출원은 해당되지 않는다. 다음 그림에서 제시한 사례에서, 독일출원은 시기적으로 Art. 54(3) EPC 규정에 부합하지만 유럽출원이 아니므로 Art. 54(3) EPC에 따른 선행자료에 해당하지 않는다.

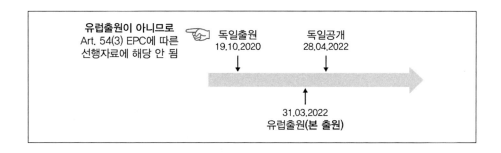

한편, **Art. 54(3) EPC에서 규정한 시기적 조건을 따질 경우에는, 우선일을 출원일로 간주**한다(Art. 89 EPC). 즉, 선행자료와 본 출원 모두 우선권 주장을 한 경우, 각 우선일을 출원일(effective filing date)로 간주해 Art. 54(3) EPC에서 규정한 시기적 조건을 만족시키는지 따진다.

아래 그림에서 제시한 사례에서, 유럽출원 B의 우선일(2019년 10월 19일)이 본 출원의 우선일(2020년 8월 10일)보다 앞서고, 유럽출원 B의 공개일(2021년 4월 26일)이 본 출원의 우선일 이후이므로, 유럽출원 B는 본 출원에 대해서 Art. 54(3) EPC에 따른 선행자료가 된다. 따라서 본 출원 심사과정에서 유럽출원 B는 신규성을 공격할 수 있는 선행자료로 인용될 수 있다.

한편, 아래 사례에서 본 출원의 독립항에 정의된 발명(발명 A)이 유럽출원 B에는 개시되어 있지만 우선권 기초출원인 미국출원에는 개시되어 있지 않은 경우에는, 발명 A에 대해서 유럽출원 B의 우선권 주장은 유효하지 않다. 이 경우, 발명 A에 대해서 유럽출원 B가 Art. 54(3) EPC에 따른 선행자료에 해당하지 않는다.

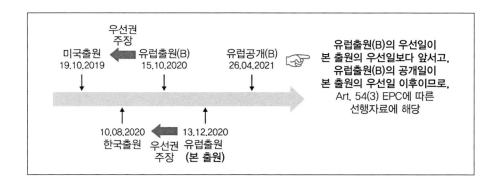

국제출원의 경우, 유효하게 유럽단계 진입을 하지 않았더라도, 유럽특허청에 **번역문을 제출**(국제출원이 유럽특허청 공식언어로 공개되지 않은 경우) **및 출원료 납부를 한 국제출원만** 확대된 선원의 지위를 갖는다(Rule 165 EPC 및 OJ EPO 2021 A51).

아래 그림에서 제시한 사례에서, 국제출원 C는 미국 가출원 A와 B에 대해 우선권 주장을 하고, 본 출원은 국제출원이 유럽단계에 진입한 건으로 한국출원 D에 대해 우선권 주장을 하였다. 국제출원 C의 우선일(2018년 10월 23일 또는 2019년 4월 29일)은 본 출원의 우선일(2019년 7월 14일)보다 앞서고, 국제출원 C의 공개일은 당연히 본 출원일 및 우선일 이후가 될 것이므로, Art. 54(3) EPC에 규정한 시기적 요건을 만족한다. 추가적으로, Rule 165 EPC 규정을 만족해야만 국제출원 C가 Art. 54(3) EPC에 따른 선행자료가 될 수 있다. 국제출원 C는 유럽특허청 공식언어인 영어로 출원되었기 때문에 유럽단계 진입 시 번역문을 제출할 필요가 없다. 국제출원 C는 유럽단계진입을 위한 출원료를 유효하게 납부하였다. 따라서 Rule 165 EPC 조건을 만족하므로 국제출원 C는 본 출원에 대해서 Art. 54(3) EPC에 따른 선행자료에 해당한다.

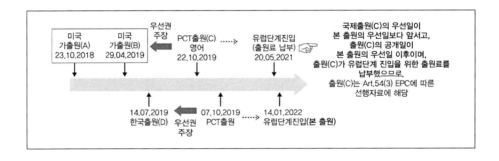

3.3 청구항을 어떻게 보정한 경우 출원명세서의 개시범위를 벗어나는 보정 (Art. 123(2) EPC 규정 위반)에 해당하는가?

Art. 123(2) EPC에서는 등록 전 심사과정에서 상세한 설명, 청구항 및 도면을 보정하는 데 있어서 지켜야 할 가장 중요한 요건을 규정하고 있다. 이 규정에 따르면, 보정 결과로 정의되는 기술주제가 최초출원명세서(application as filed)의 개시범위를 넘지 말아야 한다는 것이다.

이 규정의 취지는, 출원인이 최초출원명세서에는 없었던 기술주제를 새롭게 추가함으로써, 출원인에게는 근거없는 권리의 이익을 가져다주고, 공개된 최초출원명세서의 내용을 신뢰하는 제3자의 법률적 안정성을 해치는 결과를 가져오기 때문이다(GL H-IV 2.1).

Art. 123(2) EPC 규정에 따른 최초출원명세서 개시범위를 벗어났는가를 판단하는 기준은, Art. 76(1) EPC 규정에 따른 모출원의 최초출원명세서 개시범위를 벗어났는가를 판단하는 기준과 동일하고(G 1/05), 우선권이 유효한가를 따지는 데 중요한 발명의 동일성(same invention)을 판단하는 기준과도 동일하다(G 2/98).

1. 최초출원명세서(application as filed)

Art. 123(2) EPC 규정을 적용하는 데 있어서 중요한 기준은 어떤 것이 최초출원명세서에 해당하는 가이다. 한국특허출원을 우선권으로 하여 영문으로 유럽출원을 할 경우, 최초출원명세서는 영문으로 된 유럽출원 서류이다. 한국특허출원을 우선권으로 하여, 유럽출원용 명세서를 준비하였지만 영문으로 번역할 시간이 촉박하여 우선 국문으로 유럽출원을 하였고, 출원 후 2달 이내에 영어번역문을 제출한 경우라면, 최초출원명세서는 유럽출원 시 제출한 국문명세서이다(Art. 14(2) EPC). PCT출원이 유럽단계에 진입한 Euro-PCT출원 경우, PCT출원명세서가 최초출원명세서에 해당한다(Art. 153(2) EPC).

국문으로 유럽출원을 한 후 영어번역문을 제출한 경우나 PCT출원을 국문으로 한 후 유럽단계 진입 시 영어번역문을 제출한 경우, 심사관은 해당 번역문에 기초하여 Art. 123(2) EPC 규정의 위반여부를 판단한다. 만일, 번역 오류로 인하여, 보정한 내용이 국문명세서에서는 개시된 내용이지만, 번역된 명세서에서는 개시되지 않은 내용에 해당할 경우가 있을 수 있다. 이 경우에는 잘못된 번역문을 원래 국문명세서 내용에 맞게 정정하면서(Art. 14(2) EPC), 보정한 기술주제가 국문명세서의 개시범위 내에 있음을 주장할 수 있다.

2. 어떤 기준을 가지고 벗어났는지를 판단해야 하나?

사실 최초출원명세서가 개시하는 내용과 보정된 내용을 비교해서 어느 정도 차이가 나야 최초출원명세서의 개시내용을 벗어났다고 판단할 수 있을까 의문이 생긴다. 최초출원명세서에서 기재된 문구와 보정된 문구가 문언적으로 정확히 일치하는 경우는 그럴 의문을 가질 필요가 없겠지만, 대부분의 보정의 경우 그렇지 않기 때문이다.

판례에 따르면 Art. 123(2) EPC의 규정을 적용하는 기준은, 신규성 판단에 적용하는 기준과 유사하게, 최초출원명세서가 개시하는 내용으로부터 "**직접적이고 명확하게 도출할 수 있는가**(derivable directly and unambiguously)" 여부이다. 판례의 문구에 따르면, ⅰ) 당업자의 기술적 상식, ⅱ) 최초출원명세서가 명확하게 언급하는 내용으로부터 당업자가 당연히 받아들여질 수 있는(implicit) 기술특징을 고려해서, 최초출원명세서가 개시하는 내용으로부터 직접적이고 명확하게 도출할 수 있는 범위가 최초출원명세서의 개시범위에 해당한다는 것이다(T 667/08). 간단히 말하면, 최초출원명세서가 명시적으로 또는 함축적으로 개시하는 내용(explicit and implicit disclosure)으로부터 직접적이고 명확하게(directly and unambiguously) 도출할 수 있는 범위라고 할 수 있겠다.

중요한 것은, 직접적이고 명확하게 도출할 수 있는 가에 대한 기준은, 당업자의 기술적 상식을 고려할 때 자명한(obvious) 내용인가에 대한 기준보다 훨씬 높다.

3. 독립항에 추가적인 특징을 더하는 보정의 경우

신규성 및/또는 진보성 거절을 극복하기 위해 보정을 할 경우, 많은 경우에 있어서 기존 독립항에 심사관이 고려하지 않은 일부 특징을 더함으로써 청구범위를 좁히는 보정을 많이 한다. 실무적으로, 독립항에 의존하는 종속항을 해당 독립항과 병합하는 보정을 하거나, 상세한 설명에 개시된 특징을 독립항에 더하는 보정을 한다. 이때, 해당 특징을 더하는 보정 결과로 얻어지는 기술주제가 최초출원명세서의 개시된 내용으로부터 직접적이고 명확하게 도출가능하다고 하면 Art. 123(2) EPC 규정을 만족한다(GL H−V 3.2).

종속항을 독립항에 병합하는 보정 경우 유의할 점은, 독립항에 의존하는 종속항의 모든 특징들을 독립항에 병합하는 경우에는 문제가 없지만, 종속항에 있는 여러 특징 중에 일부 특징을 제외하고 다른 일부 특징만 선택적으로 독립항에 병합할 경우, Art. 123(2) EPC 규정을 위반할 가능성이 있다는 점이다.

이때, Art. 123(2) EPC 규정의 위반에 해당하지 않기 위해서는, ⅰ) **독립항에 병합된 특징이 상세한 설명에 개별적으로 기술되어 있고, 그러한 일부 특징을 독립항과 병합하는 가능성에 대해 상세한 설명에서 언급되어 있거나, ⅱ) 독립항에 병합되지 않고 종속항에 남아 있는 특징이, 상세한 설명에서 필수적 특징으로 설명되어 있지 않고, 발명이 제시하는 해결방안을 수행하는 데 필수불가결한 특징이 아니고, 해당 특징을 독립항으로부터 배제하는 보정이 다른 특징을 수정하는 결과를 초래하지 않아야** 한다(GL H−V 3.1 및 3.2).

예를 들어, 최초출원명세서상에서 독립항 1항은 A, B, C, D의 조합을 정의하고 있고, 독립항 1항에 의존하는 종속항 2항이 E 및 F의 조합을 정의하고 있다. 유럽 조사보고서를 받은 이후에, 신규성 및 진보성 극복을 위해서 종속항 2항의 전체 특징을 독립항 1항에 합치는 보정을 하였다. 그래서 보정된 독립항 1항이 A, B, C, D, E, F의 조합을 정의하게 되면, 이 보정된 독립항 1항은 실질적으로 최초출원명세서상의 종속항 2항에 해당하기 때문에 Art. 123(2) EPC 규정을 만족한다.

하지만 보정된 독립항 1항이 A, B, C, D, E만의 조합을 정의한다면, Art. 123(2) EPC 규정 위반의 가능성이 존재한다. 다만, 상세한 설명상에 특징 E가 개별적으로 정의되어 있고, 특징 E를 A, B, C, D의 조합과 병합하는 가능성에 대해서 상세한 설명에 언급되어 있다면 Art. 123(2) EPC 규정 위반에 해당하지 않는다. 상세한 설명에서 특징 E를 언급하면서 "may further comprise"와 같은 표현을 통해서 독립항에 정의된 기술주제에 추가적으로 덧붙일 수 있는 가능성을 언급하고 있다면 Art. 123(2) EPC 규정을 만족한다.

특징 E를 포함하는 보정된 독립항이 Art. 123(2) EPC 규정을 만족하는 또 다른 경우로는, 특징 F가 상세한 설명에서 필수구성요소로 설명되어 있지 않고, 발명이 제시하는 해결방법을 수행하는 데 필수불가결한 특징이 아니고, 특징 F를 독립항에 포함시키지 않음으로 해서 보정된 독립항에 존재하는 다른 특징들을 수정하는 결과를 초래하지 않는다면 Art. 123(2) EPC 규정을 만족한다.

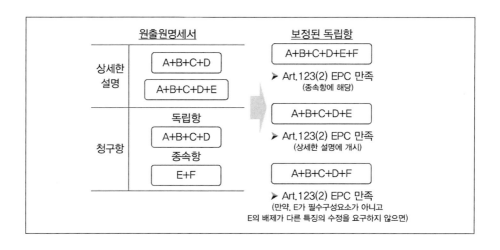

유럽출원명세서의 경우, 실무적으로 발명의 요약 부분에 청구항 내용을 반복적으로 기재하는 경향이 있다. 이때 발명의 요약 부분에 반복 기재되는 내용은, 청구항에 기재된 여러 특징들의 조합과는 달리, 그 특징들을 개별적으로 기재하는 것이 필요하다. 이는 발명의 요약 부분에 기재된 내용을 바탕으로 해서, 청구항에 기재된 특징들의 조합을 좀 더 자유롭게 재구성하기 위한 목적이다. 가령 위 사례에서, 종속항 2항에서는 특징 E 및 F가 하나의 조합(Combination)으로 정의되어 있지만, 발명의 요약 부분에서는 특징 E와 F가 각각 개별적으로 정의되어 있으면서 각 특징이 독립항에 해당하는 특징들과 조합할 수 있다는 가능성을 언급하고 있다면, 이 발명의 요약부분을 근거로 종속항 2항의 특징 E 또는 특징 F만을 선택적으로 독립항 1항에 병합하는 보정이 가능하다.

상세한 설명상에 개시된 특징을 독립항에 더하는 보정의 경우는, 해당 특징을 독립항에서 정의되는 특징들의 조합과 병합하는 가능성에 대해서 상세한 설명에 언급되어 있다면, 이 보정은 Art. 123(2) EPC 규정 위반에 해당하지 않는다. 다만, 이 보정의 경우 유념할 점으로는, 상세한 설명상에 개시된 어떤 특징이 다른 특징과 함께 적용되는 것으로 기재되어 있음에도 불구하고, 독립항에는 해당 특징 하나만 병합하는 경우는 '허용되지 않는 중간 일반화(inadmissible intermediate general-ization)'로 Art. 123(2) EPC 규정 위반에 해당한다. 예를 들어, 상세한 설명상에 특징 G와 특징 H가 함께 적용되는 것으로 기재되어 있는데, 독립항에는 특징 G만 병합하는 보정을 한 경우, '허용되지 않는 중간 일반화'에 해당한다. '중간 일반화'

에 대해서는 아래에서 보다 상세하게 설명한다.

4. 일부 특징을 삭제하거나 다른 특징으로 대체하는 보정의 경우

이 보정의 경우도, 보정 결과로 얻어지는 기술주제가 최초출원명세서의 개시된 내용으로부터 직접적이고 명확하게 도출가능하다고 하면 Art. 123(2) EPC 규정을 만족한다(GL H-V 3.2). 즉, 보정 결과로 얻어지는 특징들의 조합이 최초출원명세서에 명확히 개시되어 있다면 Art. 123(2) EPC 규정을 만족한다고 쉽게 판단할 수 있다. 하지만 많은 경우에 있어서, 다양한 방향으로의 보정 가능성을 염두에 두고 최초출원명세서를 작성하기 어려우므로, 실무적으로는 최초출원명세서가 보정된 특징들의 조합을 명확히 개시한다고 판단하기 어려운 경우가 많다.

이러한 경우에 Art. 123(2) EPC 규정을 만족한다고 판단할 수 있는 추가기준으로는 다음과 같다. 즉, ⅰ) **대체되거나 삭제된 특징이 상세한 설명에서 필수적 특징으로 설명되어 있지 않고, ⅱ) 발명이 제시하는 해결방안을 수행하는 데 필수불가결한 특징이 아니고, ⅲ) 그러한 일부 특징을 삭제하거나 대체하는 보정이 다른 특징을 수정하는 결과를 초래하지 않아야** 한다(GL H-V 3.1).

예를 들어, 최초출원명세서상에서 독립항 1항은 A, B, C, D의 조합을 정의하고 있고, 상세한 설명에는 특징 E를 개별적으로 정의하고 있다. 만일, 상세한 설명이 A, B, C, E의 조합을 명확하게 개시하고 있다면, 논란의 여지 없이 독립항 1항을 A, B, C, E의 조합으로 보정하는 보정은 Art. 123(2) EPC 규정을 만족한다. 그런데 만일 상세한 설명이 A, B, C, E의 조합을 명확하게 개시하고 있지는 않지만, ⅰ) 상세한 설명이 특징 D를 필수적 특징으로 설명하고 있지 않고, ⅱ) 발명이 제시하는 해결방안을 수행하는 데 필수불가결한 특징이 아니고, ⅲ) 특징 D를 특징 E로 대체하는 것이 다른 특징(특징 A, B 또는 C)을 수정해야 하는 결과를 초래하지 않으면, Art. 123(2) EPC 규정을 만족한다고 볼 수 있다는 것이다.

한편, 유럽조사보고서에 인용된 선행문헌을 검토한 결과, 최초 청구항의 구성요소의 일부를 삭제하여 청구범위를 넓히는 보정을 고려할 수 있다. 만일, 상세한 설명에서 개시한 내용으로부터, 해당 구성요소를 삭제한 기술주제가 발명에 해당한다는 것을 직접적이고 명확히 도출할 수 있으면, 이러한 삭제 보정은 Art. 123(2)

EPC 규정을 만족한다. 다시 말하면, **삭제된 구성요소가 없더라도 발명이 동작하여 기술적 문제를 해결할 수 있으면 그러한 삭제 보정은 Art. 123(2) EPC 규정을 만족한다**(GL H-V 3.1).

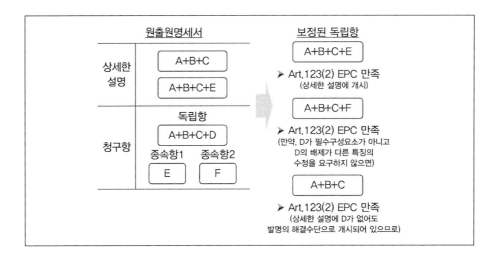

5. 중간 일반화

최초출원명세서 내에서 개시된 특징들의 조합에서 일부 특징만을 선택해서 독립항에 추가하는 보정하는 방식을 중간 일반화(intermediate generalization)라고 부른다. 이러한 중간 일반화 방식 보정이 허용될 수도 있고 아닐 수도 있다.

허용되는 중간 일반화에 해당하는지 여부는 다음 기준으로 판단한다. 즉, ⅰ) **선택된 특징이 선택되지 않은 나머지 특징들과 따로 떼어놓기 어렵게 연결**(inextricably linked)**되어 있지 않고, ⅱ) 명세서 전체의 개시내용이 선택된 특징을 나머지 특징으로부터 분리한 후 청구항에 추가하는 것을 정당화**할 때 중간 일반화가 허용된다. 반면, 이 두 기준 중 하나를 만족하지 못하면 '허용되지 않는 중간 일반화(inadmissible intermediate generalization)'에 해당하여 Art. 123(2) EPC 규정을 위반한다(GL H-V 3.1 및 3.2). 실무적으로는 두 번째 기준에 해당하는 여부는, 보정 결과에 해당하는 기술주제가 명세서 전체적인 개시내용과 일관성이 있는가 또는 모순되지는 않는가로 판단한다.

최초출원명세서상에서 독립항 1항은 A, B, C, D의 조합을 정의하고 있고, 상세한 설명에는 독립항 1항과 관련된 실시예를 설명하면서, 특징 E와 F가 함께 해당 실시예에 적용되는 것으로 기재되어 있다. 이때, 독립항 1항을 A, B, C, D, E의 조합으로 보정한 것이 Art. 123(2) EPC 규정을 만족하기 위해서는, 특징 E와 F가 서로 구조적 또는 기능적으로 관련되어 있지 않고, 보정된 독립항의 기술주제가 명세서 전체적인 개시내용과 모순되는 내용이 없으면 된다.

허용되지 않는 중간 일반화에 해당되는 상황을 줄이기 위해서는, 하나의 실시예와 관련된 특징들의 설명하면서 'AND' 조건으로 기술하지 말고, 가능하면 'AND/OR'로 기술하는 것이 바람직하다. 또한, 하나의 긴 문장으로 여러 특징들을 동시에 설명하는 것보다는, 하나의 특징을 하나의 문장으로 설명하여, 최소한 문언적으로 여러 특징들의 묶음이 하나의 조합(combination)을 구성하지 않도록 기술한다. 또한, 해당 특징들을 서로 떼어 각각 개별적으로 다른 실시예에 적용될 수 있다는 가능성을 언급하는 것이 바람직하다.

한편, 유럽실무에서는 각각의 표나 도면 하나 자체가 하나의 실시예를 구성하는 것으로 본다. 따라서 **도면에 나타난 여러 특징 중 일부만을 선택하여 청구항에 추가하는 보정은, 해당 추가된 특징을 도면에 나타난 다른 구조적/기능적으로 연관된 특징들과 분리시키는 것으로 보아 허용되지 않는 중간 일반화**(inadmissible inter-mediate generalization)로 판단한다.

3.4 심사단계에서 청구항 보정 시 추가로 고려할 점은?

발명의 다양한 내용을 충분히 기술하는 명세서를 준비하였지만, 특허출원 전에 선행조사를 하지 못했거나 충분히 하지 않아서, 독립항의 구체적인 기술주제와 합리적인 권리범위를 출원 전에 확정하지 못하는 경우가 많다. 이 경우, 많은 한국출원인은 잠정적으로 선정한 기술주제와 권리범위를 바탕으로 청구항 세트를 구성하여 일단 출원하고, 미국출원의 경우는 신규성/진보성에 관한 1차 Office Action을 받은 이후에, 유럽출원의 경우는 유럽조사보고서 및 의견서를 받은 이후에, 인용된 선행문헌을 고려하여 청구항의 구체적인 기술주제와 권리범위를 조정하는 출원전략을 고려한다.

이러한 출원전략은 미국출원의 경우 효과적일 수 있으나, 유럽출원의 경우는 문제가 있을 수 있다. 그 이유는 Rule 137(5) EPC에서 규정하는 보정의 제약조건 때문이다.

이 규정에 따르면, 보정된 청구항은 상세한 설명에만 기재되어 있고 청구항에는 포함되지 않아서 **유럽조사보고서에서 조사대상이 되지 않은 특징이면서, 최초 청구항 발명과 조합하여 단일한 발명의 개념을 구성하지 못하는 특징**을 포함할 수 없다(GL H−II 6.2). 보다 쉽게 말하면, 보정된 청구항은 선행조사가 이루어지지 않은 기술주제(unsearched subject−matter)를 포함해서는 안 된다는 것이다. 이 규정 때문에, 앞서 언급한 출원전략에 따라서 상세한 설명에 기재된 내용을 아무런 제한 없이 청구항에 가져오는 보정이 제한된다.

선행조사가 이루어지지 않은 기술주제에 대해 권리화가 필요하다면, 분할출원을 하면서 해당 기술주제에 대한 청구항을 포함시킬 수 있다.

3.5 문제−해결 접근법(Problem−solution approach)이란?

유럽특허청은 청구항 발명의 진보성을 판단하는 방법으로서, 문제−해결 접근법(problem−solution approach)을 적용한다. 진보성 판단에 문제−해결 접근법을 적용하는 것은 의무사항은 아님에도, 유럽특허청이 다른 진보성 판단 방법을 적용하는 것은 매우 드물다. 한편, 예외적으로 진보성 판단에 문제−해결 접근법이 아닌 다른 방식을 적용할 경우 그 이유를 제시해야 한다고 판단한 판례도 있다(CL BoA, I. D. 2).

문제−해결 접근법은 유럽특허법 내에서 직접적으로 규정하고 있는 방법은 아니지만, 발명은 기술적 문제와 이에 대한 해결방안에 대한 방식으로 정의되어야 한다는 Rule 42 (1)(c) EPC 규정으로부터 도출가능하다.[1]

---

1 Derk Vissor, "The Annotated European Patent Convention", 25th Edition, 2017, page 117, section 6.

이 방법은 크게 3단계로 구성되는데, ⅰ) **청구항 발명과 가장 가까운 선행자료**(closest prior art, "최근접 선행자료")**를 결정**하고, ⅱ) **해결하고자 하는 객관적 기술문제**(objective technical problem)**를 도출**하고, ⅲ) **최근접 선행자료와 객관적 기술문제를 고려할 때 청구항 발명이 당업자에게 자명한가를 판단**하는 단계로 구성된다(GL G-VII 5).

이 문제-해결 접근법은, 출발지점에서 어떤 목적지로 이동하는 여행과정에 비유할 수 있다. 최근접 선행자료는 출발지점에 해당하고 목적지는 청구항 발명에 해당된다고 볼 수 있고, 객관적 기술문제는 출발지점를 떠나는 이유 내지 목적에 해당한다고 볼 수 있다. 이때, 출발지점으로부터 출발해서 목적지에 도착할 수 있도록 안내하는 역할은, 최근접 선행자료 또는 추가 선행자료가 될 수 있다.

즉, 이 문제-해결 접근법은, **특정 목적**(객관적 기술문제)**을 이루기 위해 출발지점**(최근접 선행자료)**으로부터 출발해서 어떤 안내**(추가 선행자료가 가르쳐 주는 내용)**를 받아서 목적지**(청구항 발명)**에 도달하는 것이 자명한가를 판단하는 방법**이다. 해당 목적지(청구항 발명)에 도달하는 것이 자명하다는 것은, 청구항 발명이 최근접 선행자료와 추가 선행자료를 고려할 때 진보성이 없다는 것을 의미한다.

이와 같은 비유를 도식화하면 아래와 같다.

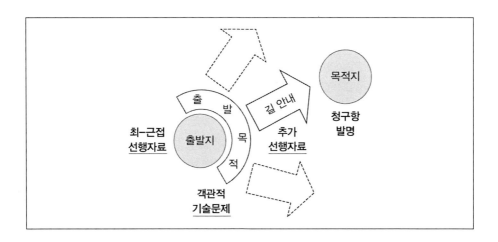

1. 최근접 선행자료(closest prior art) 결정

최근접 선행자료는 청구항 발명에 도달하는 데 가장 유망한 출발점(most promising starting point)이 되는 선행자료이다

최근접 선행자료를 결정하는데, 선행자료에 개시된 내용이 청구항 발명과 유사한 목적과 효과를 달성하는지 또는 선행자료에 개시된 내용이 청구항 발명과 동일 또는 밀접하게 관련된 기술 내용에 해당하는 지를 판단한다(GL G-Ⅶ 5.1).

실무적으로는 최근접 선행자료란, 유사한 목적을 가지는 기술내용을 개시하면서, 청구항 발명에 도달하는 데 있어서 구조적으로 또는 기능적으로 가장 최소한의 수정을 필요로 하는 기술내용을 개시하는 자료를 말한다(T 606/89).

경우에 따라서, 다수의 선행자료가 동등한 출발점으로서 위치를 가질 수 있다. 이 경우에는, 각 선행자료를 최근접 선행자료로 설정하여 문제-해결 접근법을 적용하여 청구항 발명의 진보성을 따져보는 것이 허용된다. 이 경우, 최근접 선행자료를 어떤 것으로 설정하는 가에 따라 도출되는 객관적 기술문제가 달라질 수 있다. 최근접 선행자료에 따라 다른 형태로 적용된 문제-해결 접근법들 중에서, 하나의 경우라도 청구항 발명이 자명하다고 판단되면, 청구항 발명의 진보성은 부정된다(GL G-Ⅶ 5.1).

청구항 발명의 유효일(effective date) 이전의 당업자 관점에서, 어떤 선행자료가 최근접 선행자료가 될지를 결정해야 한다. 또한, 명세서 내에서 출원인이 종래기술로 인정한 부분도 최근접 선행자료 결정에 고려될 수 있다(GL G-Ⅶ 5.1).

2. 객관적 기술문제(objective technical problem) 도출

1) 차별적 특징(distinguishing features) 파악

문제-해결 접근법의 두 번째 단계에서는, 해결하고자 하는 문제를 객관적인 방법으로 설정한다. 이를 위해 우선, 청구항 발명과 최근접 선행자료를 비교하여, **최근접 선행자료에서 개시하지 않는 청구항 발명의 구조적 또는 기능적 특징**(distinguishing features, "차별적 특징")**을 파악**해야 한다.

2) 기술적 효과(technical effect) 확인

그 다음 단계에서는, 앞서 파악된 **차별적 특징들로부터 얻어지는 기술적 효과를 확인**한다.

차별적 특징 중에서 발명의 기술적 속성에 기여하지 못하는 특징, 다시 말하면 기술적 효과를 얻는 데 기여하지 못하는 특징들은 진보성 판단에서 제외된다(T 641/00). 예를 들어, 비기술적인 문제들(구체적으로는 Art. 52(2) EPC 규정하에서 특허받을 수 없는 발명 분야에 해당되는 문제들)을 해결하는 데 기여하는 특징들은 진보성 판단에서 제외된다(GL G-VII 5.2).

3) 객관적 기술문제의 도출

문제-해결 접근법에서 **객관적 기술문제라 함은**, 앞서 확인된 **기술적 효과(technical effect)를 얻기 위해 최근접 선행자료를 수정 또는 조정하는 목적**을 의미한다(GL G-VII 5.2).

이러한 객관적 기술문제는 출원인이 명세서 내에서 언급했던 "해결하고자 하는 문제"와 다를 수 있다. 왜냐하면, 출원인이 언급한 "해결하고자 하는 문제"는 출원 당시에 출원인이 주관적으로 설정한 선행기술을 바탕으로 하여 상정된 문제이지만, 객관적 기술문제는 심사과정에서 확인된 객관적인 선행기술(최근접 선행자료)을 바탕으로 하여 도출된 문제이기 때문이다(GL G-VII 5.2).

도출된 객관적 기술문제가 타당한가에 대한 판단은 개별 사례마다 다르게 볼 수 있다. 원칙적으로는, 명세서에 기술된 내용으로부터 도출한 발명의 기술적 효과는 객관적 기술문제를 설정하는 데 활용될 수 있다(T 386/89). 또한, 심사과정에서 출원인이 새로운 기술적 효과를 제시하였고, 이 새로운 기술적 효과가 명세서 개시된 문제에 의해 암시되거나 관련되었다고 당업자가 인식할 수 있었다면, 이 새로운 기술적 효과를 객관적 기술문제를 도출하는 데 이용할 수 있다(T 184/82).

중요한 점으로는, **객관적 기술문제가 기술적 해결 방법을 지시하는 내용을 담고 있지 않도록 기술되어야** 한다. 왜냐하면 객관적 기술문제가 발명이 제공하는 기술적 해결 방법을 포함하고 있게 되면, 다른 사항을 고려하지 않고도 객관적 기술문제 자체로부터 발명에 이르는 것이 자명해지기 때문이다(T 229/85). 단, 차별적 특징이 발명의 기술적 속성에 기여를 하지 않는 비기술적 특징을 가지고 있을 때, 이러한 **비기술적 특징 내지 발명이 달성하는 비기술적 효과는, 만족되어야 하는 제약조건으로서 객관적 기술문제에 포함될 수 있다**(GL G-VII 5.4).

객관적 기술문제는 종래기술을 개선하는 것뿐만 아니라, 알려진 장치나 프로세스와 동일하거나 유사한 효과를 제공하는 **대체 장치 또는 대체 프로세스를 제안**하는 것도 포함한다(GL G-VII 5.2).

앞서 파악된 청구항 발명의 차별적 특징들이 여러 개이고, 각 차별적 특징들이 서로 다른 독립적인 문제들을 해결하는 경우에, 객관적 기술문제는 여러 개의 부분 문제들(partial problems)이 합쳐진 형태로 서술될 수 있다(T 389/86).

3. 자명하게 청구항 발명에 도달할 수 있는가에 대한 판단

이 문제-해결 접근법의 마지막 단계에서는, **객관적 기술문제를 해결하고자 하는 당업자가 최근접 선행자료를 수정 또는 조정하여 청구항 발명에 도달하도록** 유도했었을(would have prompted) **지시내용**(teaching)**이 선행자료에 있는가**를 판단한다(GL G-VII 5.3). 여기서 지시내용이 있는 선행자료는 최근접 선행자료일 수도 있고, 다른 추가 선행자료일 수 있다.

즉, 진보성 판단은 당업자가 최근접 선행자료를 수정 또는 조정하여 청구항 발명에 도달할수 있었을 것(could have arrived)을 판단하는 것이 아니라, 선행자료가 당업자로 하여금 객관적 기술문제를 해결하기 위해 그렇게 하도록 유도하기(incite) 때문에 당업자가 그렇게 했을 것(would have done)을 판단하는 것이다(GL G-VII 5.3).

문제-해결 접근법에서 둘 이상의 선행자료에서 개시된 내용을 최근접 선행자료와 조합하는 것이 허용된다. 하지만 청구항 발명이 여러 개의 특징들의 단순한 집합적 성격(aggregation of features)이 아닌 경우에 있어서, 청구항 발명에 도달하기 위해서는 **다수의 선행자료에서 개시된 내용을 최근접 선행자료와 결합시켜야 한다면 이것은 오히려 청구항 발명이 진보성 있음을 나타내는 것으로 볼 수 있다**(GL G-VII 6).

청구항 발명이 여러 개의 특징들의 단순한 집합적 성격에 해당하는 경우, 다시 말하면, **청구항 발명이 여러 개의 독립적인 부분 문제들**(partial problems)**에 대한 해결안들의 합인 경우에는, 각각의 부분 문제를 해결하기 위한 청구항 특징들의 조합이 선행자료로부터 자명하게 도출 가능한지를 나누어서 판단해야** 한다. 그 결과, 각 부분 문제에 대한 해결안이 진보성이 없다고 판단하는 데 있어서, 서로 다른 선행자료들이 최근접자료와 결합할 수 있다. 물론, 여러 부분 문제들 중 적어도 하나의 해결안이 진보성이 있으면 해당 청구항 발명은 진보성이 있다고 판단한다 (GL G−VII 6).

두 개 이상의 선행자료들에서 개시된 내용을 결합시키는 것이 자명한가를 판단하는 데 있어서, ⅰ) 두 개 이상의 선행자료에서 언급한 각 발명들의 필수적인 특징들이 서로 호환될 수 있는지, ⅱ) 두개 이상의 선행자료들이 유사하거나 인접한 기술분야에 해당하는지, ⅲ) 두개 이상의 선행자료들의 결합시키는 데 합당한 근거가 있는지를 고려해야 한다(GL G−VII 6).

세 번째 고려사항 관련하여, 하나의 선행자료를 잘 알려진 교과서나 표준서에 개시된 내용을 결합하는 것, 하나 이상의 선행자료를 당업자의 일반상식(common general knowledge)과 결합하는 것, 하나의 선행자료가 다른 선행자료에 대한 명확한 참조를 담고 있을 때 이 두 선행자료를 결합하는 것들은 자명하다고 본다(GL G−VII 6).

4. 문제−해결 접근법 사례

1) 간단한 예제

청구항 1항은 특징 A, B, C, D를 포함하는 냉장고이다. 심사부가 선행자료를 검색한 결과 최근접 선행자료로 D1을 찾았는데, D1은 특징 A, B, D를 포함하는 냉장고를 개시한다. D1 대비 청구항 1항의 차별적 특징은 특징 C이다. 특징 C에 의해 달성하는 기술적 효과는 소음 저감이라고 가정하자. 그러면 객관적 기술문제는 'D1에 개시된 냉장고의 소음 저감하기 위해서 어떻게 해야 할까?'로 설정할 수 있다. 다른 선행자료인 D2에서 가전제품의 소음저감을 위해서 특징 C를 적용할 수 있다는 것을 가르쳐주고 있다면, 당업자는 앞서 설정한 객관적 기술문제를 해결하기 위해 D2가 가르쳐주는 내용을 D1의 냉장고에 적용함으로써 본 발명에 이를 수 있을 것이다. 따라서 청구항 1항의 발명은 D1과 D2의 조합에 근거해 진보성이 없다고 판단한다.

2) 최근접 선행자료를 다르게 하면서 문제해결 접근법 적용(T 0922/12)

▣ 청구항 발명 세탁기 구조

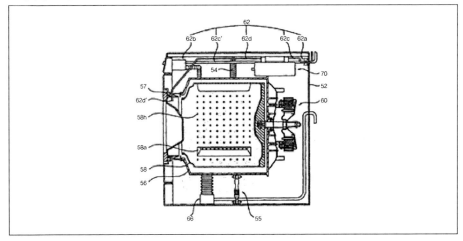

청구항 발명: 스팀분사 드럼세탁기, 다음의 구성을 포함:

케이싱;

케이싱 내에 위치한 터브;

터브 내에 위치한 드럼;

터브와 드럼에 물을 공급하는 물공급유닛(62); 및

물을 가열하여 고온 고압의 스팀을 만드는 스팀발생기(70),

상기 물공급유닛(62)은 스팀발생기에 물을 공급하기 위해 일단이 스팀발생기에 연결되는 물공급튜브(62c)와;

일단은 스팀발생기에 연결되고 타단은 터브와 드럼 내에 위치하는 스팀튜브(62d)를 포함하고,

노즐 형상을 가지는 스팀튜브의 상기 타단(62d')은 가스켓의 상단을 관통하고, 스팀튜브에 의해 안내된 스팀은 스팀튜브의 끝단을 통해 하방으로 분사된다.

최근접 선행자료를 D9(JP－A－2002－360987)로 선정 시,

▣ D9 개시 구조

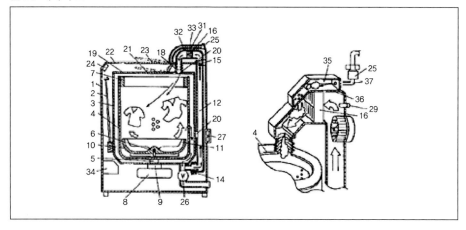

　최근접 선행자료가 개시하고 있지 않은 청구항 발명의 차별적 특징들은, 고온 고압의 스팀; 및 노즐이 가스켓의 상단을 관통하고, 스팀튜브에 의해 안내된 스팀이 스팀튜브 끝단을 통해서 하방으로 분사하는 것이다.

　이 특징들이 가져오는 효과를 고려할 때, 객관적 기술문제는 '어떻게 기존의 세탁기의 세탁성능을 향상시킬 것인가'로 설정할 수 있다.

　다른 선행자료 D10(US-A-4 207 683)은 물분사를 위한 노즐이 가스켓을 지나 터브와 드럼으로 진입하는 구조를 개시한다.

　하지만 D10은 스팀발생기, 특히나 고온 고압의 스팀을 만드는 스팀발생기를 개시하고 있지 않다. 따라서 당업자가 D10의 개시내용을 바탕으로 D9가 개시하는 세탁기를 변경하더라도 청구항 발명의 세탁기에 도달할 수 없을 것이므로, 청구항 발명은 진보성이 있다.

　한편, 최근접 선행자료를 D10으로 선정 시, 최근접 선행자료가 개시하고 있지 않은 청구항 발명의 차별적 특징은, 물공급유닛에 연결되어 고온 고압의 스팀을 생성하는 스팀발생기; 및 물을 스팀발생기에 공급하기 위해 일단이 스팀발생기와 연결되는 물공급튜브이다.

■ D10 개시 구조

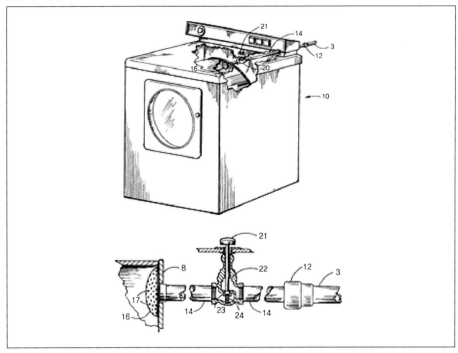

　이 특징들이 가져오는 효과를 고려할 때, 앞서와 마찬가지로 객관적 기술문제는 '어떻게 기존의 세탁기의 세탁성능을 향상시킬 것인가?'로 설정할 수 있다.

　다른 선행자료 D8(DE-A-196 41 309)은, 주름을 줄이기 위해서 선택적으로 스팀을 분사할 수 있는 건조기를 개시한다. D8는 세탁 성능을 향상이라는 문제해결을 위해서 스팀을 공급하는 것을 제안하고 있지 않다. 특히나, D8의 스팀발생기는 고온 고압의 스팀을 생성하기 위해 스팀을 공간 안에 수용하는 구조를 개시하고 있지 않다. 따라서 D8의 개시내용을 D10에 결합하더라도 고온 고압의 스팀을 발생하는 것을 달성할 수 없다. 그러므로 청구항 발명은 D10과 D8의 조합을 고려하더라도 진보성이 있다.

◩ D8 개시 구조

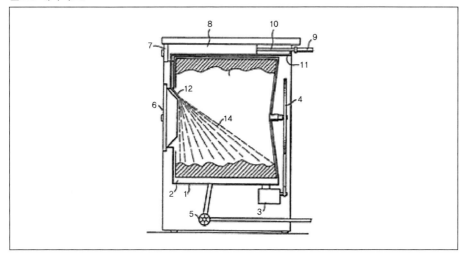

3) 상세한 설명에 없는 기술적 효과를 바탕으로 객관적 기술문제 설정(EP 3 337
   294의 이의신청)

   앞서 설명한 바와 같이 문제-해결 접근법에서 객관적 기술문제는 차별적 특징
(distinguishing feature)이 가져다주는 기술적 효과를 바탕으로 설정한다. 일반적으로
문제-해결 접근법 적용 시 차별적 특징이 가져다주는 기술적 효과를 상세한 설
명에서 찾지만, 반드시 상세한 설명의 내용에 담긴 기술적 효과에만 국한될 필요
는 없다.

   다음 청구항은 유도가열 조리기구의 회로구성에 대한 발명을 정의한다.

   청구할 발명: 유도가열 조리기구로 다음을 포함:
   정류기(120) […];
   배터리(830) […];
   정류기와 배터리 중 하나에 연결된 **스위치(810)**;
   화력 레벨을 설정하기 위한 명령어를 받도록 마련된 **화력조절유닛(1010)**;
   화력 레벨이 소정 레벨보다 넘으면 스위치가 정류기에 연결되고, 화력 레벨이
소정 레벨보다 낮으면 스위치가 배터리에 연결되도록, 스위치를 제어하는 **구동유
닛(1030)**;

스위치에 의해 연결된 전원공급원으로부터 공급되는 전압을 변환하고 변환된 전압을 가열코일에 공급하는 **인버터(140)**; 및

가열코일(150) […].

■ 청구항 발명인 유도가열 조리기구의 회로 구성

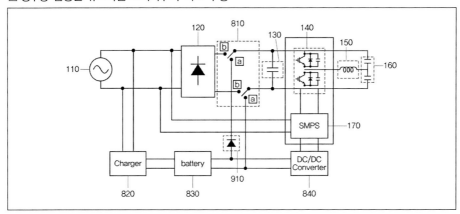

청구항 발명에 대한 최근접 선행자료로 D1(JPH 08−1597 Y2)을 선정되었다. D1 에서 개시하고 있는 회로구성은 아래와 같다.

■ D1 개시 회로 구성

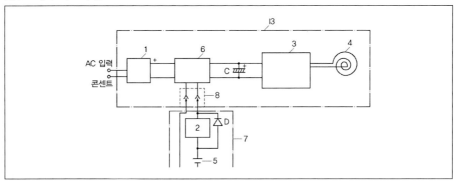

D1 대비 청구항 발명의 차별적 특징은 ⅰ) "화력 레벨을 설정하기 위한 명령어 를 받도록 마련된 **화력조절유닛(1010)**", ⅱ) "화력 레벨이 소정 레벨보다 높으면 스위치가 정류기에 연결되고, 화력 레벨이 소정 레벨보다 낮으면 스위치가 배터

리에 연결되도록, 스위치를 제어하는 **구동유닛(1030)**"이다.

출원인은 상세한 설명에 개시된 내용을 바탕으로, 위 차별적 특징이 저전력 모드에서 스위칭 횟수를 줄여서 소음저감에 기여한다고 주장하였다. 이를 토대로, 객관적 기술문제는 'D1의 유도조리기구의 소음을 어떻게 줄일 것인가'로 설정하였다. 반면, 이의신청부는 상세한 설명에서 언급된 기술적 효과를 그대로 받아들이지 않고 차별적 특징들의 전체적인 기술내용을 고려하여, 차별적 특징들이 저전력 모드에서의 특정한 운전방법을 제안한다고 판단하였다. 이를 바탕으로, 객관적 기술문제는 'D1의 유도조리기구의 저전력 출력을 어떻게 개선할 것인가'로 보다 포괄적으로 설정하였다.

4) 객관적 기술문제는 해결방법을 지시하는 내용을 담지 않도록 설정

객관적 기술문제가 기술적 해결 방법을 지시하는 내용을 담고 있지 않도록 기술되어야 한다. 왜냐하면 객관적 기술문제가 발명이 제공하는 기술적 해결 방법을 포함하고 있게 되면, 다른 사항을 고려하지 않고도 객관적 기술문제 자체로부터 발명에 이르는 것이 자명해지기 때문이다(T 229/85).

문제-해결 접근법을 적용하는 데 있어서 진보성 부정이라는 결론에 쉽게 도달하기 위해서 심사관들이 많이 하는 실수 중 하나가, 해결방법을 지시 또는 암시하는 내용을 담은 객관적 기술문제를 설정한다는 것이다.

예를 들어, A라는 장치에 있어서 종래기술은 회전축이 수직방향으로 세워진 구조이고, 본 발명은 회전축이 수평방향으로 누워진 구조를 제안한다고 가정하자. 본 발명의 구조는 종래구조 대비 축방향 베어링의 수명연장에 기여한다. 그렇다면 본 발명의 차별적 특징은 '수평방향으로 배치된 축 구조'이고, 이 차별적 특징이 제공하는 기술적 효과는 베어링 수명연장이다. 이 기술적 효과를 고려한, 객관적 기술문제는 'A 장치의 베어링 수명을 늘리기 위해서 어떻게 구조개선을 해야할까?'로 설정할 수 있다. 만일, 'A 장치의 베어링 수명을 늘리기 위해서 어떻게 회전축 구조를 변경할 수 있을까?'라고 객관적 기술문제를 설정한다면, 이 객관적 기술문제가 회전축 구조 변경이라는 해결방법을 지시하고 있으므로 부적절한 객관적 기술문제에 해당한다.

또 다른 사례로 T 2461/11를 살펴보도록 한다. 심사대상 청구항의 기술내용은 항공기 콕핏(cockpit)의 디스플레이상에서 파일럿이 데이터입력을 원활하게 하기 위한 방법에 대한 발명이다.

청구항 1. 항공기 콕핏의 디스플레이상에서 수동조정 가능한 데이터 설정값의 입력을 원활히 하기 위한 방법으로 다음 단계를 포함:

- 데이터 설정값 조정을 위해서 **사용자가 제어판을 조작하는 것을 감지**하는 단계;
- (a) **감지된 제어판 조작에 반응하여, 데이터 설정값의 이미지를 소정 사이즈에서 확대된 사이즈로 변경**함으로써, 확대된 이미지 형태의 데이터 설정값에 사용자의 주목을 향하도록 하는 단계;
- (b) 사용자의 제어판 조작이 **감지되는 동안, 디스플레이상에서 데이터 설정값의 확대된 이미지를 유지**하는 단계;
- (c) 사용자의 제어판 조작이 **해제되었을 때, 데이터 설정값의 확대된 이미지를 소정의 사이즈로 축소**하는 단계.

■ 청구항 발명인 항공기 콕핏의 디스플레이 제어방법 흐름도

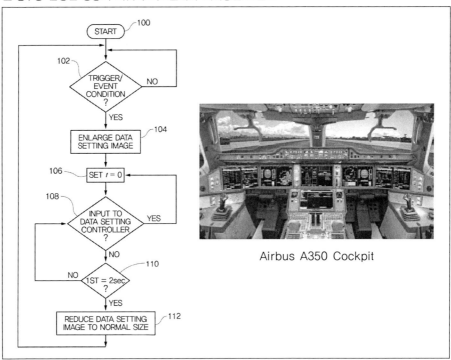

Airbus A350 Cockpit

최근접 선행자료로 논문이 인용되었고, 해당 논문과 청구항을 비교한 결과 단계 (a), (b), (c) 모두 차별적 특징에 해당하였다. 심사부는 단계 (a), (b), (c)가 제공하는 기술적 효과로, 조작 대상인 데이터의 가시성(visibility)을 향상시킨다고 판단하였고, 이를 바탕으로 객관적 기술문제는 '디스플레이상에 이미지 형태로 나타나는 데이터 아이템을 조작하고자 할 때 어떻게 하면 사용자에게 잘 보이게 할 것인가'로 설정하였다.

진보성을 부정하는 심사부의 판단에 불복하여 심판이 제기되었다. 심판부는 심사부가 설정한 **객관적 기술문제 중 '데이터 아이템을 조작하고자 할 때'라는 부분**은, 청구항에 정의된 **'사용자에 의한 제어판의 조작이 감지된다는 특징'을 지시**한다고 판단하였다. 즉, 심판부는 '데이터 아이템을 조작할 때'나 '사용자에 의한 제어판 조작을 감지'에 관한 내용이 객관적 기술문제에 포함되는 것은 부적절하다고 판단하였다. 심판부가 도출한 객관적 기술문제는 '항공기 콕핏에서 수동조정 가능한 데이터 설정값의 입력을 손쉽게 하여, 데이터 설정값 조정에 요구되는 주의력을 줄이기 위한 방법은?'이었다.

5) '부분 문제들(partial problems)'에 적용되는 문제해결 접근법

최근접 선행자료 대비 차별적 특징이 다수 있고, 각 차별적 특징이 해결하고자 하는 문제가 다를 때(다시 말하면 각 차별적 특징이 제공하는 기술적 효과가 상이할 때, 내지 차별적 특징들이 동일한 문제해결을 위한 시너지 효과를 가져오지 않을 때) 문제-해결 접근법을 각 해결대상 문제별로 나누어서 여러 번 적용한다.

예를 들어, 냉장고에 관한 청구항에서 최근접 선행자료 대비 차별적 특징 A와 B가 있고, 특징 A는 소음 저감에 기여하고 특징 B는 제조원가 절감에 기여하며, 두 특징 간에 동일한 문제를 해결하기 위한 시너지 효과가 없다고 가정하자. 이 경우, 첫 번째로는 (특징 B가 없다고 가정하고) 특징 A에 대해서만 문제-해결 접근법을 적용하고, 두 번째로는 (특징 A가 없다고 가정하고) 특징 B에 대해서만 문제-해결 접근법을 적용한다. 따라서 첫 번째로는 특징A가 제공하는 기술적 효과를 기준으로, '최근접 선행자료에 나타난 냉장고의 소음을 낮추기 위해 어떻게 해야 할까?'로 객관적 기술문제를 설정하고, 두 번째로는 특징 B가 제공하는 기술적 효과를 기준으로, '최근접 선행자료에 나타난 냉장고의 제조원가를 낮추기 위해 어떻게 해야 할까?'로 객관적 기술문제를 설정할 수 있다.

또 다른 사례로 T 2426/16을 살펴보도록 한다. 심사대상 청구항의 기술내용은 터치스크린의 레이어 구조에 대한 발명이다.

 T 2426/16 심판대상 특허의 터치스크린 패널구조

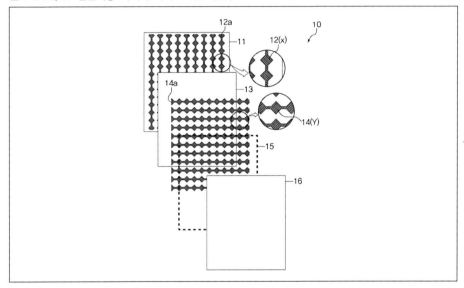

청구항 1. 터치스크린 패널로 다음을 포함:

A) **투명기판(11)**;

B) 제1방향을 따라 상호 연결되며, 투명기판 제1면 위에 있는 다수의 **제1센싱 패턴(12)**;

C) 제1센싱 패턴 위의 **제1단열필름(13)**;

D) 제1방향과 교차하는 제2방향을 따라 상호 연결되며, 제1단열필름 위에 있는 다수의 **제2센싱 패턴(14)**,

    ...

I) 터치패널은 제1 및 제2 센싱 패턴들과 열방향 또는 종방향으로 전기적으로 연결되도록 상기 영역의 가장자리 부분에 마련된 **다수개의 금속 패턴(15)**과 제2 센싱 패턴보다 낮은 표면저항을 가지는 **저저항 물질**을 포함하고,

J) 상기 **금속 패턴(15)**은 몰리브데넘/알루미늄/몰리브데넘 또는 크롬의 **3중 레이어 필름**을 포함한다.

심사단계에서는 심사부는 최근접 선행자료로 D7을 찾았고, D7 대비 차별적 특징은 특징 I)와 J)였다. 심사부는 특징 I)와 J)가 시너지 기술효과를 가져오지 않는다고 판단하여 '부분 문제들'에 대한 문제해결 접근법을 적용하였다.

우선, 특징 I)가 기여하는 기술적 효과를 고려하여, 특징 I)에 대한 객관적 기술문제는 D7의 터치패널에서 '센싱 패턴들과 센싱 회로 사이를 연결하는 데 있어서 어떠한 다른 연결구조를 적용할 수 있을까?'로 설정하였다. D6에서는 특징 I)를 개시하고 있기 때문에, 당업자가 D7에 나타난 터치패널에 D6가 개시하는 특징 I)를 결합하여, 특징 A)부터 특징 I)까지의 조합에 해당하는 기술주제에 도달하는 것은 자명하다고 판단하였다.

다음, 특징 J)가 기여하는 기술적 효과를 고려하여, 특징 J)에 대한 객관적 기술문제는 D7의 패널과 D6의 연결방식이 결합된 구조에서 '금속 연결체의 재료로 어떠한 다른 재료를 적용할 수 있을까?'로 설정하였다. 또 다른 선행자료 D8에서 특징 J)를 개시하고 있기 때문에, 당업자가 D7의 패널에 D6의 연결구조와 D8의 금속 연결체 재료를 결합함으로써, 특징 A)부터 특징 J)까지의 조합에 해당하는 기술주제에 도달하는 것은 자명하다고 판단하였다.

이를 정리하면, 첫 번째 단계에서 특징 I) 대해 문제-해결 접근법을 적용하여 D7과 D6의 조합으로 특징 A)부터 특징 I)까지의 조합에 도달하는 것은 자명하다고 판단하였다. 두 번째 단계에서 특징 J)에 대해 문제-해결 접근법을 적용하여, 출발점인 D7과 D6의 조합에 D8을 추가로 조합하여 청구항 1의 발명(특징 A)부터 특징 J)까지의 조합)에 도달하는 것은 자명하다고 판단하였다. 즉, 두 번의 문제-해결 접근법을 단계적으로 적용한 셈이다.

6) '할 수도 있을 것'이 아니라 '그랬을 것'이라는(could-would approach) 판단이 요구

문제-해결 접근법을 적용하여 최근접 선행자료인 D1과 추가 선행자료인 D2의 조합으로 청구항 1의 발명의 진보성을 부정하기 위해서는, 단순히 D1과 D2가 청

구항 1의 모든 특징들을 개시한다는 사실만으로는 부족하고, 객관적 기술문제를 해결하기 위해 차별적 특징을 적용할 수 있다는 사실까지 구체적으로 개시하여야 한다.

앞서 '1)의 간단한 예제'에서 D1과 D2가 특징 A, B, C, D를 모두 개시한다는 사실만으로 진보성 부족을 주장할 수 없다. D2에서 객관적 기술 문제(소음저감)의 해결을 위해서 차별적 특징인 C를 적용할 수 있다는 것을 가르치고 있어야, D2가 가르치는 내용을 D1에 결합하는 것이 자명한 수준이 되는 것이다. 즉, D1과 D2가 특징 A, B, C, D를 모두 개시한다는 사실에 근거해서는 당업자가 D1과 D2의 조합을 '할 수도 있을 것(could)'이라는 수준에 그친다. 하지만 **D2가 해당 객관적 기술 문제 해결을 위해 특징 C를 적용할 수 있다는 것을 가르치고 있다면, 당업자가 D2의 가르침을 D1에 '조합했을 것(would)'이라는 수준**에 도달하므로 진보성을 부정할 수 있다.

이와 같이 문제-해결 접근법은 매우 정형화되어 있으며, '할 수도 있을 것이 아니라 그랬을 것이라는(could-would approach)' 높은 수준의 예상 가능성을 요구한다. 따라서 다른 진보성 판단 방법 대비 문제-해결법에 기반해서 진보성 부족을 입증하는 것이 간단하지 않다. 한국기업의 특허담당자들 사이에서 다른 나라 특허 대비 유럽특허는 등록이 한번 되면 무효가 쉽지 않다는 말이 나오는 것도 이 문제-해결 접근법의 적용과 무관하지 않다.

3.6 기술적 특징과 비기술적 특징이 포함된 발명(Mixed-type invention, '혼합발명')의 진보성 판단방법은?

혼합발명은 주로 컴퓨터 구현발명(computer-implemented invention)과 관련하여 나타난다. 비기술적 특징이 발명의 대부분을 구성하는 혼합발명의 경우 Art. 52 EPC 규정에 따른 특허받을 수 있는 발명에 해당하는가에 대한 판단이 우선 문제가 된다. 하지만 실무적으로 Art. 52 EPC 규정에 따른 거절보다는 진보성 부족으로 거절되는 경우가 많다.

혼합발명의 진보성 판단 시 원칙은, 발명의 기술적 특성(technical character)에 기여하는 모든 특징들(기술적 특징이든 비기술적 특징이든)을 모두 고려한다는 것이다. 여기서 발명의 기술적 특성이란, 발명이 어떤 기술적 문제를 해결하여 기술적 효과를 얻는 것을 의미한다. 즉, 개별적으로 보았을 때는 **비기술적 특징이라 하더라도, 발명의 전체 맥락에서 볼 때 기술적 문제를 해결하여 기술적 효과를 얻는 데 기여하는 비기술적 특징도 진보성 판단 시 함께 고려**한다.

이를 위해, 문제−해결 접근법(problem−solution approach)을 혼합발명에 적용할 때, 발명의 기술적 특징에 기여하는 모든 특징들을 확정하는 단계가 필수적이다. 이후, 객관적 기술문제(objective technical problem)를 설정할 때, **해결하고자 하는 기술적 문제와 관련된 제약조건으로서 비기술적 속성의 목적을 포함하는 것이 허용**된다(GL G−Ⅶ 5.4). 이는 기존의 문제−해결 접근법에서, 객관적 기술문제는 해결방법을 지시하는 내용을 담지 말아야 한다는 기준과 대비된다.

혼합발명에 문제−해결 접근법을 적용하는 방법론을 **COMVIK 접근법**('COMVIK Approach')이라고도 부른다. COMVIK라는 회사가 출원인이었던 특허에 대한 이의신청 불복심판에서 도입된 방법론이라 이와 같은 명칭을 가지게 되었다. COMVIK 접근법의 구체적인 적용방법에 대한 내용은 아래와 같다(GL G−Ⅶ 5.4).

단계 (ⅰ): 발명이 달성하는 **기술적 효과에 기초하여 발명의 기술적 특성에 기여하는 특징들을 결정**한다.

단계 (ⅱ): 앞서 결정된 특징들에 촛점을 맞추어 종래기술 중 적절한 출발점에 해당하는 것을 최근접 종래기술(closest prior art)로 선정한다.

단계 (ⅲ): **최근접 종래기술과 본 발명의 차이점을 결정**한다. 발명 전체의 맥락을 고려하여, 이러한 차이점들의 기술적 효과를 확인하고, **기술적 효과를 달성하는 데 기여하는 특징들과 아닌 특징들을 결정**한다.

최근접 종래기술과 본 발명의 차이점이 없다면, 신규성 부족으로 거절된다.

차이점들이 기술적 효과를 달성하는 데 기여하지 않는다면, 진보성 부족으로 거절된다.

차이점들이 기술적 효과를 달성하는 데 기여하는 특징들을 포함하고 있다면, 이 **기술적 효과를 기준으로 객관적 기술문제**(objective technical problem)**를 설정**한다. 기술적 효과를 달성하는 데 기여하지 않는 특징이나, 발명이 달성하는 비기술적 효과는, 객관적 기술문제 도출 시 당업자에게 주어진 또는 만족되어야 하는 제약조건으로 포함될 수 있다. 청구항에 정의된, 객관적 기술문제에 대한 기술적 해결방안이 당업자에게 자명하다면, 진보성 부족으로 거절된다.

1. COMVIK 접근법 적용사례 #1(GL G-VII 5.4.2.1)

청구항 1: 단말기 상에서 쇼핑 편의성을 향상시키는 방법

(a) 사용자는 구입하고자 하는 두 개 이상의 제품들을 선택한다.

(b) 단말기는 선택된 제품 데이터와 단말기 위치를 서버에 전송한다.

(c) 서버는 판매자 데이터 베이스에 접근해 선택된 제품들 중 적어도 하나의 제품을 판매하는 판매자들 확인한다.

(d) 서버는, 단말기 위치 및 확인된 판매자들에 기초해서, 이전 요청에 대해 결정한 최적의 쇼핑 투어들 정보가 저장된 캐시 메모리에 접근해서 선택된 제품을 구입하기 위한 최적으로 쇼핑 투어를 결정한다.

(e) 서버는 결정된 최적 쇼핑 투어 정보를 단말기에 전송한다.

위 청구항 발명에 문제-해결 접근법을 적용하면 아래와 같다.

단계 (ⅰ): 발명의 기술적 특성에 기여하는 특징들은, 캐시 메모리를 가지고 있고 데이터베이스에 연결된 서버와 이 서버에 연결된 단말기를 포함하고 있는 분산 컴퓨팅 시스템이다.

단계 (ⅱ): 확인된 최근접 종래기술인 D1은 다음을 개시하고 있다. 단말기상에서 쇼핑 편의성을 향상시키는 방법으로, 사용자가 하나의 제품을 선택한 후, 서버는 데이터 베이스로부터 사용자로부터 가장 가까우면서 선택된 제품을 판매하는 판매자를 결정하고, 이 정보를 단말기에 전송한다.

단계 (ⅲ): 청구항 발명과 D1의 차이점들은, (1) 사용자가 두 개 이상의 구입할 제품을 선택할 수 있는 것, (2) 두개 이상의 제품 구입을 위한 "최적의 쇼핑 투어" 정

보가 사용자에게 제공되는 것, (3) 최적의 쇼핑 투어는 서버가 이전의 요청에 대해 결정된 최적 쇼핑 투어 정보들이 저장된 캐시 메모리에 접근해서 결정하는 것이다.

차이점 (1)과 (2)는 비지니스 컨셉의 수정에 해당하는 것으로 기술적 목적에 해당하지 않고 관련된 기술적 효과도 확인되지 않는다. 따라서 차이점 (1)과 (2)는 청구항 발명에 기술적 기여를 하지 않는다. 한편, 차이점 (3)은 차이점 (1)과 (2)를 기술적으로 구현하는 것으로 발명에 기술적 기여를 하며, 캐시메모리에 저장된 이전 요청들에 접근함으로써 최적의 쇼핑 투어 정보를 빨리 결정하는 기술적 효과를 가지고 있다.

단계 (iii)(c): 객관적 기술문제는 해당 기술분야의 전문가로서의 당업자 관점에서 설정한다. 이 사례의 경우는, 비지니스 관련 문제의 전문가가 아니라 **비지니스 관련 특징인 차이점 (1)과 (2)의 지식을 습득한 정보기술 전문가의 관점에서 도출**한다. 따라서 객관적 기술문제는, '차이점 (1)과 (2)로 정의된 비기술적인 비지니스 컨셉을 기술적으로 효율적인 방식으로 구현하기 위해 최근접 종래기술 D1을 어떻게 수정할 것인가'로 설정할 수 있다. 여기서 '차이점 (1)과 (2)로 정의된 비기술적인 비지니스 컨셉을 구현하는 것'은, 설정된 객관적 기술문제에 대한 제약조건 또는 해결하기 위해 만족되어야 할 조건의 성격을 가진다고 볼 수 있다.

자명성 판단: 차이점 (1)과 관련하여, D1에 사용되는 단말기를 조정하여 하나의 제품을 선택하는 대신에 두 개 이상을 제품을 선택하도록 하는 것은 당업자의 통상적인 기술수준에 해당한다. 차이점 (2)와 관련하여, D1에서 서버가 가장 가까운 판매자를 결정하는 것과 유사하게, 해당 서버가 최적의 쇼핑 투어를 결정하게 하는 것은 당업자에게 자명한 일이다. 한편, 앞서 도출된 객관적 기술문제는 기술적으로 효율적인 구현에 관한 것이므로, 당업자는 투어 결정에 대한 효율적인 기술적 구현 방식을 찾아봤을 것이다. 선행문헌 D2에서는 여행 일정을 결정하는 여행 계획 시스템을 개시하고 있는데, 이 시스템은 여행 일정을 결정하기 위해 이전 조회 결과를 저장하는 캐시 메모리에 접근한다. 당업자는 최적의 쇼핑투어 결정을 기술적으로 구현하기 위해서, D2의 개시내용을 고려해서 D2가 제안하는 바와 같이 캐시메모리에 접근하고 이를 사용하도록 D1의 서버를 조정했을 것이다. 따라서 청구항 발명은 진보성이 부족하다.

2. COMVIK 접근법 적용사례 #2(GL G-VII 5.4.2.2)

청구항 1: 화물운송 분야에서 수요를 중개하기 위한 컴퓨터 구현 방법으로, 아래 단계들을 포함:

(a) 사용자들로부터 위치 및 시간 데이터를 포함하는 운송 수요를 수신한다.

(b) 상기 사용자들이 구비하고 있는 GPS 단말기로부터 상기 사용자들의 현재 위치정보를 수신한다.

(c) 새로운 수요 요청을 받은 후, 새로운 요청에 응답할 수 있는 아직 만족되지 않은 이전의 수요가 있는지 검증한다.

(d) 만일 그러한 이전 수요가 있다면, 양 사용자 현재 위치에서 가장 가까운 이전 수요를 선택한다.

(e) 만일 그러한 이전 수요가 없다면, 상기 새로운 수요 요청을 저장한다.

위 청구항 발명에 문제-해결 접근법을 적용하면 아래와 같다.

단계 (ⅰ): 청구항 발명이 기초하고 있는 방법은 아래의 비지니스 방법이다.

화물운송 분야에서 수요를 중개하는 방법으로 다음 단계들을 포함:
- 사용자들로부터 위치 및 시간 데이터를 포함하는 운송 수요를 수신
- 상기 사용자들의 현재 위치정보를 수신
- 새로운 수요 요청을 받은 후, 새로운 요청에 응답할 수 있는 아직 만족되지 않은 이전의 수요가 있는지 검증
- 만일 그러한 이전 수요가 있다면, 양 사용자 현재 위치에서 가장 가까운 이전 수요를 선택
- 만일 그러한 이전 수요가 없다면, 상기 새로운 수요 요청을 저장

수요를 중개하는 것은 전형적인 비지니스 활동이고, 사용자들의 지리적인 위치를 활용하는 것은 비지니스 방법의 한 부분에 불과하다. 이러한 비지니스 방법은 발명의 전체 맥락에서 어떤 기술적 목적에 도움이 되는 것이 아니므로, 발명의 기술적 특성에 기여하지 않는다.

따라서 이 비지니스 방법을 기술적으로 구현하는 것과 관련된 특징들만이 발명의 기술적 특성에 기여하는 특징이 된다. 즉, (1) 비지니스 방법이 컴퓨터에 의해

수행되는 것과 (2) 현재 위치정보가 GPS 단말기로부터 수신하는 것, 이 두 가지만 이 발명의 기술적 특성에 기여하는 특징들이다.

단계 (ⅱ): 확인된 최근접 종래기술인 D1 주문관리방법을 개시하고 있다. 이 방법에서는 서버 컴퓨터가 GPS 단말기로부터 위치정보를 받는 단계를 포함한다.

단계 (ⅲ): 청구항 발명과 D1의 차이는 비지니스 방법의 단계들을 컴퓨터를 이용해 구현한 것이다. 따라서 기술적 효과는 청구항 발명의 기초가 되는 비지니스 방법을 자동화한 것이다.

단계 (ⅲ)(c): 이 경우 객관적인 기술문제는, '사용자의 현재 위치에 따라 수요를 중개하는 방법을 구현하기 위해 D1의 방법을 어떻게 조정할 것인가'로 설정할 수 있다. 이 사례에서 당업자는 비니지스 방법에 대한 지식을 습득한 소프트웨어 프로젝트 팀의 멤버로 설정해야 한다.

자명성 판단: 위의 비지니스 방법의 단계들을 실행하기 위해 D1의 방법을 조정하는 것은 당업자의 쉽고 통상적인 프로그램 작업에 불과하다. 따라서 청구항 발명은 진보성 부족으로 거절된다.

3. COMVIK 접근법 적용사례 #3(GL G-Ⅶ 5.4.2.3)

청구항 1: 데이터 연결을 통해 방송 미디어 채널을 원격 클라이언트로 전송하기 위한 시스템, 이 시스템은 아래 수단들을 포함:

(a) 원격 클라이언트의 식별자와, 원격 클라이언트와의 데이터 연결에 대한 가능한 데이터 속도 지표를 저장하는 수단; 상기 가능한 데이터 속도는 상기 원격 클라이언트와의 데이터 연결을 위한 최대 데이터 속도보다 작다.

(b) 상기 데이터 연결에 대한 가능한 데이터 속도 지표에 기초해서 데이터가 전송되는 속도는 결정하는 수단;

(c) 상기 결정된 속도로 상기 원격 클라이언트에 데이터를 전송하는 수단.

위 청구항 발명에 문제-해결 접근법을 적용하면 아래와 같다.

단계 (ⅰ): 일견 모든 특징들이 발명에 기술적 특성에 기여하는 것으로 보인다.

단계 (ii): 확인된 최근접 종래기술인 D1은 xDSL 커넥션을 통해 구독자들의 셋탑박스에 비디오를 전송하기 위한 시스템을 개시하고 있다. 이 시스템은 구독자의 컴퓨터 식별자 그리고 각각의 구독자 컴퓨터에 데이터 연결을 위한 최대 데이터 속도 지표를 저장하는 데이터베이스를 포함하고 있다. 이 시스템은 상기 컴퓨터에 저장된 최대 데이터 속도로 비디오를 전송하는 수단도 포함하고 있다.

단계 (iii): 청구항 발명과 D1의 차이는 다음과 같다.

(1) 원격 클라이언스와의 데이터 연결에 대한 가능한 데이터 속도 지표를 저장하는 것, 상기 가능한 데이터 속도는 상기 원격 클라이언트와의 데이터 연결을 위한 최대 데이터 속도보다 작다.
(2) 상기 원격 클라이언트에 데이터를 전송하는 속도를 결정하기 위해 상기 가능한 데이터 속도를 이용하는 것(D1은 상기 원격 클라이언트를 위해 기 저장된 최대 데이터 속도로 데이터를 전송함)이다.

최대 데이터 속도보다 낮은 "가능한 데이터 속도"를 이용하는 것이 제공하는 목적이 무엇인지 청구항 내용으로부터는 명확하지 않다. 따라서 상세한 설명상 관련된 개시내용을 고려해야 한다. 상세한 설명 내용에 따르면, 고객으로 하여금 몇 가지 서비스 수준 중 하나를 선택하도록 하는 가격 모델이 제공된다. 각각의 서비스 수준은 서로 다른 가격이 책정된 "가능한 데이터 속도" 옵션에 해당되는 데, 사용자는 비용 절감 목적으로 해당 사용자에게 허용되는 최대 데이터 속도 보다 낮은 가능한 데이터 속도를 선택할 수 있다. 즉, 원격 클라이언스와 연결을 위한 최대 데이터 속도보다 낮은 가능한 데이터 속도를 이용하는 것은, 고객이 가격 모델에 따라 원하는 데이터-속도 서비스를 선택할 수 있도록 하는 목적과 관련되어 있다. 이것은 기술적 목적이 아니라, 금전적인/관리적인/상업적인 속성의 목적이므로, Art. 52(c) EPC에 규정된 특허받을 수 없는 발명(사업 수행을 위한 계획, 규칙 및 방법)에 속한다. 따라서 이러한 목적은 객관적인 기술목적을 설정하는 데 있어서, 만족시켜야 하는 제약조건으로 포함될 수 있다.

가능한 데이터 속도를 저장하고 데이터 전송속도를 결정하기 위해 이를 이용한다는 특징은, 이러한 비기술적 목적을 구현하는 기술적 효과를 가지고 있다.

단계 (iii)(c): 이 경우 객관적인 기술문제는, '고객이 데이터−속도 서비스 수준을 선택하도록 하는 가격 모델을 D1의 시스템에서 어떻게 구현할 것인가'로 설정할 수 있다.

자명성 판단: 가격 모델에 따라 데이터−속도 서비스 수준을 선택하는 것을 구현하는 과제가 주어졌을 때, 구독자에 의해 구매되는 데이터 속도(청구항 발명의 "가능한 데이터 속도"에 해당. 이 데이터 속도는 구독자 컴퓨터와 데이터 연결을 위한 최대 데이터 속도보다 작거나 같을 수밖에 없음)가 개별 구독자를 위해 저장되고 데이터 전송속도 결정을 위해 저장된 정보를 시스템이 이용해야 된다는 것은 당업자에게 자명한 것이다. 따라서 청구항 발명은 진보성 부족으로 거절된다.

참고사항: 단계 (i)에서 보면 모든 특징이 발명의 기술적 속성에 기여하는 것처럼 보인다. 하지만 단계 (iii)에서 청구항 발명을 D1과 비교함으로써, 청구항 발명이 기여하는 기술적 속성에 대한 상세한 분석이 가능하다. 이러한 상세분석을 통해, D1 대비 청구항 발명의 차별적 특징이 비기술적 목적에 관한 것을 확인할 수 있고, 이 비기술적 목적은 객관적 기술문제를 설정하는 데 포함될 수 있다.

4. COMVIK 접근법 적용사례 #4(2021년판 GL G−Ⅶ 5.4.2.4)

청구항 1: 1/f 노이즈 영향을 받는 전자 회로의 성능을 수치 시뮬레이션하기 위한 컴퓨터 구현 방법에 있어서,
  (a) 회로는 입력채널, 노이즈 입력채널 및 출력채널을 특징으로 하는 모델로 설명되고,
  (b) 입력채널과 출력채널의 성능은 확률 미분 방정식시스템으로 설명되고,
  (c) 입력채널들에 존재하는 입력벡터 및 노이즈 입력채널상에 존재하는 1/f− 분포된 난수의 잡음 벡터 y에 대한 출력벡터가 계산되고,
  (d) 잡음 벡터 y는 다음 단계에 의해 생성된다
    (d1) 생성될 난수의 개수 n을 설정하는 단계;
    (d2) 가우시안 분포 난수의 길이 n의 벡터 x를 생성하는 단계; 및
    (d3) 수학식 E1에 따라 정의된 행렬 L을 벡터 x에 곱함으로써 벡터 y를 생성하는 단계를 포함한다.

발명의 배경: 청구항 발명은 전자회로의 주요 잡음원 중 하나인 1/f 잡음에 노출된 전자 회로의 성능을 수치 시뮬레이션하기 위해 컴퓨터에 의해 수행되는 방법에 관한 것이다. 특징 (a)−(c)는 수치 시뮬레이션에 사용되는 수학적 모델을 지정한다. 이 모델은 1/f− 분포된 난수(실제 물리적 1/f 노이즈의 전형적인 통계적 특성을 갖는 난수)의 잡음 벡터 y를 포함한다. 단계 (d1) 내지 (d3)은 이러한 난수를 생성하는 데 사용되는 수학적 알고리즘을 정의한다. 상세한 설명에 따르면, 이 수학적 알고리즘은 시뮬레이션에 필요한 난수를 생성하는 데 필요한 계산 시간 및 저장 자원 측면에서 효율적이다.

위 청구항 발명에 문제−해결 접근법을 적용하면 아래와 같다.

단계 (ⅰ): 청구항 발명을 수행하기 위해 컴퓨터를 사용하는 것은 명확히 기술적 특징에 해당한다. 문제는, 다른 특징들(특히 단계 (d1)−(d3)의 수학적 알고리즘)이 청구항 발명의 기술적 특성에 기여하는지의 여부이다. 각 단계를 따로 떼어 보면, 단계 (d1) 내지 (d3)은 기술적 특성이 없는 수학적 방법을 나타낸다. 하지만 청구항 발명 자체는 Art. 52(2)(a) 및 (3)에 따른 수학적 방법에 관한 것이 아니고, 1/f 노이즈 영향을 받는 전자 회로의 성능을 수치 시뮬레이션하기 위한 제공되는 수학적 방법이 컴퓨터로 구현되는 방법에 한정된다. 여기서 수학적 방법이 1/f 노이즈에 영향을 받는 전자 회로의 성능에 대한 수치 시뮬레이션을 위해 제공되는 것은 기술적 목적으로 간주된다. 특징 (a)−(c)는 시뮬레이션에 사용된 수학적 모델과 생성되는 노이즈 벡터 y가 어떻게 사용되는지를 명시함으로써, 청구항 발명이 기능적으로 이 기술적 목적에 한정되도록 한다. 또한, 특징 (a)−(c)에 의해 지정된 수학적 모델은 수치 시뮬레이션이 수행되는 방식을 정의하고 따라서 전술한 기술적 목적에 기여한다. 결과적으로, 수학적으로 표현된 클레임 특징 (d1)−(d3)을 포함해서 회로 시뮬레이션과 관련된 모든 단계들은 발명의 기술적 특성에 기여한다.

단계 (ⅱ): 확인된 최근접 종래기술인 D1은, 단계 (a)−(c)를 이용하여 1/f 노이즈 영향을 받는 전자회로 성능의 수치 시뮬레이션 방법을 개시하지만, 1/f−분포된 난수를 생성하는 데 있어서 청구항 발명과 상이한 수학적 알고리즘을 적용한다.

단계 (iii): 청구항 발명과 D1의 차이는, 1/f−분포된 난수들의 벡터를 생성하는 데 이용되는 수학적 알고리즘, 즉 단계 (d1)−(d3)이다. 단계 (d1)−(d3)에 의해 정의된 알고리즘은 D1에 사용된 것보다는 적은 컴퓨터 리소스를 필요로 한다. 청구항 발명의 맥락에서, 이는 1/f 노이즈 영향을 받는 전자회로의 성능 수치 시뮬레이션에 필요한 컴퓨터 자원을 줄이는 결과를 직접적으로 가져다주는데, 이는 D1과 대비해 달성되는 기술적 효과이다.

단계 (iii)(c): 객관적인 기술 문제는, '적은 컴퓨터 리소스를 요구하는 방식으로, 성능 수치 시뮬레이션에 사용되는 1/f−분포된 난수들을 어떻게 생성할 것인가'로 설정할 수 있다.

자명성 판단: 객관적인 기술적 문제에 대한 해결책으로서 단계 (d1) 내지 (d3)에 의해 정의된 알고리즘을 제안하는 종래기술은 없다. 따라서 청구항 발명의 진보성이 인정된다.

참고사항: 이 사례에서 수학적 모델 자체를 따로 떼어 놓고 보면 비기술적 특징이지만, 발명의 전체 맥락에서 보면 기술적 효과를 제공한다. 따라서 이러한 비기술적 특징들이 발명의 기술적 특성에 기여하고 발명의 진보성을 뒷받침한다.

주목할 점은, 청구항이 1/f 노이즈 영향을 받는 전자회로의 수치 시뮬레이션으로 제한되지 않았을 경우, 단계 (d1)−(d3)에 의해 정의된 수학적 알고리즘은 기술적 목적을 제공하지 못하므로 발명의 기술적 특성에 기여하지 않는 것으로 본다.

5. COMVIK 접근법 적용사례 #5(GL G−Ⅶ 5.4.2.4)

청구항 1: 건물 표면 중 응축 발생 가능성이 높은 표면을 결정하는 컴퓨터 구현 발명으로 다음 단계를 포함:

(a) 표면의 온도분포 이미지를 획득하기 위해 적외선 카메라(IR Camera)를 제어하는 단계;

(b) 24시간 넘는 시간 동안 건물 내에서 측정된 공기온도와 상대 공기습도에 대한 평균값을 받는 단계;

(c) 상기 평균 공기온도 및 평균 상대 공기습도에 기초해 표면에 응축발생 리스

크가 있는 응축온도를 계산하는 단계;

(d) 상기 이미지상의 각 지점에서의 온도와 상기 계산된 응축온도를 비교하는
단계;

(e) 상기 계산된 응축온도보다 낮은 온도를 가지는 이미지상의 지점들을 응축
발생 리스크가 높은 영역으로 확인하는 단계; 및

(f) 응축발생 리스크가 높은 영역을 사용자에게 지시하기 위해서, 단계 (e)에서
확인된 이미지상의 지점들을 색깔로 표시하여 이미지를 수정하는 단계.

위 청구항 발명에 문제-해결 접근법을 적용하면 아래와 같다.

단계 (ⅰ): 단계 (a)에서 적외선 카메라를 제어하는 것은 기술적 특징에 해당한
다. 한편, 단계 (a)부터 (e)까지 각 단계는 알고리즘 및 수학적 단계에 해당되고,
단계 (f)는 정보를 표시하는 것을 정의한다. 알고리즘 및 수학적 단계에 해당되는
단계 (a)부터 (e)까지는 실제하는 물체의 물리적 상태(응축)를 예측하는 데 사용되
므로 이 단계들은 모두 발명의 기술적 속성에 기여한다. 단계 (f)가 발명의 기술적
속성에 기여하는지는 아래 단계에서 논의한다.

단계 (ⅱ): 최근접 선행자료인 D1에서는 표면에 응축발생 리스크를 결정하기
위해 표면을 모니터링하는 방법을 개시한다. 응축발생 리스크는 표면상의 단일
지점에 대해 적외선 온도계(IR pyrometer)를 통해 획득한 온도값과 실제 대기온도
와 상대 공기습도로부터 계산된 응축온도와의 차이에 기초해 결정된다. 각 지점
에서 응축 가능성을 나타내는 지표로서 상기 차이값을 사용자에게 보여준다.

단계 (ⅱ): D1대비 청구항 1의 차별적 특징은 다음와 같다.

(1) 적외선 카메라를 사용한다(D1는 적외선 온도계 사용).

(2) 24시간 넘는 시간 동안 건물 내에서 측정된 공기온도와 상대 공기습도에 대
한 평균값을 받는다.

(3) 응축온도는 상기 평균 공기온도와 평균 상대 공기습도에 기초에 계산하고,
표면의 적외선 이미지 각 지점의 온도와 비교한다.

(4) 계산된 응축온도보다 낮은 온도를 가지는 이미지 지점들을 응축발생 리스
크가 높은 영역으로 확인한다.

(5) 응축발생 리스크가 높은 지점을 나타내기 위해 색깔을 사용한다.

앞서 논의한 바와 같이 **차별적 특징 (1)부터 (4)는 발명의 기술적 속성에 기여하므로 객관적 기술문제를 설정하는 데 고려**해야 한다. 이 차별적 특징들은 모든 표면 영역과 24시간 넘은 동안의 온도변화를 고려하므로 보다 정확하고 신뢰성있는 응축발생 리스크를 예측할 수 있는 기술적 효과를 제공한다.

한편, 차별적 특징 (5)는 사용자에게 정보를 제시하는 특정한 방법을 정의한다. 수치값을 이용하는 대신에 색깔을 이용해 데이터를 표시하도록 선택하는 것은 사용자의 주관적인 선호사항에 해당하므로 발명의 기술적 속성에 기여하지 않는다. 따라서 이 특징은 청구항 발명의 진보성에 기여하지 않으며 다음 진보성 분석 단계에서 고려되지 않는다.

단계 (iii): 차별적 특징 (1)부터 (4)에 기반한 객관적 기술문제는 '어떻게 하면 보다 정확히 그리고 신뢰성있는 방법으로 표면의 응축발생 리스크를 결정할 수 있을까?'로 설정할 수 있다.

특허출원 시점에 적외선 카메라는 익히 잘 알려진 온도측정 수단이다. 즉, 적외선 카메라를 사용하는 것은 모니터링하는 표면의 여러 지점에서 온도를 측정하는 손쉬운 대체방법이다. 하지만 D1은 표면에서의 온도분포를 고려하는 것을 제안하지 않으며, 24시간 이상 동안에 걸쳐 측정된 공기온도와 상대 공기습도를 이용해 평균값을 계산하는 것을 제안하지 않는다. 다시 말하면, D1은 응축발생 리스크를 예측하기 위해서 장시간에 걸쳐 건물 내에 현실적으로 발생할 수 있는 다양한 조건들을 고려하는 것을 제안하고 있지 않다. 따라서 청구항 1의 발명은 D1 대비 진보성이 있다.

이 사례에서 주목할 점으로는, **청구항에 정의된 단계 (b)부터 (e)들을 각각 따로 떼어서 살펴보면 기술적 특징에 해당되지 않지만, 전체적인 발명의 맥락상에서는 기술적 효과를 가져오는 데 기여하기 때문에 진보성 판단하는 데 이 특징들을 고려해야** 한다는 점이다.

6. COMVIK 접근법 적용사례 #6(GL G-VII 5.4.2.5)

청구항 1: 열분사코팅 프로세스를 사용해 작업물을 코팅하는 방법으로 다음 단

계를 포함:

(a) 분사제트(spray jet)를 사용하여 열분사코팅으로 작업물에 재료를 더하는 단계;

(b) 분사제트 내 입자의 속성을 감지하고 해당 속성을 현재값으로 설정함으로써 실시간으로 열분사코팅 프로세스를 모니터링하는 단계;

(c) 상기 현재값을 목표값과 비교하는 단계; 및

(d) 상기 현재값이 목표값에서 벗어나는 경우, 신경망에 기초해 제어기에 의해 열분사코팅 프로세스를 프로세스 파라미터를 자동적으로 조정하는 단계로, 상기 제어기는 신경-퍼지 제어기로 신경-네트워크와 퍼지 로직 규칙을 결합함으로써 상기 신경-퍼지 제어기의 입력변수와 출력변수와의 통계적 관계를 매핑한다.

COMVIK 방법론에 따른 문제-해결 접근법을 적용하면 아래와 같다.

단계 (ⅰ): 청구항 방법은 구체적인 기술적 특징(입자, 작업물, 분사코팅장치)를 포함하는 상세한 기술적 공정에 대한 발명이다.

단계 (ⅱ): 최근접 선행자료인 D1에서는, 분사제트를 이용해 작업물에 재료를 더하고, 상기 분사제트 내 입자들이 가지는 속성들의 편차를 감지하고, 신경망 분석결과에 기초해 공정 파라미터를 자동적으로 조정하는 열분사코팅의 제어방법을 개시한다.

단계 (ⅲ): D1 대비 청구항 발명의 차이점은, 청구항의 (d)단계에서 정의한 바와 같이 신경망과 퍼지 로직 규칙을 결합하는 신경-퍼지 제어기를 사용하는 것이다.

인공지능과 관련된 계산모델 및 알고리즘은 그 자체로 추상적인 수학적인 속성을 가진다. **신경망 분석결과와 퍼지 로직 규칙을 결합한다는 특징도 그 자체로 수학적인 방법에 해당한다. 하지만 이 차별적 특징은 프로세스 파라미터를 조정한다는 특징과 함께 코팅 프로세스를 제어하는 데 기여한다.** 즉, 수학적인 방법의 결과물이 구체적인 기술적 프로세스의 제어에 직접적으로 적용된다. 결론적으로, 청구항 발명의 차별적 특징은 기술적 효과를 만들어 내는 데 기여하므로 발명의 기술적 속성에 기여한다. 따라서 이 비기술적 차별적 특징은 진보성을 평가하는 데 고려되어야 한다.

단계 (iii)(c): 객관적 기술문제는 차별적 특징이 가져다주는 기술적 효과로부터 도출되어야 한다. 이 사례의 경우, 신경망 분석 결과와 퍼지 로직을 결합하여 파라미터를 계산한다는 사실만으로 D1의 방법보다 더 나은 기술적 효과를 가져다주는지 명확한 증거가 제출되 않았다. 따라서 이 사례의 객관적 기술문제는 'D1에서 개시된 코팅 프로세스의 파라미터 조정방법에 대한 대체방법은 무엇인가?'로 설정한다.

제어공학 분야의 당업자들이라면 프로세스의 제어 파라미터를 결정하기 위한 대체방법을 고민할 것이다. 두 번째 선행자료인 D2는 제어공학 기술분야에 속하며, 신경망과 퍼지 로직 규칙을 조합하여 뉴로—퍼지 제어기를 제공하는 것을 개시하고 있다. 따라서 본 출원의 출원시점에서는 뉴로—퍼지 제어기는 제어공학 분야에 널리 알려진 기술이다. 따라서 청구항 발명이 제공하는 제어방법은 자명한 대체 제어방법에 해당하여 진보성이 없다.

3.7 선택발명에 대한 신규성 및 진보성 판단방법은?

선택발명(Selection invention)은 알려진 넓은 범위의 세트나 범위에서 개별적인 요소나 부분세트 또는 부분범위를 선택하는 것과 관련된 발명이다(GL G–VI 8). 이른바 **수치한정 발명이 선택발명에 속한다.**

1. 신규성 판단

선택발명의 신규성 판단 시 기준은, 선택된 구성요소가 개별적인 형태로 선행자료에 개시되었는가 여부이다(T 12/81). 구체적으로 열거된 여러 요소들로 구성된 리스트 중에서 하나의 요소를 선택하는 것은 당연 신규성이 없다. 하지만 **2개 이상의 리스트에서 하나의 요소를 선택하여 얻어지는 특징들의 조합이, 선행자료에 구체적으로 개시되어 있지 않으면 신규성이 있다.** 이를 이중 리스트 원칙(two–lists principle)이라고도 한다(GL G–VI 8).

예를 들어, "a"부터 "h"까지가 개별적으로 선택가능하다고 알려졌을 때, 이 중 "d" 하나만을 선택하는 것은 신규성이 없다. 반면, 종래기술로 알려진 "a"부터 "e"까지의 다섯 개 중에서 "d"를 선택하고, 마찬가지로 종래기술로 알려진 "a"부터

"c"까지의 세 개 중에서 "a"를 선택하여 얻어지는 "d"와 "a"의 조합은, 선행자료에서 해당 조합이 알려지지 않은 이상 신규성이 있다.[2]

한편, 종래기술로부터 알려진 넓은 수치범위로부터 부분범위를 선택하는 발명의 경우는, **선택한 범위가 알려진 범위보다 좁고**(narrow) 그리고 **선택한 범위가 종래기술에 알려진 경계값이나 구체적 예시값으로부터 충분히 멀리 있어야**(sufficiently far removed) **신규성이 있다**(GL G-VI 8). 여기서 "narrow"와 "sufficiently far re-moved"에 대한 판단은 사례마다 다르다.

만일, 선행자료의 내용에 비추어 볼 때, 당업자가 선택된 부분범위를 적용하는 것을 신중히 고려할 것(seriously contemplating)이라고 판단이 되면 해당 선택된 부분범위는 신규성이 없다. 그리고 선택된 부분범위 내에 있는 중간값이나 특정한 예를 선행자료가 개시하고 있으면 해당 부분범위는 신규성이 없다(GL G-VI 8).

선택발명이 종래기술과 범위가 중복되는 경우에도 위에서 설명한 신규성 판단 기준이 적용된다. 즉, 종래기술에서 명시적으로 언급된 경계값, 중간값 또는 사례가 중복범위에 속하는 경우 신규성이 부정된다(GL G-VI 8).

한편, 측정방법과 관련된 수치값의 경우, 측정방법에 대한 설명이 없으면 수치값의 마지막 단위가 정확도 오차를 나타낸다. 예를 들어, 청구항 발명의 경계값이 3.5cm인 경우, 선행자료가 3.45부터 3.54까지의 범위 안에 있는 수치값을 개시하고 있다면 해당 경계값은 선행자료에 개시된 것으로 본다(GL G-VI 8.1).

2. 진보성 판단

선택발명이 예상치 못한 수준의 특별한 기술적 효과가 연관되어 있고, 종래기술에서 당업자가 해당 선택을 하도록 유도할 만한 힌트가 존재하지 않으면 진보성이 있다. 중요한 것은, 예상치 못한 기술적 효과는 청구항에서 정의하는 전체 범위에서 관련되어야 하며, 범위 일부에서만 효과가 날 경우 진보성은 부정된다는 것이다(GL G-VII 12).

---

2 EQE Online Training Course for the Pre-examination, Module 8.3

3.8 선택발명의 경우, 어떻게 보정한 경우 출원명세서의 개시범위를 벗어나는 보정(Art. 123(2) EPC 규정 위반)에 해당하는가?

수치범위 한정을 포함하는 발명의 경우 신규성 및/내지 진보성을 극복하기 위해 수치범위를 축소하는 보정을 많이 한다. 유럽실무는 이러한 보정이 Art. 123(2) EPC 규정에 부합하기 위해서 다른 국가의 실무 대비보다 엄격한 수준을 요구한다.

일반적으로 **상세한 설명에 개시되지 않은 수치범위의 경계값으로 청구항을 보정하면 Art. 123(2) EPC를 위반**한다. 심지어 상세한 설명에는 수치범위를 "1.05:1 to 1.4:1"로 설명했는데 청구범위를 "1.05:1 to less than 1.4:1"로 변경한 경우 Art. 123(2) EPC 규정 위반으로 판단하였다(T 985/06).

측정방법과 관련된 수치값의 경우, **측정방법에 대한 설명이 없으면 수치값의 마지막 단위가 정확도 오차**를 나타낸다(GL G−Ⅵ 8.1, T 175/97). 이 해석방법은 경계값이 상세한 설명에서 지지되는가 여부를 판단할 때도 적용된다. T 2203/14 건에서, 최초출원 청구항은 부식방지층의 상한값을 "approximately 5 microns"로 하였는데, 선행자료에서 5.2 micron을 개시하고 있어 "approximately 5.0 micrometers"로 변경하였다. 심판부는 수치값의 정확도 오차 해석에 대한 위 판례를 인용하면서 선행자료의 수치값과 청구항의 수치값을 비교하는 데 있어서, 정확도 오차를 고려해야 한다고 판단하였다. 이러한 기준에서 "approximately 5.0"과 "approximately 5"는 동일한 의미를 가지지 않으며, 상세한 설명에서 일관되게 5 미크론만을 언급하고 있으므로 , 보정된 "approximately 5.0"는 최초출원명세서로부터 직접적이고 명확히 도출가능하지 않다고 판단하였다.

많은 판례에 따르면, 넓은 수치범위와 선호하는 수치범위가 함께 개시된 경우, **넓은 수치범위에 속하지만 선호하는 수치범위 좌측 또는 우측에 있는 범위와 선호하는 수치범위를 조합하는 범위는 원출원개시범위에 속한다.** 예를 들어 넓은 범위는 30%에서 60%까지이고, 선호하는 범위는 35%에서 50%인 경우, 새로운 범위 30%에서 50%는 Art. 123(2) EPS 규정을 위반하지 않는다(T 925/98).

T 1170/02 건에서는, 넓은 수치범위에는 속하지만 선호하는 범위를 배제하는 범위, 즉 선호하는 수치범위의 좌측 또는 우측에 있는 범위를 한정하는 보정이 Art.

123(2) EPC를 위반하지 않는다고 판단하였다. 다만, **심판부는 상세한 설명에는 구체적으로 언급되지 않은 새로운 범위이지만 당업자가 이 범위를 적용하는 것도 진지하게 고려할 것**(seriously contemplating)**이라는 전제하에 해당 새로운 범위가 Art. 123(2) EPC에 부합**하는 것으로 판단하였다.

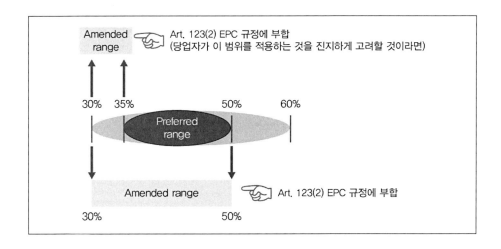

예외적으로, **하나의 구체적인 실시예에서 설명하고 있는 수치를 수치범위의 경계값으로 사용**한 것을 허용한 판례가 있다(T 201/83). 단, 이 수치가 고유의 방식으로 그리고 상당한 수준으로 해당 실시예의 효과를 결정할 만큼, **실시예의 다른 특징들과 밀접하게 연관되지 않았다는 것을 당업자가 쉽게 인지할 수 있어야** 한다. 이 판례에서, 청구항에서 정의한 합금 내 칼슘 함량의 하한값 690ppm은 구체적인 하나의 실시예로부터 도출되었다.

여러 특징들로 구성된 두 개의 리스트가 있고, 각 리스트에서 하나의 특징을 선택하여 만들어지는 조합은 해당 조합이 개별적으로 개시되어 있지 않는 한 상세한 설명에 의해 지지되지 않는다(T 727/00). 이는 이중 리스트 원칙(two-lists principle)과 유사하다.

한편, 리스트에서 선택하여 조합을 만들지 않고, 단지 리스트의 몇몇 요소를 삭제하여 리스트의 크기를 줄이는 것은 Art. 123(2) EPC를 위반하지 않는다고 판단하였다(CL BoA, II.E.1.6.3).

진보성 거절을 극복하는 방법/논리는 어떤 것이 있나?

유럽실무에서 대부분의 경우 진보성 거절을 할 때 문제-해결 접근법을 적용한다. 즉, 당업자가 최근접 선행자료로부터 출발하여 객관적 기술문제를 해결하기 노력할 때, 동일한 기술문제를 해결한 다른 선행자료를 참조하게 되고, 이 다른 선행자료가 지시(teaching) 또는 제안(suggesting)하는 방식대로 최근접 선행자료의 구조나 방법을 조정/수정하여 청구항에 발명에 도달할 수 있다는 논리로 거절한다.

따라서, 반대로 진보성을 주장하는 논리는 **이 문제-해결 접근법에 적용하더라도, 최근접 선행자료로부터 출발해서 청구항에 발명에 도달하는 것이 자명하지 않다는 이유를 제시**해야 한다.

문제-해결 접근법에 따르는 진보성 거절 사례를 들면 다음과 같다. 청구항 발명의 구성은 A+B+C로 이루어진 장치이다. 심사관이 찾은 선행자료 중 최근접자료에서는 A+B로 구성된 장치를 보여주고 있다. 최근접 선행자료에서 개시되지 않은 구성요소 C가 소음저감에 기여하는 기술적 효과를 가지고 있다고 할 때, 객관적 기술문제는 최근접 선행자료에서 개시된 A+B로 이루어진 장치의 소음을 줄이는 것으로 정의할 수 있다. 최근접 선행자료와 동일 기술분야에 있는 추가 선행자료에서는 A+C 구성을 보여주고 있는데, C가 소음저감에 기여한다고 언급하고 있다. 당업자가 객관적 기술문제를 해결하기 위해 이 추가 선행자료를 참조했을 때, C를 적용함으로써 소음저감할 수 있다는 것을 지시 또는 제안하고 있으므로, 당업자가 최근접 선행자료에 개시된 A+B 구성에 C 요소를 추가함으로써 청구항 발명 구성인 A+B+C에 도달하는 것이 자명하다.

아래에서는 위의 진보성 거절 사례를 바탕으로 진보성 거절을 극복하는 방법 또는 진보성을 주장하는 논리가 어떤 것들이 있는지 살펴본다.

1. 최근접 선행자료가 개시하고 있지 않은 특징(차별적 특징)을 추가 선행자료로 지시/제안하고 있지 않음

문제-해결 접근법에서 추가 선행자료는, 최근접 선행자료에서 출발해서 청구항 발명에 도달하는 길 안내 역할을 한다. 만일, 추가 선행자료가 청구항 발명에 도달하기 위한 길 안내 내용을 포함하고 있지 않다면, 그러한 길 안내 역할을 할 수 없으므로 최근접 선행자료에서 출발하더라도 청구항 발명에 도달하는 것이 자명하지 않다.

이 논리를 위의 진보성 거절 사례에 적용하면 다음과 같다. 추가 선행자료가 보여주는 기술 내용을 심사관은 A+C로 판단했는데, 사실은 A+D 구성이다. 즉, 추가 선행자료가 C요소를 지시하거나 제안하고 있지 않으므로, 당업자가 추가 선행자료를 참조하더라도 A+B+C로 구성된 청구항 발명에 도달하는 것은 자명하지 않다고 주장할 수 있다.

사실, 이 진보성 논리가 실무적으로 가장 많이 활용되는 논리이다. 이 논리를 활용하기 위해서 우선은 **최근접 선행자료나 추가 선행자료에서는 보여지지 않지만 발명에서 보여지는 특징을 청구항에 추가하는 보정하는 것이 일반적**이다.

또한, 이 논리를 사용하여 진보성 주장을 할 경우에는, 문제－해결 접근법을 그대로 적용하지 않고, 예전 미국실무에서 적용했던 TSM(Teaching, Suggestion, Motivation) 방식과 같이, 추가 선행자료에서 본 발명의 특정한 구성요소를 지시 또는 제안하지 않기 때문에 청구항 발명이 자명하지 않다고 간략히 진보성을 주장한다.

이 논리를 도식화하면 아래와 같다.

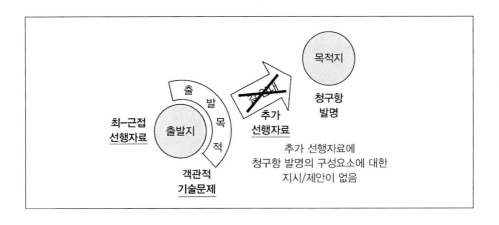

이때, 중요한 것은 **청구항에 추가되는 특징이 기술적 효과를 얻는 데 기여하는 특징이어야** 한다. **기술적 특징이더라도 기술적 효과를 만들어 내는 데 기여하지 못하는 특징은 진보성 판단에 고려되지 않으며**, 그 자체로는 **비기술적 특징이지만 전체 발명 내용에 있어서 기술적 효과를 만들어 내는 데 기여한다면 진보성 판단에 고려**된다(GL G-VII 5.4; T 641/00).

기술적 특징이지만 기술적 효과를 만들어 내는 데 기여하는 못하는 특징에 대한 예로는 다음과 같다. 청구항 발명은, 세탁기 탈수단계 운전모드에 관한 발명으로, 초기 세탁 코스 시작 시 탈수단계 운전모드가 A모드로 기본설정되어 운전하다가, 헹굼단계 완료 시 젖은 세탁물의 양을 감지를 한 후, 젖은 세탁물의 양이 설정값이 이상이 되면 탈수단계 운전모드를 B모드로 변경하여 운전하는 방법이다. 이 청구항이 진보성 거절이 되었고, 이를 극복하기 위해 출원인은 "젖은 세탁물의 양이 설정값이 미만이 되는지를 판단한다"는 단계를 추가하는 보정을 제안하였다. 하지만 이 판단하는 단계 그 자체로는 어떠한 기술적 효과를 달성할 수 없으므로, 추가된 발명의 특징은 진보성 판단 도움이 되지 못한다. 만일, 이 판단하는 단계와 연결하여 세탁기 운전을 어떻게 달리한다는 내용이 추가된 경우 관련된 기술적 효과를 주장할 수 있으므로, 추가된 특징 전체가 진보성 판단에 고려될 수 있다.

비기술적 특징이지만 전체 발명 내용에 있어서 기술적 효과를 만들어 내는 데 기여하는 특징으로 대표적인 것은, 수학적 알고리즘이 있다. 특정 수학적 알고리즘이 기술적 수단인 컴퓨터에 구현되어 어떠한 기술적 효과를 달성하는 하는 데 기여한다면, 해당 수학적 알고리즘도 진보성 판단에 고려된다(GL G-VII 5.4.2.4). 비기술적 특징이지만 발명의 기술적 속성에 기여하기 때문에 진보성 판단에 고려된 사례들에 대해서는 앞서 '기술적 특징과 비기술적 특징이 포함된 발명(Mixed-type invention, "혼합발명")의 진보성 판단방법은?' 부분에 다수 소개되었다.

2. 추가 선행자료가 지시/제안하고 있는 내용은 차별적 특징과 상이함

추가 선행자료가 지시/제안하고 있는 내용이 사실 차별적 특징과 차이가 있어, **추가 선행자료가 안내하는 방향으로 최/근접 선행자료를 내용을 조정/수정하더라도 청구항 발명과 다른 구조 또는 방법에 도달**한다는 논리이다.

위의 진보성 거절 사례에 적용하면, 심사관은 추가 선행자료가 A＋C 구성을 보여준다고 판단했는데 사실은 A＋C구성과는 유사하지만 기능이나 동작이 상이한 (균등한 범위로 간주할 수 없는) A＋C' 구성을 보여주는 경우이다. 따라서 추가 선행자료가 지시/제안하는 내용인 C'를 최근접자료에 적용하게 되면 A＋B＋C' 구성에 도달하게 되고, 이 구성은 청구항 발명의 구성과 상이하다는 논리이다.

이를 도식화하면 아래와 같다.

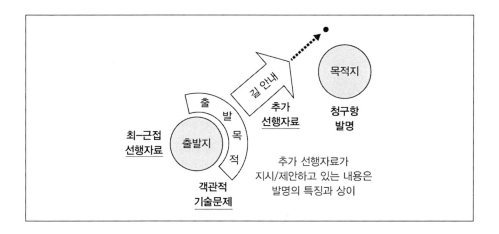

3. 추가 선행자료가 지시/제안하고 있는 내용의 기술적 효과가 객관적 기술문제와 상이함

문제−해결 접근법에서 당업자가 추가 선행자료의 기술 내용을 참조하는 이유는, 추가 선행자료에서 지시/제안하고 있는 기술 내용이 가져다주는 기술적 효과가, 당업자가 최근접자료로부터 해결하고자 하는 객관적 기술문제와 동일/유사하기 때문이다. 만일, **추가 선행자료에서 지시/제안하고 있는 기술 내용이 가져다주는 기술적 효과가, 당업자가 직면하고 있는 객관적 기술문제와 상이하다면, 당업자는 해당 추가 선행자료의 기술 내용을 굳이 참조할 이유가 없을 것**이다.

위 진보성 거절 사례에 적용하면, 추가 선행자료가 A＋C 구성을 보여주고는 있지만, 해당 추가 선행자료의 상세한 설명 부분에서는 C가 조립의 편리성을 위해서 적용되었다고 구체적으로 기술하고 있다. 이 경우, 최근접 선행자료에서 개시된 A ＋B 구성의 소음 저감을 해결하고자 하는 (객관적 기술문제로 설정한) 당업자 입장에서는, C가 소음 저감에 기여한다는 기술적 효과가 확인되지 않았으므로, A+B 구성의 소음 저감을 위해서 C를 적용할 동기를 느끼지 못할 것이라는 논리이다.

객관적 기술문제는 최근접 선행자료에서부터 '출발하는 목적' 성격을 가지고 있다. 한편, 추가 선행자료는 청구항 발명에 이르는 길 안내 역할을 하는데, 추가 선행자료도 '길을 안내하는 목적'을 가지고 있다. 이 '출발하는 목적'과 '길을 안내하는 목적'이 일치해야 목적지인 청구할 발명에 잘 도달할 수 있을 것이다. 두 목적이 상이하다면 최근접 선행자료로부터 출발하는 당업자가 해당 길 안내를 참조할 동기 부여가 안 될 것이다.

미국실무에서 말하는 반대교시(teaching away)도 넓게 보면 이 반박논리에 속한다고 볼 수 있다. 위의 진보성 거절 사례에 적용하면, 추가 선행자료에서는 심사관이 말한 것처럼 A+C 구성을 개시하고 있지만, 이 추가 선행자료에서는 오히려 C가 소음을 증가시킨다고 언급하고 있다. 즉, 추가 선행자료에서는 소음저감이라는 문제해결을 위해서는 오히려 C를 적용하지 말아야 하는 것(teaching away)을 가르치고 있다. 따라서 당업자가 최근접 선행자료에서 출발해서 추가 선행자료를 고려하더라도 본 발명의 구성 A+B+C에 이르는 것은 자명하지 않다고 주장할 수 있다.

이 논리를 도식화하면 아래와 같다.

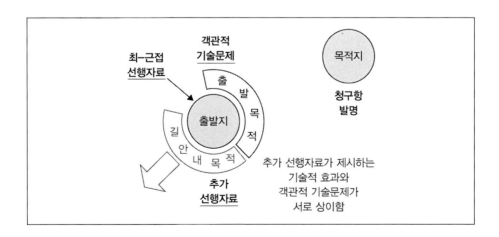

4. 최근접 선행자료의 기술내용과 추가 선행자료가 지시/제안하고 있는 특징을 결합하는 데 기술적으로 곤란함

일반적으로 문제-해결 접근법의 마지막 단계에서는, 당업자가 객관적 기술문제를 해결하기 위해 추가 선행자료를 참조하여, 이 추가 선행자료가 지시/제안하는 특징을 최근접 선행자료의 구성에 적용하는 것이 자명하다고 판단을 내린다. 하지만 일부 사례에서는 추가 선행자료가 지시/제안하는 특징이 최근접 선행자료의 구성과 호환되지 않기 때문에, 해당 특징을 최근접 선행자료의 구성에 적용하기 위해서는, **최근접 선행자료의 구성을 창의적인 고려**(inventive consideration)**를 통해서 대폭적으로 변경해야 하는 경우**가 발생한다. 즉, 추가 선행자료의 특징을 최근접 선행자료의 구성에 적용하는 데 **기술적 곤란성이 존재**하는 경우에는, 그러한 적용이 자명하지 않다고 주장할 수 있다.

위 진보성 거절 사례에서, 추가 선행자료가 지시/제안하는 특징 C와 최근접 선행자료의 구성 A+B가 호환되지 않아, A+B 구성을 창의적인 고려를 통해서 대폭적으로 변경해야 되는 경우, 특징 C를 구성 A+B에 적용하여 청구항 발명에 도달하는 것은 자명하지 않다고 주장할 수 있다.

이를 도식화하면 아래와 같다.

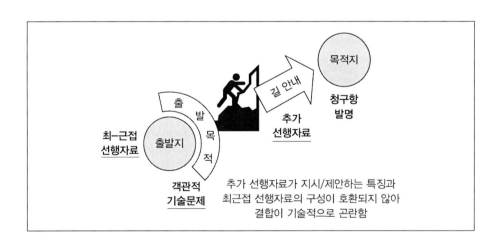

5. 최근접 선행자료와 추가 선행자료가 인접한 기술분야에 속하지 않음

진보성을 판단하는 데 있어서, 당업자는 **해당 발명이 속하는 기술분야의 종래기술뿐만 아니라, 해당 발명이 해결하고자 하는 문제와 동일 내지 유사한 문제가 발생할 수 있는 인접한 기술분야 내지 더 넓은 범위의 기술분야까지 확대**해서 해결방안을 찾을 것이라는 것으로 고려해야 한다(T 176/84). 반대로 해석하면, 최근접 선행자료와 추가 선행자료가, 동일 내지 유사한 문제가 발생할 수 있는 인접한 기술분야 내지 더 넓은 범위의 기술분야에 속하지 않으면, 당업자가 해당 추가 선행자료를 고려하는 것은 자명하지 않다.

판례에 따르면, 안과적 용도를 위한 렌즈 관련 당업자가, 렌즈 표면의 코팅 마모 저항에 관한 기술문제를 해결하고자 할 때, 동일한 기술문제가 발생할 수 있는 코팅된 플라스틱 판재에 대한 종래기술을 참조할 수 있다고 판단하였다(T 891/91).

한편, 사용자 요건이 다르면서 서로 다른 문제를 해결하고자 하는 카페트에 대한 발명과 가발에 대한 선행자료는 T 176/84 판례에서 정의한 인접한 기술분야 또는 더 넓은 범위의 기술분야에 속하지 않는다고 판단하였다(T 767/89). 서로 다른 보안 리스크를 감안할 때, 현금 이송수단 용기에 대한 설계를 고민하는 당업자가 대용량 포장 관련 기술분야를 참조하지 않을 것이라고 판단하였다(T 675/92).

인덕션 조리기기의 저출력 모드 시 전원공급 관련 특허에 대한 이의신청에서, 이의신청자는 무정전 전원공급장치(UPS, Uninterruptible Power Supply) 관련 선행자료를 제출하였다. 이의신청부는 해당 선행자료에서 가열장치에 대한 언급이 전혀 없고, 발명이 해결하고자 문제(저출력 개선)와 동일 또는 유사한 문제를 다루고 있지 않으므로, UPS 관련 선행자료는 동떨어진 기술분야에 속한다고 판단하였다(EP 17 207 098).

이와 같이, 심사관이 인용한 최근접 선행자료와 추가 선행자료가, 동일/유사한 문제가 발생할 수 있는 인접한 기술분야 또는 더 넓은 범위의 기술분야에 속하지 않음을 주장하여 진보성 거절을 극복할 수도 있다.

6. 객관적 기술문제가 청구항 발명에 대한 지시내용을 포함하고 있음

문제−해결 접근법에 대해서 앞서 소개한 바와 같이, 객관적 기술문제는 차별적 특징(distinguishing features)에 대한 지시를 하거나 부분적으로 예견 가능하도록 설정하지 말하야 한다. 그러한 부분을 포함한다면 결과적으로 진보성을 평가할 때 사후적 고려(Ex post facto) 관점에서 이루어지는 결과를 가져오기 때문이다(T 229/85).

앞서, '문제−해결 접근법(Problem−solution approach)이란?' 부분의 '1) 간단한 예제'에서 객관적 기술문제가 청구항 발명이 제안하는 해결방법에 대한 지시를 포함하고 있는 사례를 소개하였다.

이미 청구항 발명에 진보성이 없다고 주관적으로 판단한 심사관들이 문제−해결 접근법을 적용해 거절논리를 펼치면서 이와 같은 실수를 빈번하게 한다. 이러한 경우, 올바른 객관적 기술문제를 설정하고, 추가 선행자료에서 설정된 객관적 기술문제에 관한 해결방안을 제공하고 있지 않음을 지적하여 심사관의 거절논리를 반박할 수 있다.

7. 당업자는 최근접 선행자료가 제시하는 발명의 필수적인 특징을 제거하는 수준까지 변경을 고려하지 않음

문제−해결 접근법에 따르면, 당업자는 객관적 기술문제를 해결하기 위해 최근접 선행자료가 개시하는 기술내용('최근접 기술내용')과 추가 선행자료가 지시/제안하는 특징을 결합하여 청구항 발명에 도달하는 것이 자명한지를 따진다. 만일, 이러한 결합을 통해 청구항 발명에 도달하기 위해서, **최근접 선행자료가 제시하는 발명을 구현하는 데 필수적인 특징을 제거해야 된다면, 오히려 두 선행자료에 대한 청구항 발명의 진보성이 인정**된다.

이러한 기준은, 당업자가 최근접 기술내용을 변경함에 있어서, 최근접 기술내용의 목적 또는 해결하려고 하는 과제까지 무시하면서, 최근접 기술내용을 변경하려 들지 않을 것이라는 현실적 고려를 반영한 것이다(T 2057/12, Reason 3.1.4). 즉, 이 기준은 최근접 기술내용과 추가 선행자료의 결합을 상정하는 데 있어서, 당업자가 최근접 기술내용을 변경할 수 있는 한계를 설정하였다고 볼 수 있다.

'진보성'이라는 단어 자체가 기존보다 더 나아졌다 내지 좋아졌다라는 의미를 가진다. 최근접 기술내용을 변경함으로써, 최근접 선행자료가 원래 해결하고자 하는 문제를 해결할 수 없는 상황이 되었다면 기존보다 더 나아졌다 내지 좋아졌다라는 표현은 맞지 않을 것이다. 이러한 의미에서, 진보성 평가 시 최근접 기술내용을 변경해서 원래 해결하고자 했던 문제를 해결할 수 없는 상황을 상정하는 것은, '진보성'이라는 단어의 의미와 부합하지 않는다고 볼 수 있다.

T 2057/12 판례에 따르면, 청구항 발명은 전기소자 연결구조를 가지는 자동차 유리에 관한 발명이다. 최근접 선행자료는 안테나를 가지는 자동차 유리를, 추가 선행자료에서는 PCB 위에 전기소자 연결구조를 개시한다. 이의신청인(심판제기인)은 최근접 선행자료의 안테나 연결구조 중 고주파 증폭기를 추가 선행자료의 플러그 커넥터로 대체함으로써 청구항 발명에 도달하는 것이 자명하다고 주장하였다.

심판부는 이전의 유사한 사례에 대한 판례(T 2201/10)의 결정 내용("최근접 선행자료 대비 청구항 발명의 차별적 특징이, 최근접 기술내용에서 필수적이라고 개시된 특징을 변경하는 것에 있다는 사실 자체는, 청구항 발명이 자명하지 않다는 결론을 내는 데 충분하다")을 다시 한번 확인하였다. 이 기준에서, 최근접 선행자료가 개시하는 안테나에서 필수구성요소인 고주파 증폭기를 배제하는 것은 너무 인위적이고 현실 상황에서 당업자가 했을 만한 시도로 보기는 어렵다고 판단하였다(T 2057/12, Reason 3.1.4).

3.10 진보성이 인정 또는 인정되지 않는 발명의 유형은?

진보성 관련 심사가이드라인 부분의 마지막 부분(GL G-Ⅶ Annex)에서는 진보성이 인정 또는 인정되지 않는 발명의 유형들을 소개하고 있다. 이 발명의 유형들을 이해하는 것은 실무적으로 도움이 될 수 있다. 가령, 출원준비단계에서 발명자와 협의 중인 발명이 진보성이 불인정되는 발명의 유형에 해당할 경우, 출원을 유보하거나 다른 발명의 특징을 추가로 도출하도록 발명자에게 요청할 수 있다. 만일, 심사단계에서 심사관이 대상 발명이 진보성이 불인정되는 발명의 유형 중 하나로 규정할 경우, 반박하거나 청구항을 보정하는 방향을 찾는 데도 도움이 될 수 있다.

1. 알려진 해결방안을 자명한 방식으로 적용하는 발명 ☞ 진보성 불인정

(i) 발명이 종래기술과 차이가 있더라도, 그 **차이가 당업자라면 쉽게 채택할 수 있는 가능한 방법 중 하나**인 경우(**예** 발명은 알루미늄으로 만들어진 건물 구조에 관한 것이고, 종래기술은 가벼운 재질로 만들어진 동일한 구조를 개시하면서 알루미늄의 사용을 언급하지 않은 경우)

(ii) 발명과 종래기술의 차이가 단지 **알려진 등가물의 사용**에 불과한 경우(**예** 발명은 유압모터를 적용한 펌프이고, 종래기술은 전기모터를 적용한 펌프인 경우)

(iii) **알려진 재료의 알려진 특성을 처음 이용**하는 발명(**예** 발명은 세척 조성물에 관한 발명으로, 표면장력을 낮추는 것으로 알려진 특성을 가진 공지의 화합물을 세제로 포함하고 있는 경우)

(iv) 발명의 특징이 종래 알려진 장치 내에 한 요소를 최근에 개발된 다른 요소로 대체하는 데 있고, **대체하는 요소가 그러한 용도로 잘 알려진** 경우(**예** 종래기술 전기케이블은 금속 실드에 접착제로 접착된 폴리에틸렌 피복을 포함하고 있고, 발명은 기존의 접착제를 폴리머-메탈 접합 용도로 적합하다고 알려진 새롭게 개발된 접착제로 대체하는 경우)

(v) 종래기술과 **매우 유사한 상황에는 알려진 기술을 사용**하는 발명(**예** 발명은 산업용 트럭의 보조기구를 구동하는 전기모터에 펄스제어기술을 적용하는 것인데, 이 제어기술을 트럭의 전기구동모터를 제어하는 목적으로 사용것이 이미 알려진 경우)

2. 알려진 해결방안을 자명하지 않은 방식으로 적용하는 발명 ☞ 진보성 인정

(i) 알려진 방법이나 수단이지만 기존과 상이한 목적으로 이용되어서 **새롭고 예기치 못한 효과**를 가져다주는 발명(**예** 고주파 전력을 유도 맞대기 용접방식에 사용하는 것은 알려져 있다. 따라서 고주파 전력을 유사한 효과를 가지고 전도 맞대기 용접방식에도 사용할 수 있다는 것은 자명한 것으로 볼 수 있다. 하지만 고주파 전력이 스케일을 제거하지 않고 코일 스트립을 연속적으로 전도 맞대기 용접을 수행하는 데 사용한다면, 스케일 제거가 불필요하다는 예상치 못한 추가적인 효과가 발생하기 때문에 진보성이 존재한다고 볼 수 있다)

(ii) 알려진 장치나 재료를 새로운 용도로 사용함으로써 통상적인 방법으로 해결하지 못했던 **기술적 어려움을 극복**한 경우(**예** 발명은 가스 홀더의 상승 및 하강을 지

지하고 제어하기 위한 장치에 관한 것으로, 기존에 사용된 외부 안내 프레임 워크가 필요없는 장치이다. 유사한 장치가 알려져 있지만, 발명된 장치를 가스 홀더에 적용함으로써 기존 유사한 장치들을 적용할 때 알려지지 않았던 실질적인 어려움을 해결하였다)

3. 알려진 특징들의 조합

(ⅰ) 알려진 장치나 프로세스들을 통상적인 방식으로 (자명하지 않은 작동상의 상호 관련성을 만들지 못하고) 작동하도록 나란히 배치(juxtaposition)하거나 연결시키는 발명 ☞ **진보성 불인정**(**예** 소시지 만드는 기계인데, 알려진 고기 가는 장치와 알려진 필링 장치를 나란히 배치해 놓은 경우)

(ⅱ) 결합된 특징들이 효과 측면에서 상호 지지함으로써 **새로운 기술적 결과**를 얻는 발명 ☞ **진보성 인정**(**예** 발명은 진통제와 진정제로 구성된 혼합약제에 관한 것으로, 진통 효과가 없는 것으로 알려진 진정제를 추가함으로써, 활성 물질들의 알려진 특성으로부터 예측할 수 없었던 수준으로 진통 효과가 강화된 경우)

4. 진보성이 부정되는 자명한 선택

(ⅰ) **다수의 동등하게 가능한 대안** 중에서 선택하는 것이 특징인 발명(**예** 열을 가하는 다양한 방식이 알려져 있고, 발명은 알려진 화학 프로세스에서 반응 혼합물을 전기로 가열하는 방식에 특징이 있는 경우)

(ⅱ) 제한된 범위로부터 특정한 치수나 온도 범위 또는 파라미터를 선택하는 것이 특징인 발명으로, 이러한 선택값들은 **당업자의 일반적인 설계 절차**에서 통상적인 Trial and error를 통해서 도달할 수 있는 경우(**예** 발명은 알려진 화학반응을 수행하는 프로세스에 관한 것으로, 비활성 가스의 특정한 유속에 발명의 특징이 있으며, 해당 유속은 당업자가 실험을 통해 시도할 수 있는 값인 경우)

(ⅲ) 종래 기술로부터 **손쉽게 추정**함으로써 도달할 수 있는 발명(**예** 열안정성을 향상시키기 위해 제재 Y 내에서 물질 X의 특정 최소 함량을 사용하는 것을 특징으로 하는 발명으로, 이러한 특징은 종래기술로부터 알려진 그래프(물질 X와 열안정성의 관련성을 나타내는)상에서 단순히 외삽법으로 도출할 수 있는 경우)

(ⅳ) **넓은 범위로부터** 특정한 화합물 또는 조성을 **선택**하는 것이 특징인 발명

(예 종래 기술은 "R"로 지정된 치환기를 포함하는 특정 구조를 가지는 화합물의 개시한다. 이 치환기 "R"은 할로겐 및/또는 하이드 록시로 치환되거나 비치환된 모든 알킬 또는 아릴 라디 칼과 같은 광범위하게 정의된 라디칼 그룹의 전체 범위를 포함하도록 정의된다. 본 발명은 치 환기 "R"로 지칭되는 것 중에서 특정 라디칼 또는 특정 라디칼 그룹을 선택하는 것을 특징으 로 한다. 발명의 화학물은 종래 기술이 보여준 다른 화합물의 보유하고 있는 유리한 특성을 가지지 않고 있거나, 유리한 특성을 가지고 있더라도 당업자가 이러한 화합물이 가질 것이라 고 기대하는 특성을 가진 경우)

(v) 종래기술의 발전에 따라 필연적으로 도달하게 되어, 여러 가능성 중에서 다른 선택이 없는 경우에 해당되는 발명("One-way street 상황")(예 종래 기술로부 터, 탄소 원자의 수로 표현되는 시리즈로 알려진 화학 화합물에서 특정 화합물에 도달할 때, 그 시리즈의 위로 올라감에 따라 살충 효과가 지속적으로 증가하는 것으로 알려져 있다. 살충 효과와 관련하여, 이전에 알려진 멤버 이후 시리즈의 다음 멤버는 소위 "One-way street"에 있다. 이 시리즈의 멤버 중 하나가, 예상되는 향상된 살충 효과를 나타내는 것 이외에, 일부 곤충만 죽이고 다른 곤충을 죽이지 않는 것과 같은 예기치 않은 효과를 가지더라도 해당 시 리즈의 멤버는 자명한 화합물에 해당한다)

5. 진보성이 인정되는 비자명한 선택

(i) 알려진 범위 내에서 특정 운전조건의 프로세스에서 **특별한 선택**을 하는 것 을 특징으로 하는 발명으로, 그러한 선택이 프로세스의 운전이나 생성물의 특성 에서 **예상하지 못한 효과**를 가져오는 경우(예 물질 A 및 물질 B가 고온에서 물질 C로 변형되는 공정에서, 온도가 50~130℃의 범위 내에서 증가함에 따라 물질 C의 수율은 일반적 으로 지속적으로 증가하는 것으로 알려져 있다. 한편, 이전에는 탐구하지 않았던 63~ 65℃의 온도 범위에서 물질 C의 수율이 예상보다 상당히 높은 것으로 밝혀졌고 발명은 이러한 특성 에 관한 것일 때 진보성이 있다)

(ii) 넓은 범위로부터 **예상치 못한 장점을 가지는 특정한** 화합물 또는 조성을 선 택하는 것이 특징인 발명(예 앞서 언급한 치환된 화합물의 예를 들자면, 발명은 종래 기술 에서 정의된 가능성 있는 전체 분야 중에서 특정한 치환기 라디칼 "R"을 선택하는 것을 특징 으로 한다. 이때, 선택 결과로 얻어지는 생성물은 유리한 장점을 가지고 있다. 종래 기술에서 는 이 유리한 장점을 얻기 위해서 당업자가 다른 가능한 선택들 중에서 이 특정한 선택을 하 도록 이끌 만한 지시내용은 개시하고 있지 않을 때, 발명의 진보성이 인정된다)

6. 기술적 제약을 극복하는 발명 ☞ 진보성 인정

일반적으로, 종래 기술이 당업자로 하여금 발명에 의해 제안된 내용으로부터 멀어지게 하는 내용을 개시하고 있다면 해당 발명은 진보성이 있다. 이러한 진보성 판단 기준은, 기술적 문제를 해결한다고 알려진 방법에 대한 대안인지 여부를 결정하기 위해 당업자가 실험을 수행하는 것조차 고려하지 않는 상황일 때 적용된다(예 발명의 내용은, 이산화탄소를 함유한 음료를 멸균된 후 멸균된 병에 뜨거운 상태로 병에 담는 것을 특징으로 한다. 일반적인 견해는 충전 장치로부터 병을 인출한 직후에 병에 든 음료가 분출되는 것을 방지하기 위해 병에 든 음료가 외부 공기로부터 자동으로 차폐되어야 한다는 것이다. 외부 공기로부터 음료를 보호하기 위한 예방조치가 없는 (실제로는 필요하지 않기 때문에) 이 발명은 진보성이 있다).

3.11 유럽실무에서 진보성이 없다고 판단할 경우 선행문헌 3개 이상의 조합을 근거로 활용하는 것이 일반적이지 않는 이유는?

미국실무에서 청구항 하나의 진보성 거절에 있어서, 3개 이상의 선행문헌의 조합을 근거로 제시하는 경우가 많다. 이에 반해 유럽실무에서는, 청구항 발명이 여러 개의 독립적인 '부분 문제들(partial problems)'에 대한 해결방안에 해당하는 경우를 제외하고는, 대부분 2개의 선행문헌 조합으로 진보성이 거절된다.

물론, 문제-해결 접근법의 관점에서 볼 때, 여러 선행문헌의 개시내용을 최근접 선행자료와 조합하는 것이 허용되고, 판례(T 278/14)에서도 진보성 부정을 위해서 3개 선행문헌을 조합한다는 것 자체가 진보성이 있다는 것을 확인시켜주는 것은 아니다고 말하고 있다.

하지만 심사지침서에서는(GL G-VII 6), 3개 이상의 선행문헌의 개시내용이 조합되어야만 청구항 발명에 도달할 수 있다는 사실은, 진보성의 존재를 나타내는 것이 될 수 있다고 기술하고 있다. 따라서 진보성 판단 시 선행문헌 조합에 대한 유럽실무 관행은 심사지침서 내용을 반영하고 있다고 볼 수 있다.

앞서, 청구항 발명이 여러 개의 독립적인 "부분 문제들"에 대한 해결방안에 해당할 경우 3개 이상의 선행문헌의 조합이 가능하다고 언급하였다. 최근접 선행자료 대비 청구항 발명의 차별적 특징들이 여러 개 있고, 이 여러 개의 차별적 특징들이 서로 독립적이고 구조적 또는 기능적인 상호작용을 하지 않아 시너지 효과를 가져오지 못하는 경우 — 다시 말하면, 차별적 특징들이 단순 집합(aggregation) 또는 병치(juxtaposition)에 해당하는 경우, 여러 개의 차별적 특징들은 "부분 문제들(partial problems)"에 대한 해결방안에 해당한다(GL G−VII 6 및 7).

이 경우에는, 문제−해결 접근법을 각 차별적 특징 별로 따로 따로 적용하게 되고, 그 결과 청구항 하나의 진보성 거절에 3개 이상의 선행자료를 인용하게 된다.

예를 들어, 청구항 발명이 A+B+C+D로 구성되고, 최근접 선행자료 D1이 A+B를 개시하고 있다. 이때, 최근접 선행자료 D1 대비 청구항 발명의 차별적 특징이 C와 D이다. 특징 C와 D가 서로 독립적이고 구조적 또는 기능적 상호작용을 하지 않아 시너지 효과를 가져오지 못하는 경우, 각각 특징 C와 D는 '부분 문제들'에 대한 해결방안에 해당한다. 문제−해결 접근법은 특징 C와 특징 D에 나누어 각각 적용한다.

즉, 특징 C가 제공하는 기술적 효과를 정의하고, 이로부터 객관적 기술문제(objective technical problem)를 설정하고, 다른 선행문헌 D2가 이 객관적 기술문제를 해결하기 위해 특징 C를 적용하는 것을 개시하고 있고, 이 D2의 개시내용을 D1에 적용하는 것이 기술적 어려움이 없는지 판단한다. 반복해서, 특징 D가 제공하는 기술적 효과를 정의하고, 이로부터 객관적 기술문제를 설정하고, 다른 선행문헌 D3가 이 객관적 기술문제를 해결하기 위해 특징 D를 적용하는 것을 개시하고 있고, 이 D3의 개시내용을 D1에 적용하는 것이 기술적 어려움이 없는지 판단한다. 이러한 두 번의 문제−해결 접근법을 적용한 결과, 모두 그렇다고 판단되면, 청구항 발명의 진보성은 부정된다.

3.12 불명료(Art. 84 EPC 규정 위반) 거절에 대해서 어떻게 대응해야 하나?

Art. 84 EPC은, 출원서에 기재된 청구항이 보호받고자 하는 발명을 명확하고 (clear) 간결하게(concise) 정의하고, 상세한 설명(description)에서 지지되어야 한다고 규정하고 있다. 따라서 청구항이 발명을 명확하고 간결하게 정의하지 않거나, 상세한 설명에서 지지되지 않다고 판단되는 경우, 선행자료조사 단계에서는 Art. 84 EPC 규정을 위반하였음을 조사의견서(European Search Opinion)에 기재되고 심사단계에서는 Art. 94(3) EPC 규정에 따른 통지문에 기재되어 통보를 받게 된다.

실무적으로 Art. 84 EPC 규정 위반의 대부분을 차지하는 사례는, 청구항에 사용된 표현이나 용어가 불명확하거나, 발명을 구성하는 데 필수적인 요소가 청구항에 포함되지 않거나, 발명의 효과에 해당하는 용어로 발명을 정의한 경우이다. 청구항의 정의된 발명이 상세한 설명에서 지지되지 않거나, 발명이 간결하게 정의되어 있지 않아 Art. 84 EPC 규정 위반 통지를 받는 경우는 상대적으로 드물다.

Art. 84 EPC 규정 위반의 경우는 아래와 같이 다양한 형태로 나타나며 각 경우에 따라 대응방법이 상이하다.

1. 청구항에 불명확한 용어가 사용된 경우

1) 당업자에게 일반적이지 않은 용어 사용

발명이 관련된 기술분야의 **당업자들 사이에 일반적으로 사용되는 용어에 해당되지 않는 용어로 발명을 정의**한 경우, 불명료 거절을 받을 가능성이 높다.

일례로, 사용자가 음성으로 입력한 명령어 중에서 세탁물의 종류 및 성질에 관련된 단어와 오염원의 종류와 성질에 관련된 단어를 추출하고, 이 단어들을 기반으로 사전에 설정된 테이블을 참조하여 상이한 세탁코스 설정하는 발명이 있다. 세탁물의 종류 및 성질에 관련된 단어라는 의미를 가지는 "섬유 단어(fabric-word)", 오염원의 종류와 성질에 관련된 단어라는 의미를 가지는 "오염원 단어(contaminant-word)"를 새롭게 도입하여, 청구항에는 "사용자의 명령어 중 섬유 단어(fabric-word) 및 오염물 단어(contaminant-word)를 추출하여"라는 표현을 사용하여 발명을 정의하였다. 이때, 상세한 설명에는 "섬유 단어(fabric-word)" 및 "오염원 단어(contaminant-word)"의 명확한 정의를 기술하지 않았다. 이 경우, 해당 청구항은 불명료 거절을 받을 가능성이 높다. "섬유 단어(fabric-word)" 및 "오염원 단어(contaminant-word)"는 당업자들이 직접적이고 명확하게 그 의미를 이해할 수 있는 당업자 간에 일반적인 용어가 아니며, 상세한 설명을 참조하더라고 이 용어들의 의미를 직접적이고 명확히 도출하기 어렵기 때문이다.

상세한 설명 중에 거절대상이 된 용어들의 의미를 명확히 이해할 수 있도록 설명한 부분이 있다면, ⅰ) 청구항에 이 용어들의 정의를 추가하는 보정을 하거나, ⅱ) 상세한 설명에 기술된 내용에 비추어 볼 때 해당 용어들의 의미를 직접적이고 명확하게 이해할 수 있다는 주장을 하여 불명료 거절을 극복하기 위한 대응을 할 수 있다. 바람직하게는 전자의 대응이 보다 확실한 대응이 되겠다.

하지만 상세한 설명 중에 이러한 새로운 용어들의 의미를 명확히 정의할 수 있을 만한 내용을 담고 있지 않다면, 불명료 거절을 극복하지 못하고 최종 거절될 가능성이 높다. 새로운 용어를 도입하여 발명을 정의하는 경우, 이러한 용어에 대한 명확한 정의를 상세한 설명에 포함시키는 것이 중요한 이유이다.

심사관에 따라 일반적으로 많이 쓰이는 용어에 대해서도 의미가 불명확하다고 거절하는 경우가 있다. 가령, 세탁기 전후방향을 지칭할 때 "front—rear direction" 이라는 용어를 많이 쓰지만, 이 용어가 의미하는 방향이 명확하지 않다고 거절하는 사례도 있었다. 또, "front—rear direction" 대신에 약간 변형된 형태로 "forward —rearward direction"을 사용하였다가 불명료 거절을 받은 사례도 있었다. 따라서 방향 관련된 용어를 사용할 때 불필요한 불명료 거절을 받는 것을 방지하기 위해서 상세한 설명에 그 용어가 의미하는 방향을 상세한 설명에 명확히 정의하는 것이 가장 바람직하다.

2) 상대적 용어 사용

"얇은", "폭이 넓은" 또는 "강한" 등과 같이 문맥에 따라 다른 의미를 가질 수 있는 상대적 용어(relative term)들을 사용한 경우, 일반적으로 불명료 거절의 이유가 된다. 단, 명세서 전체에 기재된 내용의 문맥을 기준으로 할 때, 이러한 용어들이 명확한 의미를 가질 수 있다면 불명료 거절의 예외가 될 수는 있다(GL F-IV 4.6.1).

실무적으로 이러한 상대적인 기준을 가지는 용어가 사용된 경우, 해당 불명확한 용어를 삭제하고 구체적으로 어떤 다른 구성요소와 비교하는 방식으로 다시 정의하거나, 해당 불명확한 용어와 실질적으로 유사한 의미를 가지지만 보다 절대적인 의미를 가지는 다른 용어로 해당 용어를 대체한다. 가령, "A는 부드러운 재료로 만들어진다"라는 표현이 사용된 경우 "A는 B보다 경도가 약한 재료로 만들어진다"라고 다른 방식으로 정의하거나, "A는 변형 가능한(deformable) 재료로 만들어진다"라는 용어로 보정하여 대응한다.

만약, "고주파 신호(high-frequency signal)"와 같이 상대적 용어가 해당 기술분야에서 통상적으로 받아들여지는 의미를 가지고 있다면, 해당 용어에 대한 거절을 반박해 볼 수 있겠다(GL F-IV 4.6.1).

한편, 일반적으로 "**약**(about)", "**대략**(approximately)", "**실질적으로**(substantially)"와 같이 근사적 의미를 가지는 용어는 불명확한 용어에 해당되지 않는다.

일반적으로 "약 (about)" 또는 "대략(approximately)"과 같은 근사적 용어가 특정값이나 범위에 앞에 사용된 경우, **해당 값이나 범위는 그것을 측정하기 위해 사용된 방법이 가지고 있는 정확도**(accuracy)**의 범위 내에 있는 것으로 해석**된다. 만일, 측정 방법과 관련된 오차 범위가 명세서상에 기재되지 않았다면, 반올림을 통해서 마지막 숫자값이 얻어지는 범위의 정확도를 가지는 것으로 해석한다. 예를 들어, "약 200℃(about 200℃)"인 용어의 경우 마지막 단위에서 반올림해서 200℃를 얻을 수 있는 범위 199.5℃~200.4℃를 가지는 것으로 해석한다. 만일, 구체적인 오차 여유(error margin)가 상세한 설명에 기재되어 있는 경우는, 이러한 근사적 의미를 가지는 용어를 사용하는 대신에 해당 오차 여유를 사용하는 것이 바람직하다(GL F-IV 4.7.1 and G-VI 8.1).

"대략(approximately)" 또는 "실질적으로(substantially)"와 같은 용어가 장치의 구조적 특징에 적용된 경우(예를 들어, "실질적으로 원형의 테두리를 가지는 트레이판" 또는 "대략 곡선 형태의 바닥을 가지는 트레이판"), 해당 구조적 특징은 **그 장치를 제조하기 위해 사용되는 방법의 기술적인 오차 범위 내에서 만들어질 수 있는 기술적 특징으로 해석**한다(GL F-IV 4.7.1).

선택적 특징(optional feature)을 기술하기 위해, "**바람직하게는**(preferably)", "**예를 들어**(for example)", "**가령**(such as)" 또는 "**보다 구체적으로는**(more particularly)"와 같은 용어의 사용이 허용**된다. 하지만 이후에 오는 선택적인 특징이, 앞서 정의된 특징을 한정하는 방향으로 기재되어 있지 않으면, 청구 범위를 불명확하게 만들어 불명료 거절의 사유가 된다(GL F-IV 4.9.).

예를 들어, "인조 석재, 가령 점토 벽돌을 제조하는 방법"이라는 표현과 같이, 점토 벽돌은 인조 석재의 한 종류에 해당되지 않으므로 불명료 거절 대상이 된다. 유사하게, "용액이 65도에서 85도로, 구체적으로는 90도로 가열된다"라는 표현도 동일한 이유로 불명료 거절 대상이 된다(GL F-IV 4.9.).

2. 청구항에 발명의 필수적 특징(essential feature)이 누락된 경우

Art. 84 EPC에서 청구항이 보호받고자 하는 발명을 명확하게 정의해야 한다는 의미는, 청구항의 기재 내용이 기술적 관점에서 이해할 수 있어야 한다는 의미뿐만 아니라, 청구항은 발명의 모든 필수적 특징을 명확히 정의해야 한다는 것을 의미한다(T 32/82). 또한, Art. 84 EPC 규정에 따라, 청구항이 상세한 설명에 의해 지지되어야 한다는 요구조건은, 발명을 수행하는 데 필수적 특징이라고 상세한 설명에서 명시적으로 제시된 특징들에 대해 적용된다(T 1055/92). 따라서 독립항에 어떤 필수적 특징이 누락된 경우, 심사부는 명료성(clarity) 요구조건뿐만 아니라 상세한 설명의 의한 지지(support) 요구조건도 함께 검토하여 두 개의 거절이유를 모두 제시할 수 있다(GL F-IV 4.5.1).

필수적 특징 누락으로 불명료 거절이 통지된 경우에 실무적인 대응방법은, **심사부가 주장하는 필수적 특징이 발명을 실시하는 데 필수적으로 필요한 특징이 아니라고 반박하거나, 심사부가 주장하는 필수적 특징 중 일부 또는 전부를 청구항에 추가하는 보정으로 대응한다.** 만일, 심사부가 주장하는 필수적 특징 중 일부만을 청구항에 추가하는 보정할 경우, 청구항에 추가되지 않는 특징이 왜 발명의 필수 구성요소가 아닌지 주장을 포함해야 한다.

어떤 특징이 필수적 특징이 아니라고 반박하기 위해서는, 우선 발명의 필수적 특징의 정의가 무엇인지 명확히 이해해야 할 필요가 있다.

발명의 필수적 특징이란, 출원명세서에 기재된 발명이 특정 기술적 문제(technical problem)를 해결할 때 기대할 수 있는 **기술적 효과(technical effect)를 달성하는 데 필요한 특징**들을 말한다. 독립항은 본 발명을 수행하는 데 필요하다고 상세한 설명 중에 명시적으로 기술된 모든 특징들을 포함해야 한다. 명세서 전반에 걸쳐 발명을 설명하는 부분에서 지속적으로 언급이 되었다 하더라도, **실제로 발명에 기여하지 않는 특징은 필수적인 특징에 해당되지 않는다.** 일반적으로, 어떤 특징이 만들어 내는 기술적 효과 내지 결과가 해당 특징이 발명에 기여하는지 판단하는 데 중요한 근거가 된다(GL F−IV 4.5.2).

청구된 발명의 진보성을 주장하기 위해서는 청구된 발명의 가져다주는 기술적 효과가 제시되어야 하므로, 진보성이 논란이 되는 경우 해당 청구항은 관련 기술적 효과를 달성하는 데 필수적으로 요구되는 특징을 모두 포함하도록 기재되어야 한다(GL F−IV 4.5.2). 다시 말하면, 청구항이 필수적 특징을 모두 포함하도록 기재하는 것은, 불명료 거절 극복뿐만 아니라 진보성 흠결 거절을 극복하는 데에도 관련된다.

그렇다면 필수적 특징을 어느 정도 상세히 청구항에 기재해야 하는가에 대한 의문이 생길 수 있다.

당연 독립항은 발명의 모든 세부적인 특징들을 포함하도록 기재할 필요는 없으며, 필수적 특징들을 어느 정도 일반화하여 기재하는 것이 허용된다. 일반화된 기술적인 필수적 특징들이 해당 발명이 해결하고자 하는 문제를 실질적으로 해결할 수 있다면, 그러한 수준의 일반화는 허용된다. 필수적 특징의 일반화는 구조적인 특징뿐만 아니라 기능적인 특징에도 적용된다(GL F−IV 4.5.3).

또한, 필수적 특징을 포괄적 용어(generic term)로 일반화하여 청구항에 기재할 경우, 해당 포괄적 용어가 함축하고 있는 특징을 별도로 추가할 필요가 없다. 가령, 자전거에 대한 청구항의 경우, 바퀴의 존재를 명시적으로 언급할 필요는 없다(GL F−IV 4.5.4).

심사지침서에서 소개하고 있는 필수적 특징 관련 사례들은 아래와 같다(GL F−IV Annex).

사례1)

청구항 1은 겔(gel) 코팅된 씨앗을 저장하는 방법에 관한 것으로, 상기 겔 코팅 물질은 금속이온에 의해서 물에 녹지 않도록 만들어진 수분겔을 포함한다. 이러한 방법은 상기 금속 이온이 포함된 수용성 용액 안에 겔 코팅된 씨앗을 저장하는 것을 특징으로 하고 있다. 상세한 설명에서 발명의 목적은 생산 및 처리 효율을 저감시키지 않고 겔 코팅된 씨앗을 쉽게 저장하는 방법이라고 정의하고 있고, 발명의 목표를 달성하기 위해서는 금속 이온의 농도를 소정 범위 이내로 한정하는 것이 필요하다고 강조하고 있다. 상기 특정 범위 밖의 금속 이온 농도는 생산과 처리 효율에 부정적인 영향을 주는 것으로 제시하고 있다. 이러한 경우, 청구항 1의 기술주제가 금속 이온 농도의 이러한 특정 범위를 포함하고 있지 않다면, 청구항에서 정의된 발명은 상세한 설명에서 언급한 문제를 해결할 수 없게 되므로, 청구항 1은 필수적 특징의 누락으로 불명료 거절될 수 있다.

사례2)

발명은 금속판을 오목한 형상으로 성형하는 장치에 관한 것이다. 최근접 선행자료에서는, 금속판이 길이 방향으로 롤러 형태의 성형 세트를 지나가게 하여 오목한 형상을 만드는 것을 개시한다. 상세한 설명에 따르면, 롤러들이 금속판의 폭방향 끝부분에 곡선을 만드는 외력을 가하는 데 한계가 있어서 폭 방향 끝부분에는 통상 평평한 형상을 가지는 것이 문제점이라고 지적하고 있다. 독립항의 차별적 특징으로는, 금속판이 롤러 성형 세트를 지나는 경로에서 유연한 벨트나 망상부재로 금속판을 지지하는 것이라고 기재하고 있으며, 실제 이 특징이면 상기 언급한 기존의 문제를 해결하는 데 충분하다. 추가적인 특징들(가령 금속판을 성형 세트로 전진시키는 메커니즘의 세부 구조라든지 적어도 세 개 이상의 롤러를 구비한다는 지)은 상기 문제 해결에 필요한 특징이 아니다. 따라서 이러한 추가적인 특징의 누락은 필수적 특징의 누락에 해당되지 않으므로 불명료 거절의 이유가 되지 않는다(T 1069/01).

사례3)

발명은 TV신호 코딩을 위한 장치로, 예측된 필드와 실제 필드의 픽셀 데이터 사이의 에러를 최소화하기 위한 파라미터 생성수단을 가지고 있다. 상세한 설명에서는 최소자승법 방법으로 에러를 최소화하는 단지 하나의 실시예만을 개시하고 있다. 비록 하나의 실시예만을 기재했지만, 당업자라면 상세한 설명을 읽고 에러 최소화 기능을 어떻게 구현할지 이해할 수 있다. 이 경우, 필수적 특징을 정의하기 위해 파라미터 생성수단이 최소자승법을 사용한다는 것으로 한정할 필요는 없다(T 41/91).

사례4)

상세한 설명에서는 화합물 C가 A와 B의 혼합물을 100도에서 10분간 반응시킴으로써 얻어진다고 기술하고 있다. 특히, A와 B가 이 최소기간 동안 반응해야 하며, 그렇지 않으면 반응이 불완전하게 이루어져 C가 생성되지 않을 것이라고 강조한다. 청구항 1항은 화합물 C를 생성하기 위해 공정에 관한 것으로, A와 B의 혼합물을 100도에서 5분에서 15분간 반응시킨다는 것을 특징부에 포함하고 있다. 상세한 설명에서는 반응이 완전해지기 위해서 A와 B를 적어도 10분간 반응시켜야 한다고 명확히 기술하고 있으나 청구항에 정의된 발명은 이 필수적 특징들을 모두 포함하고 있지 않다.

사례5)

상세한 설명에서는, 추진제(propellant)로 사용되는 휘발성 유기화합물(VOC)을 "대폭적으로 낮춰서(dramatically deceased)" 공기 중에 더 적은 VOC를 방출하는 에어로졸 조성물을 제공하는 것을 해결과제로 설명하고 있다. 청구항 1은 에어로졸 내 최소량으로 적어도 15무게 퍼센트의 추진제를 정의하고 있지만, 최대량에 대해서는 정의하고 있지 않다. 공기 중에 더 적은 VOC를 방출하는 해결방안은 추진제가 에어로졸 조성 내에 특정한 최대량을 넘지 않을 때 가능하다. 청구항 1은 15무게 퍼센트와 크거나 같은 추진제 양을 포함하는 에어로졸을 정의하기 때문에, 종래 에어로졸에 있는 높은 퍼센트의 추진제 양까지 포함한다. 청구항에 정의된 에어로졸 조성물의 VOC 퍼센트는 "대폭적으로 낮춰진(dramatically deceased)" 것이 아니므로, 본 발명의 목표했던 과제를 해결하지 못한다(T 586/97).

3. 발명이 달성하고자 하는 결과(Result to be achieved)에 대한 용어로 발명을 정의한 경우

'발명이 달성하고자 하는 결과'에 해당하는 용어로 발명을 정의하는 것은, 마치 발명의 대상이 되는 기술적 문제를 권리화하는 것과 다름이 없으므로, 이러한 청구항은 허용되지 않는다(GL F-IV 4.10).

제초제 발명을 정의하는 데 있어서 특정 물질이 "상승적인 제초 효과를 유발할 수 있는 양"을 포함되어 있다고 표현을 쓴 경우(T 68/85) 또는 어떤 장치의 플랜지 부분을 정의하는 데 있어서 "얼굴 근육에 의해 상기 장치가 움직일 수 있으면서, 사용자가 말할 수 있는 위치에서 상기 장치가 안정적으로 고정될 수 있도록 치수가 설정된"이라는 표현을 쓴 경우(T 204/90)가, 발명의 결과에 해당하는 용어로 발명을 정의한 사례에 해당한다.

다만, ⅰ) 발명의 결과에 해당하는 용어로만 발명을 정의할 수 있거나 다른 용어로 정의하면 발명을 정확히 정의하지 못하게 되어 과도하게 권리범위가 한정하게 되는 경우 그리고 ⅱ) 그러한 발명의 결과가 명세서에 구체화되었거나 당업자에게 알려진 테스트나 절차에 의해 용이하게 검증가능하고, 결과를 얻기 위해 과도한 실험을 요하지 않는 경우에, 예외적으로 발명의 결과에 해당하는 용어로 발명을 정의하는 것이 허용된다(GL F-IV 4.10).

이러한 예외에 속하는 사례로, 재떨이의 특정한 형상과 담배 대비 상대적인 치수로 인해 담배가 재떨이에 놓였을 때 자동적으로 담뱃불이 꺼지는 재떨이에 관한 발명이 있다. 이 발명에서, 발명이 기대하는 효과를 얻기 위해서는 담배 대비 재떨이의 상대적인 치수를 정의해야 하는 데 이것이 쉽지 않다. 이 경우, 만일 상세한 설명에서는 당업자가 재떨이의 치수를 결정하기 위한 적절한 방향을 안내하고 있고, 청구항은 재떨이의 구조와 형상을 최대한 명확하게 정의하고 있다면, 발명의 달성하고자 하는 효과를 기술함으로써 담배 대비 재떨이의 상대적인 치수를 간접적으로 정의할 수 있다(GL F-IV 4.10).

하지만 실무적으로는 이러한 예외적 경우는 매우 드물다. 통상적으로 이 사유로 나온 불명료 거절을 극복하기 위해서 **문제가 되는 '발명이 달성하고자 하는 결**

과에 대한 용어'를 삭제하고, 발명의 구조적 또는 기능적 특징에 해당하는 용어를 추가함으로써 발명을 구체화하는 보정을 한다.

한편, 발명을 정의할 때보다 넓은 권리범위를 정의하기 위해서, **구조적 특징에 관한 용어 대신 기능적 특징에 관한 용어로 발명을 정의하는 것이 허용**된다(GL F-IV 6.5).

한편, **상세한 설명에 단지 하나의 구조적 특징만 개시되어 있어라도, 만일 당업자가 상기 구조적 특징이 제공하는 기능을 수행할 수 있는 다른 수단을 용이하게 생각해 낼 수 있다면, 해당 발명을 기능적 특징으로 정의할 수 있다.** 예를 들어, 상세한 설명에는 단자의 위치를 결정하는 기능을 하는 리미트 스위치(limit switch) 하나의 실시예만 기재되어 있고, 당업자들이 단자 위치를 결정하는 기능 수행할 수 있는 다른 수단(가령, 광전셀이나 스트레인 게이지)을 용이하게 생각해 낼 수 있을 때, "단자 위치 결정 수단"과 같은 기능적 특징에 대한 용어를 사용해 발명을 정의하는 것이 허용된다(GL F-IV 6.5).

실무적으로, 기능적 특징에 대한 용어를 '발명이 달성하고자 하는 결과'에 해당하는 용어로 잘못 판단하고 불명료 거절을 내리는 사례가 종종 발생한다.

이러한 경우, 불명료 대상이 되는 용어는 발명의 결과에 해당하는 용어가 아니라 발명의 기능적 특징에 해당하는 용어라고 반박한다. 특히, **기능적 용어로 발명을 정의하는 것은 발명의 '기술적 결과**(technical results)'**를 정의하는 것에 해당**하고 (CL BoA, II-A 3.4, 1st. Par.), **발명이 달성하고자 하는 결과에 대한 용어로 발명을 정의한다는 것은 발명이 해결하고자 하는 '기술적 문제점**(technical problem)'**을 정의한다는 것에 해당**한다(GL F-IV 4.10, 2nd par.)는 차이점을 강조하면서 심사관의 거절을 반박할 수 있다.

하나의 사례로, 마스크 장치에 대한 발명에서 제1공기정화기와 제2공기정화기를 다음과 같이 정의하였다: "외부로부터 흡입된 외부 공기를 필터링하고 필터링된 공기를 마스크 몸체로 공급하는 제1공기정화기와 제2공기정화기". 심사관은 "외부로부터 흡입된 외부 공기를 필터링하고 필터링된 공기를 마스크 몸체로 공급하는"이라는 특징은, 발명이 달성하고자 하는 결과에 해당하는 용어로 발명을 정의하고 있다고 판단하여 불명료 거절을 내렸다.

심사관의 거절에 대한 반박 논리는 다음과 같다. 청구항의 공기정화기는 필터로 해석되며, 대부분의 필터는 유동하는 기체 또는 액체 중에서 원하지 않는 물질을 필터링하는 기능을 수행한다. 따라서 거절 대상이었던 용어는 제1 및 제2 공기정화기의 기능적 특징에 해당한다. 발명을 보다 넓게 정의하기 위해 기능적 특징으로 발명을 정의하는 것이 허용되므로 심사관의 거절은 타당하지 않다.

4. 발명의 대상이 되는 장치에 속하지 않는 외부 장치를 참조하여 발명을 정의하는 경우

청구항 발명이 특정 장치에 관한 발명인 경우, **해당 장치에 속하지 않는 외부 장치를 참조함으로써 발명을 정의할 때, 상기 외부 장치가 발명의 대상물에 속하는지 아닌지 불확실하게 해석할 여지가 있는 문구로 발명을 정의하는 경우**, 불명료 거절의 이유가 된다(GL F−IV 4.14.1).

예를 들어, 청구항 발명이 에어컨의 실외기를 대상으로 하는 경우, "실내기와 연결된 실외기(an outdoor unit connected to an indoor unit)"라는 문구는 불명료 거절의 대상이 된다. 왜냐하면, 위 문구에 의하면 실내기가 청구항 발명의 장치가 아님에도 그 장치에 포함되는 것처럼 오해될 만한 방식으로 기술되었기 때문이다. 이 불명료 거절을 극복하기 위해서는 위 문구를 "실내기와 연결 가능한 실외기(an outdoor unit connectable to an indoor unit)"로 보정하여야 한다.

만일, 청구항 발명이 실내기와 실외기 모두를 포함하는 에어컨에 대한 경우, "실내기와 연결 가능한 실외기(an outdoor unit connected to an indoor unit)"라는 문구는 불명료 거절의 대상이 되지 않는다. 왜냐하면, 발명을 정의하는 데 인용된 실내기(an indoor unit)가 청구항 발명의 대상인 에어컨에 포함되는 구성 요소이기 때문이다.

한편, 발명에 속하지 않는 대상을 참조하여 발명을 정의했다는 사유로 불명료 거절을 제기한 잘못 판단한 사례로는 다음이 있다. 마스크의 일부 부품을 정의하면서 "마스크를 착용했을 때 사용자의 코와 입 앞에 위치하는 프레임(the frame located in front of a user's nose and mouth when the mask device is worn by the user)"이라는 표현을 사용하였다. 심사관이 이 표현에 대해서 불명료 거절을 제기하였다. 하지만 사용자의 코와 입이 발명에 속하지 않는 대상임은 너무나 명백하며(다시 말하면, 사용자의 코와 입이 발명의 대상물에 속하는지 아닌지에 대한 해석이 논란이 될 여지가 없다), 마스크라는 장치의 속성상 착용했을 때의 사용자의 얼굴을 기준으로 마스크의 부분의 정의하는 것은 불가피하다. 따라서 심사관의 거절은 타당하지 않다.

1) 청구항이 "**장치 A를 <u>위한</u> 장치 B**(an entity B for an entity A)" 문구를 이용하여 장치 B에 대한 발명을 정의할 경우, 해당 문구는 불명료 거절의 대상이 되지 않는다.

다만, 위 문구를 해석할 때, 장치 A는 발명의 대상인 장치 B에 포함되지 않는 것으로 해석하고, "장치 A를 위한(for an entity A)"이란 표현은 "장치 A와 함께 사용하기 적합한(suitable to be used with an entity A)"이란 한정적 의미를 가지는 것으로 해석한다. 예를 들어, "엔진을 위한 실린더 헤드"라는 문구로 발명을 정의한 경우, 상기 엔진이라는 특징은 실린더 헤드 발명 자체를 한정하지 않지만, 상기 실린더 헤드가 엔진에 장착되기 적합해야 한다는 한정적 의미를 가지는 것으로 해석한다 (GL F−IV 4.14, 2nd par.).

위 예에서, 청구항의 대상이 엔진과 실린더 헤드 둘 다 포함하는 것으로 정의하기 위해서는, "실린더 헤드를 가지는 엔진(engine with a cylinder head)" 또는 "실린더 헤드를 포함하는 엔진(engine comprising a cylinder head)"이라는 문구를 사용해야 한다(GL F−IV 4.14, 3rd par.).

2) 청구항 발명이 특정 장치에 대한 발명일 때, 해당 장치에 포함되지 않는 외부 장치(또는 외부 구조물)의 치수나 형상을 참조함으로써 해당 장치의 치수나 형상을 정의하는 것이 허용된다. 특히나, 외부 장치의 치수가 표준화되어 정해진 경우, 이와 같은 방식으로 발명을 정의할 수 있다. 예를 들어, 자동차 번호판 설치 브라켓에 대한 발명을 정의하는 데 있어서, 브라켓 프레임과 고정부재를 정의할 때 번호판의 형상을 참조하여 정의할 수 있다(GL F−IV 4.14.2, 1st par.).

한편, 외부 장치(또는 외부 구조물)가 표준화된 치수나 형상을 가지는 경우에도, 만일 당업자가 특정 장치에 대한 한정 범위를 명확히 이해할 수 있다면, 그런 외부 장치를 인용하여 특정 장치를 정의하는 것이 허용된다. 예를 들어, 건초 두루마리를 덮는 커버에 대한 발명에서, 커버의 길이와 폭 및 접는 방법을 정의하는데 있어서, 건초 두루마리의 둘레와 폭, 직경들을 참조하여 정의할 수 있다(GL F-IV 4.14.2, 2nd par, T 455/92).

5. 상세한 설명과 청구항이 일관성이 없는 경우

상세한 설명과 청구항의 기재가 일관되지 않아, 권리 보호 범위에 대해 의구심이 생기게 되면, Art. 84 EPC의 두 번째 문장에 규정하는 불명료 또는 지지되지 않음에 해당되거나, Art. 84 EPC의 첫 번째 문장에 규정하는 권리 보호 범위를 정의할 수 없음에 해당되어 거절될 수 있다(GL F-IV 4.3).

상세한 설명과 청구항이 일관성이 없는 경우는 아래 세 가지 유형으로 나누어 볼 수 있다.

1) 언어적 불일치가 발생한 경우

가령, 발명이 특정한 특징에 한정된다고 상세한 설명에 언급했지만 정작 청구항에서는 해당 특징이 포함되지 않은 경우가 대표적이다. 이 경우에는, 청구범위를 보다 한정하는 식으로 불일치를 해소할 수 있다(GL F-IV 4.3, i).

2) 필수구성요소에 대한 불일치가 발생하는 경우

가령, 당업자의 상식이나 상세한 설명의 내용에 근거할 때, 어떤 기술적 특징이 발명의 필수구성요소나 이 특징이 독립항에 포함되지 않은 경우가 이에 해당한다. 이 사유로 불명료 거절이 제기되는 경우, 필수적인 특징을 청구하게 추가하는 보정을 하거나, 아니면 추가적인 입증 자료를 활용해서 해당 특징이 실은 필수적인 요소가 아니라는 것을 설득력 있게 주장하여 청구항 보정없이 대응할 수 있겠다. 한편, 발명에 필수적이지 않은 특징을 독립항에 포함시키는 것은, 출원인의 선택의 문제인 것이므로, 불일치를 이유로 거절할 수 없다(GL F-IV 4.3, ii).

3) 상세한 설명의 일부가 청구항이 정의한 범위에 속하지 않는 경우

가령, 청구항들은 모두 반도체 소자를 활용하는 전자회로에 관한 발명을 정의하고 있는데, 상세한 설명 중 하나의 실시예가 진공관을 활용하는 전자회로를 개시하고 있는 경우가, 이에 해당한다. 이 경우, **청구항에 속하지 않는 상세한 설명 내용을 삭제**함으로써 불일치를 해소할 수 있고, **발명의 실시예에 속하지 않는다고 명시하거나 종래 기술 또는 발명을 이해하는 데 유용한 사례에 해당한다고 명시**함으로써, 해당 내용을 상세한 설명에서 삭제하지 않고도 불일치를 해소할 수 있다 (GL F−IV 4.3, iii).

이 세 번째 경우는, 실무적으로 빈번히 발생한다. 카테고리당 1개의 독립항 요건(Rule 43(2) EPC) 위반에 대응하여 청구항을 한정한 경우, 불완전 조사(incomplete search)에 해당하여(Rule 63(1) EPC) 선행자료를 조사할 기술주제를 한정한 경우 또는 발명의 단일성 위반으로 다수개의 발명 중 하나의 발명을 선행자료 조사할 기술주제로 한정한 경우, 이러한 한정에서 배제된 기술주제가 상세한 설명에 남게 된다(GL F−IV 4.3).

또 심사과정에서 보정한 결과, 허여 가능한 청구항은 여러 실시예 중 특정 실시예만 포함하게 된 경우가 일반적인 경우이다. 실무적으로 이를 해소하기 위해, 허여 가능한 청구항에 속하지 않는 실시예에는 "청구항에 정의된 발명에 속하지 않는 실시예(embodiment not belonging to the invention defined in the claims)"로 명시한다. 또는 "실시예(embodiment)"라는 표현 대신 "발명을 이해하는 데 도움이 되는 사례 (example helpful for understanding the invention)"라는 중립적 표현을 써서, 허여 가능한 발명의 실시예가 아님을 간접적으로 언급할 수도 있다. 간혹, 심사부가 청구항에 정의된 발명에 속하지 않는 실시예를 상세한 설명으로부터 삭제할 것을 요구하는 경우가 있는데, 삭제 대신에 위와 같은 방법을 적용할 수 있다.

3.13 심사단계에서 단일성 위반(Art. 82 EPC 규정 위반) 반박 및 추가 조사료 반환 요구 논리는?

조사단계에서는 발명의 단일성 위배에 대한 조사부의 판단이 합당한지 여부에 대해서 다툴 수 없으며, 심사단계에서만 다툴 수 있다. 따라서 단일성 위반에 대한 조사부의 판단이 틀렸다고 하더라도 우선은 추가 조사가 필요한 발명에 대한 추가 조사료를 납부하고, 심사단계에서 조사부의 단일성 판단이 틀렸음을 주장하면서 이미 납부된 추가 조사료 반환을 요구해야 한다.

한편, 단일성 위반에 대한 판단이 맞더라고 하더라도, 발명 간에 개념적으로 매우 유사하기 때문에 추가 조사에 부담이 없는 경우에, 조사부는 해당 발명들 모두에 대해 조사를 수행할 수 있다(GL B-VII 2.2). 이러한 심사 가이드라인의 규정에 근거하여, 단일성 위반에 해당하더라도, 이미 납부된 추가 조사료 반환을 요구할 수 있다.

추가 조사료는 한 개 발명당 1,460유로이다. 만일, 조사부가 4개의 독립된 발명이 포함되어 있다고 판단했고, 이 발명들 모두가 중요한 기술주제라고 판단하여 3개의 발명에 대한 추가 조사료를 납부한다면, 총 4,380유로를 납부해야 한다. 이는 출원인에게 엄청난 경제적 부담이 될 수 있다.

따라서 가장 바람직하게는 독립항이 과도하게 넓은 권리범위를 가지지 않도록 하면서 종속항 간에 일군의 발명들(a group of inventions)을 구성하도록 작성하여, 사후적 단일성 위반(posteriori-type 단일성 위반, 아래 설명)에 해당하지 않도록 청구항을 작성하는 것이 필요하다. 또한, 만일 이미 추가 조사료를 납부한 경우라면, 전부 또는 일부라도 반환받기 위해 설득력 있는 주장을 적극적으로 해야 한다.

1. 단일성 위반 주장 반박

Art. 82 EPC에 의하면, 특허출원은 하나의 발명 또는 단일한 진보성있는 개념(single general inventive concept)으로 연결된 일군의 발명에 관련되어야 한다고 규정하고 있다. Rule 44 EPC에서는 단일성 판단 기준을 좀 더 구체화하여, **발명들이 동일하거나 대응되는 특별한 기술적 특징**(same or corresponding special technical feature)**과 관련되어 있어야만 단일성을 만족**한다고 규정하고 있다. 여기서, **특별한 기술적 특징**(special technical feature)**이란 종래기술에 대비해 발명들을 신규성 및 진보성 측면에서 특허받을 수 있게 만드는 특징**을 의미한다.

따라서 단일성 판단에는 두 가지 판단 단계가 요구되는데, 첫 번째는 발명 간에 어떠한 기술주제가 공통적으로 포함되어 있는가에 대한 판단과 두 번째는 공통적인 기술주제가 종래기술 대비해 신규성과 진보성에 기여하는가를 판단하는 것이다(GL F−V 2).

청구항 세트에서 다수의 독립항이 있고, 이 독립항 간에 공통적인 기술주제가 없어서, 종래기술을 고려하지 않고도 단일성을 판단할 수 있는 경우가, 가장 일반적인 단일성 위반 사례이다. 이 경우, 종래기술을 고려하지 않고 판단했다고 하여, 사전적 단일성 위반(priori−type 단일성 위반)이라고도 말한다.

한편, 청구항 세트에 한 개의 독립항이 있고, 이 독립항에 포함된 특정한 기술주제에 의해서 서로 구별되는 특징을 가지는 다수의 종속항을 연결되어 있다고 가정하자. 이때, 종래기술을 고려한 결과, 독립항의 특정한 기술주제가 신규성과 진보성에 기여하지 못하는 기술주제라고 하면, 다수의 종속항들 간에 단일성 위반이 발생할 수 있다. 이 경우, 종래기술을 고려하고 판단했다고 하여, 사후적 단일성 위반(posteriori−type 단일성 위반)이라고도 말한다.

청구항 세트에 다수의 독립항이 있고, 이 독립항 간에 단일성 위반이 제기된 경우, 경우에 따라 독립항들이, ⅰ) GL F−IV 3.2에서 예로 제시하는 바와 같이 **Rule 43(2) EPC 규정의 예외**(청구항 카테고리당 1개의 독립항만 기재하는 규칙의 예외) **유형에 해당**하거나, ⅲ) GL F−IV 3.9에서 설명하는 바와 같이, **컴퓨터 구현발명**(computer−implemented invention)**의 경우 단일성을 인정하는 독립항들 유형에 해당**하면서, **독립항들이 단일한 진보성있는 개념**(single inventive concept)**과 관련**되었다는 주장할 수 있다.

사후적 단일성 위반이 제기된 경우, 독립항이 종래기술대비 신규성과 진보성을 가지고 있다고 주장할 수 있다. 이 주장을 심사부가 받아들이게 되면 단일성 위반은 철회된다. 경우에 따라 종속항들이 ⅰ) 서로 대체가능한 해결안들(alternative solutions or Markush group)에 대한 발명이라고 주장하거나(GL F−IV 3.2.5), ⅱ) 알려진 물질에 대한 서로 구별되는 의학적 용도에 대한 발명이라고 주장하거나(GL F−V 3.2.6), ⅲ) 최종산물(final product)과 중간재(intermediate product) 관계를 만족하는 발명이라고 주장할 수 있다(GL F-V 3.2.7).

조사부는 사후적 단일성 위반을 제기할 경우, 기술적 관련성을 고려하여 청구항을 몇 개의 그룹으로 나눈다. 일반적으로 나누어진 그룹의 수에 비례하여 추가 조사료가 증가한다. 청구항을 나눌 때, **특정한 문제를 해결하기 위한 기술적 특징을 기준으로 나누어야** 한다(GL F-V 3). 하지만 조사부는 너무 좁고 세부적인 기준(가령, 발명의 적용되는 구조적 위치, 시점이나 청구항에 기술된 용어 등)을 적용하여 발명의 그룹 수를 많게 판단하는 경우가 많다. 따라서 경우에 따라, 조사부의 **청구항 발명의 분류가 잘못되었음을 지적하여, 나누어진 그룹 수를 줄이는 주장**을 해야 한다.

2. 추가 조사료 반환 주장

단일성 위반에 해당하더라도, 첫 번째로 정의된 발명에 대해서만 조사를 진행하여 부분 유럽조사보고서(Partial European search report)를 발행한 후 출원인에게 추가 조사를 원하면 추가 조사료 납부를 요구할지, 아니면 전체 발명에 대해서 조사를 진행하여 완전한 유럽조사보고서를 발행할지는, 전적으로 조사부의 재량사항이다. 그리고 이 재량을 행사하는 데 있어서 기준이 되는 것은, 단일성을 위배하는 **발명들이 개념적으로 매우 유사하여 추가 조사를 수행하는 데 적은 노력이 드는가** 여부이다. 즉, **추가 조사를 위한 업무량이 추가 조사비를 요구할 정도로 상당한가를 판단 기준**으로 한다(GL B-VII 2.2).

이를 바탕으로 출원인 입장에서 추가 조사료 반환 주장을 하려면, ⅰ) 조사부가 나눈 청구항 발명들의 전부 또는 일부가 동일한 기술적 특징을 해결하고 있으므로, 그것들을 별개의 발명으로 나눈 것은 심사지침서(GL F-V 4) 규정에 위반된다는 주장 및/또는 ⅱ) 설명 별개의 발명으로 나누었다고 하더라도, 발명 간에 서로 개념적으로 매우 유사하고, 추가 조사에 큰 노력이 드는 것이 아니므로 추가 조사비를 요구하는 것은 정당하지 않다는 논리를 펴야 한다.

이때, 추가 조사에 큰 노력이 들지 않는다는 근거로 활용할 수 있는 사실은,
ⅰ) 추가 조사를 통해 확인된 선행자료가 이미 부분 유럽조사보고서나 모출원의 유럽조사보고서상에서 이미 인지하고 있었던 선행자료이거나,

ⅱ) 추가 조사를 통해 확인된 선행자료와 부분 조사를 통해 확인된 선행자료들이 동일한 기술분류에 해당하여 해당 기술분류 및 특정 키워드를 활용하면 동시에 검색될 수 있거나, 또는

ⅲ) 추가 조사를 통해 확인된 선행자료가 다른 국가에 출원한 패밀리 출원의 심사과정에서 여러 번 인용된 선행자료인 경우이다.

3.14 Two-part form 작성방법은?

유럽실무의 특징 중에 하나가, 적절한 경우 독립항을 Two-part form으로 작성해야 한다는 것이다. Rule 43(1)(a) 및 (b) EPC 규정이 Two-part form을 정의하고 있다. 이에 따르면, 청구항은 **종래기술을 구성하는 발명의 특징들을 기술하는 전제부**(preamble)와 **전제부의 특징들과 결합하여 발명의 보호범위를 결정하는 특징들을 기술하는 특징부**(characterizing portion)를 포함해야 한다. 여기서 특징부는 "characterized in that" 또는 "characterized by"로 시작한다.

Two-part form에서 사용되는 "Preamble"이라는 용어는, 종래기술을 구성하는 발명의 특징들 전체를 지칭하나, 미국실무에서 "Preamble"은 청구항의 종류(가령, 방법, 장치, 시스템 또는 조성물 등)을 정의하는 청구항의 도입부를 지칭한다. 즉, **"Preamble"이라는 용어의 쓰임에 유럽실무와 미국실무의 차이**가 있다.

Rule 43(1) EPC에 따르면 언제나 Two-part form으로 청구항을 작성해야 되는 것은 아니고 적절한 경우("where appropriate")에 Two-part form으로 작성할 것을 요구하고 있다. 따라서 심사관이 Two-part form으로 청구항을 작성하라고 요구하더라도, 만일 **Two-part form으로 바꾸었을 때, 발명 또는 종래기술의 내용을 왜곡하거나**(distorted) **잘못 이해하도록**(misleading) **만들 가능성이 있으면, Two-part form이 부적절**함을 주장해야 한다(GL F-Ⅳ 2.3, 1st par. 및 2.3.2).

예를 들어, 발명의 속성이 ⅰ) 진보성이 알려진 개별 요소들의 조합 그 자체가 있는 경우, ⅱ) 익히 알려진 화학공정의 수정인 경우, ⅲ) 기능적으로 상호 연관된 부품들로 이루어진 복잡한 시스템에서, 진보성이 일부 부품들의 변경이나 그 부품의 상호관련성을 변경하는 경우, ⅳ) 발명이 새로운 화학조성물인 경우에 Two

—part form이 부적절하다(GL F−IV 2.3, 2nd par.).

실무적으로 빈번히 발생하는 Two−part form이 부적절한 경우는, ⅰ) 최근접 선행자료 대비 차별적 특징이 비차별적 특징과 구조적으로 상호연결되어 있거나, ⅱ) 차별적 특징들이 연속적인 제어단계들과 관련되어, 인위적으로 차별적 특징을 따로 분리할 경우 청구항 구조를 복잡하게 만들어서 발명을 잘못 이해하도록 만들 가능성이 있는 경우이다.

한편, 관련 선행자료가 Art. 54(3) EPC에 속하는 선행자료(진보성 판단에 고려되지 않고 신규성 판단에만 고려되는 선행자료)만 있는 경우 Two−part form을 적용하지 않아도 된다(GL F−IV 2.3.1).

실무적으로 **전제부에는 심사과정에서 인용된 최근접 선행자료가 개시하는 특징들을 기재하고, 특징부에서는 최근접 선행자료가 개시하지 않는 특징을 기재**한다. 따라서 출원 시점부터 청구항을 Two−part form으로 작성하지 않고, 심사과정에서 언급된 최근접 선행자료를 확인한 후 Two−part form으로 작성하는 것이 일반적이다.

▣ Two−part form 구성

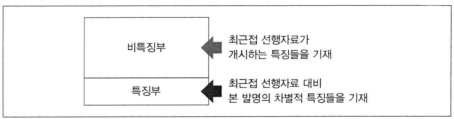

어떤 특징이 Two−part form의 전제부에 포함되어 있다고 해서 해당 특징이 인용된 선행자료에 개시되어 있다는 것을 스스로 인정한다고 해석할 법적 근거는 없다. 하지만 최근접 선행자료가 개시하는 내용을 전제부에 기재하는 실무적 관행을 고려할 때 Two−part form을 신중하게 사용하고 가능하면 피하는 쪽이 바람직하겠다.

4.1 특허허여의사 통지(notice of intention to grant, Rule 71(3) EPC 에 근거한 통지)에 대해서는 어떻게 대응해야 하나?

4.2 개별국 유효화를 위한 필요한 서류, 관납료 및 제출/납부 기한은?

4.3 유럽특허청 및 EP특허가 유효한 개별국가에 납부해야 하는 연차료 는 한국 및 미국특허청에 납부하는 연차료와 어떤 차이가 있는가?

4.4 분할출원이 가능한 시기는 언제인가?

등록 및 개별국 유효화 단계

4.1 특허허여의사 통지(notice of intention to grant, Rule 71(3) EPC에 근거한 통지)에 대해서는 어떻게 대응해야 하나?

심사부에서 특허허여를 위한 실체적 및 형식적 요구조건을 심사한 결과, 특허허여 의사가 있을 경우 Rule 71(3) EPC 규정에 근거한 통지를 한다. 심사부는 이 통지와 함께, 허여할 의사가 있는 명세서 텍스트와 서지정보도 제공한다(Rule 73(3) EPC). 이 Rule 71(3) EPC 규정에 의한 통지는 미국실무의 Notice of allowance (NOA)에 대응된다.

1. 특허허여 대상이 되는 명세서를 확인

특허허여의사 통지를 하면서, **심사부는 명세서에 출원인이 동의할 것이라고 합리적으로 예상되는 명세서의 보정 및 정정을 직권**으로 할 수 있다. 경우에 따라 출원인이 심사부가 제안한 보정에 대한 동의할지 의문이 들 경우, 심사부는 출원인에게 전화로 접촉하여 사전에 설명하거나 별도의 통지를 할 수 있다.

대부분의 경우 심사부는 특허법 및 규칙에서 규정한 형식적 요건을 만족시키기 위한 보정을 한다. 이 형식적 요건에는, 독립항을 Two-part form으로 구성하는 것, 상세한 설명의 요약부에 인용문헌을 언급하는 것, 명세서 내 발명의 요약부가 허여할 청구항과 내용의 일관성을 가지도록 변경하는 것, 허여할 청구항의 문구를 상세한 설명에 기재된 문구와 동일하도록 조정하는 것, 청구항 내 누락된 참조번호를 추가하는 것 등을 포함한다. 경우에 따라서는, 가장 최근에 보정한 청구항에는 포함되지 않은 특징이지만, 심사부가 판단하기에 특허성을 인정할 수 있다고 판단한 특징을 자진하여 추가하는 보정을 하기도 한다.

여러 보정 사유 중에서 Two-part 형태로 만드는 보정과 청구항의 기술주제를 명확히 하는 보정이 이루어진 경우, 보다 꼼꼼히 보정된 내용을 살펴볼 필요가 있다.

실무적으로 Two−part 형태의 전제부에는 최근접 선행자료에서 개시되는 특징들을 배치하고 특징부에는 본 발명의 나머지 특징들을 배치한다. 어떤 특징이 Two−part form의 전제부에 포함되어 있다고 해서 해당 특징이 인용된 선행자료에 개시되어 있다는 것을 스스로 인정한다고 해석할 법적 근거는 없다. 하지만 Two−part form 작성의 실무를 감안할 때, 특허를 공격하는 입장에서는 이러한 주장을 펼칠 수 있다. 따라서 향후 이의신청절차나 특허소송에서 상대방에게 이러한 주장의 빌미를 주지 않기 위해서 전제부에 포함된 특징들을 꼼꼼히 살펴볼 필요가 있다.

한편, 청구항의 기술주제를 명확히 하는 보정을 하면서 심사부는 상세한 설명에서 사용하지 않은 문구를 청구항에 추가하는 경우가 있다. 물론, 추가된 문구에 해당하는 기술주제가, 출원명세서 전반의 개시내용과 당업자의 기술적 상식에 비추어 내재적으로 개시되었거나, 직접적으로 그리고 명확하게 도출가능한(directly and unambiguously derivable) 내용이라면, 해당 보정이 Art. 123(2) EPC 규정에 부합한 보정(최초출원명세서의 개시범위를 벗어나지 않는 보정)이 된다.

하지만 내재적으로 개시되었다는 판단과 직접적으로 그리고 명확하게 도출가능하다는 판단은 당업자 기술적 상식을 고려한 판단이기 때문에 주관적일 수 있다. 따라서 명확하게 Art. 123(2) EPC 규정에 부합하는 보정이 될 수 있도록, 상세한 설명에 개시된 문구를 활용하여 심사부가 제시한 보정에 대한 대체안을 제시하거나, 심사부가 제시한 보정이 없어도 청구항의 기술주제가 명확하다는 주장을 하는 것이 바람직하다.

■ Rule 71(3) EPC 규정에 따른 특허허여의사 통지

Europäisches Patentamt	European Patent Office
European Patent Office	80298 MUNICH
Office européen des brevets	GERMANY
	Tel: +49 89 2399 0
	Fax: +49 89 2399 4465

Vossius & Partner
Patentanwälte Rechtsanwälte mbB
Siebertstrasse 3
81675 München
ALLEMAGNE

Formalities Officer
Name: Klein-Napora, P
Tel: +49 89 2399 - 8776
or call
+31 (0)70 340 45 00

Application No.	Ref. AA3044 EP	Date 04.02.2019
Applicant		

Communication under Rule 71(3) EPC

1. **Intention to grant**

   You are informed that the examining division intends to grant a European patent on the basis of the above application, with the text and drawings and the related bibliographic data as indicated below.

   A copy of the relevant documents is enclosed.

1.1 **In the text for the Contracting States:**
   AL AT BE BG CH CY CZ DE DK EE ES FI FR GB GR HR HU IE IS IT LI LT LU LV MC MK MT NL NO PL PT RO RS SE SI SK SM TR

   Description, Pages
   1-26   as originally filed

   Claims, Numbers
   1-15   as originally filed

   Drawings, Sheets
   1/11-11/11   as originally filed

   With the following amendments to the above-mentioned documents proposed by the division
   Description, Pages   2

   Comments
   DESCRIPTION
   Page 2: Mention of relevant prior art in the description (Rule 42(1) EPC)

Registered letter
EPO Form 2004C 12.17CXP

2. 특허허여 대상이 되는 명세서에 동의할 경우, 등록료 납부 및 청구항 번역문 제출

특허허여의사 통지에 대한 답변기한은 4개월이다. 따라서 **심사부가 보낸 허여할 의사가 있는 명세서 텍스트와 서지정보를 확인한 결과 이를 받아들일 수 있는 경우라면, 4개월 내에 등록료**(fee for grant and publishing, 930유로)**와 다른 2개의 EPO공식언어로 된 청구항 번역문을 제출한다**(Rule 71(5) EPC). 한국 출원인들의 경우 일반적으로 영어로 유럽출원을 하므로, 이때는 독일어와 프랑스어로 된 청구항 번역문을 제출해야 한다.

또한, 허여할 의사가 있는 청구항들이 15개가 넘은 청구항이 있고 이에 대한 추가 청구항료를 내지 않았다면, 이 4개월의 기한 내에 추가 청구료도 납부해야 한다(Rule 73(5) EPC).

출원인이 특허허여 의사가 있는 명세서의 보정 내용에 동의할 경우, 이 기한 내에 등록료를 납부하고 청구항 번역문을 제출한다. 기한 내 등록료 납부와 번역문 제출이 이루어지면 심사부는 출원인이 해당 명세서 기재 내용에 동의한 것으로 간주한다.

4개월의 기한 내에 등록료 납부와 번역문 제출을 하지 않거나, 제시된 텍스트에 대한 보정서와 답변서가 제출되지 않았다면, 해당 출원은 취하된 것으로 간주된다(Rule 71(7) EPC). 만일, 이 기한이 경과한 경우, 절차속행(Further processing)을 통하여 치유할 수 있다(Art. 121 및 Rule 135 EPC). 절차속행에 대해서는 '기한을 지키지 못한 경우 해결방법은?' 부분에서 자세히 설명하고 있다.

절차속행을 위한 관납료(절차속행료)는 기한의 지키지 못한 행위의 성격에 따라 금액이 달라진다. 즉, 관납료 납부의 기한을 지키지 못한 경우, 절차속행료는 납부하지 못한 관납료의 50%에 해당하고, 규정한 행위를 기한 내에 하지 못한 경우, 행위당 고정금액(290유로)을 납부해야 한다(Art. 2(1) Item 12 RFees).

Europäisches
Patentamt
European
Patent Office
Office européen
des brevets

European Patent Office
80298 MUNICH
GERMANY

Questions about this communication ?
Contact Customer Services at www.epo.org/contact

Vossius & Partner
Patentanwälte Rechtsanwälte mbB
Siebertstrasse 3
81675 München
ALLEMAGNE

Date	
	27.06.19

Reference	Application No./Patent No.
AA3044 EP	
Applicant/Proprietor	

Decision to grant a European patent pursuant to Article 97(1) EPC

Following examination of European patent application No. 17207098.9 a European patent with the title
and the supporting documents indicated in the communication pursuant to Rule 71(3) EPC (EPO Form
2004C) or in the information (EPO Form 2004W, cf. Notice from the EPO dated 8 June 2015, OJ EPO
2015, A52) dated 04.02.19 is hereby granted in respect of the designated Contracting States.

Patent No.   :
Date of filing   :
Priority claimed   :

Designated Contracting States
and Proprietor(s)   : AL AT BE BG CH CY CZ DE DK EE ES FI FR GB GR HR HU IE IS IT LI
                                        LT LU LV MC MK MT NL NO PL PT RO RS SE SI SK SM TR

This decision will take effect on the date on which the European Patent Bulletin mentions the grant
(Art. 97(3) EPC).

The mention of the grant will be published in European Patent Bulletin 19/30 of 24.07.19.

Examining Division

Garcia, Jesus   Garcia Congosto, Mar   Barzic, Florent

Registered letter   to EPO postal service: 21.06.19
EPO Form 2006A 07.15   (20/06/19)   page 1 of 1

3. 특허허여 대상이 되는 명세서에 동의하지 못할 경우, 보정된 명세서 제출

심사부의 직권 보정 내용에 출원인이 동의하지 못할 경우, 출원인은 4개월의 기한 내에 심사부의 보정을 되돌리거나 다른 보정을 제안하는 보정 명세서를 제출할 수 있다(Rule 71(6) EPC). 이때는 4개월의 기한 내에 등록료 납부 및 번역문 제출이 요구되지 않는다(GL C-V 4.1).

만일, 심사부가 제출된 보정 명세서에 동의하지 않을 경우, 심사절차는 재개된다. 제출된 보정 명세서에 심사부가 동의할 경우 심사부는 Rule 71(3) EPC 규정에 따른 두 번째 특허허여의사 통지를 한다(GL C-V 4.6). 두 번째 특허허여의사 통지를 하면서 심사부는 첫 번째 특허허여의사 통지와 마찬가지로 명세서에 직권으로 보정 또는 정정을 할 수 있다(GL C-V 4.6.3). 출원인은 두 번째 특허허여의사 통지와 함께 전달된 허여대상 명세서의 내용에 동의하면, 위에서 설명한 바와 같이, 등록료 납부 및 번역문 제출을 하면 된다.

등록료 납부, 청구항료 납부(필요 시) 및 번역문 제출이 기한 내에 이루어진 경우, 심사부는 Art. 97(1) EPC 규정에 따른 특허허여결정(decision to grant)을 통지한다. 특허허여결정 통지서에는 해당 특허허여여부가 유럽특허공보에 게시되는 날짜를 명시하며, 이 날짜가 해당 특허허여결정이 발효되는 날이다.

4.2 개별국 유효화를 위한 필요한 서류, 관납료 및 제출/납부 기한은?

등록된 유럽특허를 개별국가에 유효화시키기 위한 필요한 서류, 관납료 및 제출/납부 기한은 각 개별국가의 특허법에서 따로 정하고 있다. 국가별로 차이가 있지만, 대부분 국가에서 **유럽특허공보에 특허허여가 공개**(등록공고)**된 후 3개월 이내에 유효화 마감일**을 정하고 있고, 이 기간 내에 **번역문 제출**을 하고 경우에 따라 위임장 제출, 필요한 수수료 및 연차료를 납부해야 한다.

나라마다 차이가 있는 복잡한 유효화 절차를 한국출원인 또는 한국대리인이 고민할 필요는 없다. 출원을 담당했던 유럽대리인이 책임을 지고 유효화 절차를 관리하기 때문이다. 다만, 어느 나라에서 유효화시킬 것인가 여부에 따라 출원인이 부담해야 할 번역비용이 크게 달라질 수 있으므로 유효화 국가 선정 시 이를 감안할 필요가 있다.

1. 번역문

번역문의 경우는 런던협약(London agreement) 가입여부 및 가입내용에 따라, 추가 번역문 제출이 필요하지 않거나, 특정 언어로 번역된 청구항만 제출하거나, 특정 언어로 번역된 명세서 전체를 제출해야 된다.

런던협약 가입국가 중에서 벨기에, **프랑스, 독일**, 아일랜드, 리히텐슈타인, 룩셈부르크, 모나코, 스위스, **영국**은 공식언어가 유럽특허청 공식언어와 일치하는 국가로 **추가 번역문 제출을 요구하지 않는다.**

런던협약 가입국가 중에서 공식언어가 유럽특허청 공식언어와 일치하지 않는 나라로 알바니아, 크로아티아, 덴마크, 핀란드, 북마케도니아, 헝가리, 아이슬란드, 라트비아, 리투아니아, 네덜란드, 노르웨이, 스웨덴, 슬로베니아가 있다. 이 나라 중 알바니아, 크로아티아, 덴마크, 핀란드, 헝가리, 아이슬란드, 네덜란드, 노르웨이, 스웨덴은 **명세서가 영어로 작성되어 있거나 영어로 번역되어 있으면 그 나라 공식언어로 번역된 청구항만 제출**하면 된다. 한편, 북마케도니아, 라트비아, 리투아니아 및 슬로베니아는 **명세서가 어느 언어로 작성되어 있는지 여부와 상관없이 그 나라 공식언어로 번역된 청구항만 제출**하면 된다.

런던협약 가입국가가 아닌 **오스트리아, 이탈리아나 스페인은 그 나라 공식언어로 번역된 명세서 전체를 제출**해야 한다.

유럽특허청에서는 유럽특허조약 관련된 개별국가의 규정을 한꺼번에 묶어서 쉽게 찾아볼 수 있도록 "National law relating to the EPC"라는 자료를 제공하고 있다. 이 자료의 Chapter V.를 보면 각 국가별로 제출해야 할 번역문 종류를 확인할 수 있다.

2. 위임장

대부분의 국가는 유효화를 위해 해당 국가 내 전문대리인을 선임할 것을 요구하지 않는다. 하지만 일부 국가는 해당 국가의 특허청을 대상으로 대리업무를 수행할 수 있는 전문대리인을 선임할 것을 요구한다. 이 경우, 전문대리인 선임을 위한 위임장을 준비해야 하는 경우가 있다.

3. 수수료

대부분의 국가는 해당 국가 특허청이 유효화 절차를 진행하기 위한 소정의 수수료 납부를 요구한다. 가령, 오스트리아의 경우는 186유로 기본요금에 번역 명세서가 15페이지를 넘으면 15페이지당 135유로를 내야 한다. 한편, 이탈리아는 온라인으로 번역문 제출 시에는 수수료가 없으나 서면제출 시에는 40유로의 수수료를 내야 한다. 국가별 수수료 규정은 "National law relating to the EPC"의 Chapter V.에서 확인할 수 있다.

4. 연차료

유럽특허청뿐만 아니라 대부분의 유럽국가 특허청은 출원일을 기준으로 연차료를 계산한다. **심사과정 동안에는 유럽특허청에서 규정한 연차료를 납부**하고, **등록특허의 개별국 유효화부터는 해당 특허가 유효한 나라의 특허청에 연차료를 납부**한다. 예를 들어, 유럽출원 후 4년 3개월 경과하여 등록되었고, 독일, 영국 및 프랑스에 유효화를 진행한 경우에는, 4년차까지 유럽특허청에 연차료를 납부하고, 5년차부터는 독일, 영국 및 프랑스 특허청에 개별국가에서 규정한 연차료를 납부한다.

다음 표는 유럽특허청 및 독일/프랑스/영국 특허청에서 규정한 연차료를 비교하여 보여준다. 따라서 위 사례에서는 유럽특허청에 4년차료인 660유로까지 납부하고, 독일/프랑스/영국 특허청에는 5년차료에 해당하는 100/38/82유로를 각각 납부하게 된다. 유럽특허청의 5년차 연차료가 925유로이다. 이는 독일/프랑스/영국의 5년차 연차료의 합계인 220유로의 약 4.2배이다. 이러한 이유로 유럽특허청의 심사기간을 단축시키는 것이 특허관리 비용을 줄이는 데 중요한 요소이다.

■ 개별국 유효화 이후 연차료 납부 사례

For the nth year	EPO	DE	FR	UK
3th	530	70	38	–
4th	660	70	38	–
5th	925	100	38	82
6th	1180	150	76	105
7th	1305	210	96	129
8th	1440	280	136	152
9th	1570	350	180	176
10th	1775	430	220	199

단위: EUR

4.3 **유럽특허청 및 EP특허가 유효한 개별국가에 납부해야 하는 연차료는 한국 및 미국특허청에 납부하는 연차료와 어떤 차이가 있는가?**

한국 및 미국 특허청에 납부하는 연차료는 특허등록 후 납부하는 연차료로 등록연차료 또는 등록유지료(maintenance fee)라고도 부른다. 이 등록유지료는 등록일 기준으로 납부해야 할 연차를 계산한다. 이와 대조적으로, 유럽특허청 및 EPC 체약국에 납부해야 하는 연차료는 특허출원 후 소정 기간이 경과하면 납부해야 하는 것으로, 출원일 기준으로 연차를 계산한다.

한국우선권을 주장하는 유럽출원의 경우 EP 출원일을 기준으로, Euro-PCT출원의 경우 PCT출원일을 기준으로 연차를 계산한다.

앞서 설명한 바와 같이, 유럽특허청에서 심사기간 동안에는 유럽특허청이 규정한 연차료를 유럽특허청에 납부해야 하고, 등록된 후 개별국에 유효화된 시점부터는 각 개별국 특허청이 규정한 연차료를 각 개별국 특허청에 납부해야 한다.

4.4 **분할출원이 가능한 시기는 언제인가?**

모출원이 계류(pending) 중인 상태에서 모출원에 개시된 발명 내용 중 모출원의 청구항에서 권리화되지 않은 발명을 권리화하려고 할 때 분할출원을 할 수 있다.

실무적으로는, 두 가지 경우에 분할출원을 활용한다. 첫 번째는, 모출원이 발명의 단일성 위반으로 일부 발명만 선택되어 심사 진행되었을 때, 선택되지 않은 다른 발명을 권리화하고자 할 경우다. 두 번째는, 모출원이 출원된 이후에 모출원에 개시된 발명의 일부를 적용한 경쟁사 제품이 확인되어 해당 경쟁사 제품을 공격할 수 있는 특허를 만들고자 할 경우이다.

분할출원은 모출원이 유럽특허청 절차에서 계류 중일 때만, 해당 모출원을 기초로 해서 분할출원이 가능하다(Rule 36(1) EPC). 다만, 분할출원의 기초가 되는 **모출원이 Euro-PCT**(PCT출원이 유럽단계 진입한) **출원인 경우 유럽단계에 진입한 이후에 가능**하다(GL E-IX 2.4.1).

하나의 유럽특허 출원이 하나 이상의 분할출원의 모출원이 될 수 있고, 분할출원 자체도 다른 분할출원의 모출원이 될 수 있다(GL A-IV 1.1).

분할출원 가능 시기와 관련하여, 어떤 상태를 계류상태라고 하는지가 중요하다. 특허출원에 대한 거절이유가 모두 해소되어, 특허허여 의사통지가 있은 후, 등록료 납부 및 번역문 제출이 완료된 이후에, **유럽특허공보**(European Patent Bulletin)**에 특허허여가 공개하는 날 이전까지가** 계류상태이다(OJ EPO 2002, 112; GL A-IV 1.1.1, 2nd par.). 이 공개 날에 대해서는 Rule 134 EPC 규정(마감일이 특허청의 3개 출원 사무소가 열지 않는 날의 경우, 해당 마감일을 다음 근무 날까지 자동 연장하는 규정)은 적용되지 않는다(GL A-IV 1.1.1, 2nd par.).

실무적으로는, Rule 71(3) EPC에 따른 특허허여의사 통지를 받고 등록료 및 번역료 제출이 완료된 후 대략 2~3주 후에 Art. 97(1) EPC에 따른 특허허여결정 통지가 오는데, 이 통지서 내에 특허허여여부가 유럽특허공보에 게시되는 날짜를 명시한다. 이 날짜는 특허허여결정 통지를 받은 후 대략 4주 후로 정해진다. 따라서 등록료 및 번역료 제출이 완료된 후 대략 6주 후에 유럽특허공보에 특허허여가 공개될 가능성이 높으므로, **분할출원을 해야 할 경우에는 늦어도 등록료 납부 및 번역료 제출이 완료된 후 한 달 내로 분할출원을 완료하는 것이 바람직**하다.

모출원이 최종적으로 **거절되었거나, 취하되었거나, 취하 간주된 경우는 계류상태가 아니므로 분할출원을 할 수 없다.** 가령, 어떤 특허출원에 대해서 기한을 준수하지 않아서(가령, 정해진 기한까지 출원료를 납부하지 않았거나, 연차료를 납부하지 않았거나, 등록료나 청구항료를 납부하지 않았거나, 제때에 번역문을 제출하지 않아서) 특허출원이 취하 간주되면, 해당 기한이 만료된 시점부터 계류상태가 아니다(GL A−IV 1.1.1, 3rd par.).

연차료가 만기일까지 지불되지 않은 경우, **6개월의 추가납부 기간의 마지막 날까지는 특허출원이 계류상태**이다. 이 6개월의 기간 동안에는 비록 연차료가 납부되지 않았더라고 해당 특허출원을 기초로 분할출원이 가능하다(GL A−IV 1.1.1, 4th par.).

특허출원이 취하 간주되면, Rule 112(1) EPC 규정에 따른 권리상실이 치유된 이후에 분할출원을 유효하게 출원할 수 있다. 지켜지지 못한 기한의 종류에 따라, Art. 121(1) 및 Rule 135(1) EPC에 따른 절차속행(Further processing)을 신청하거나 Art. 122 및 Rule 136(1) EPC에 따른 권리회복(Re−establishment of rights)을 신청하여, 상기 권리상실을 치유할 수 있다(GL A−IV 1.1.1, 5th and 6th par.).

권리상실 통지(notice of loss of rights) 내용에 있어서 특허청이 잘못 판단한 사실이 있는 경우, 출원인은 심판을 제기하기 위해, 해당 권리상실에 대한 결정을 요청할 수 있다. 이때, 특허청이 잘못 판단했다는 사실을 받아들이는 경우 또는 출원인에 불리한 결정이 나왔지만 심판에서 결정이 뒤집혀지는 경우, 상기 권리상실은 원래부터 발생하지 않았으며 특허출원은 처음부터 지속해서 계류상태였던 것으로 간주된다(GL A−IV 1.1.1, 6th par.).

특허출원이 거절되었고 아직 **심판이 제기되지 않았으면, 심판청구서(notice of appeal)를 제출할 수 있는 기한**(거절결정 통지 후 2개월)**이 만료될 때까지 해당 특허출원은 여전히 계류상태**이다(G 1/09). 심판 제기 후 심판청구서가 유효하게 제출되었지만 심판이유를 제시하는 진술서(심판이유서)를 제출하지 않은 경우, 해당 거절된 특허출원은 심판이유서 제출기한(거절결정 통지 후 4개월)까지 계류상태이다(J 23/13). 심판이유서가 제때에 제출되면, 심판절차가 종료될 때까지 거절결정은 효력이 없다. 따라서 심판절차 진행 중에 분할출원이 가능하다(GL A−IV 1.1.1, 7th par.).

모출원을 취하하는 경우에는, 분할출원은 취하 신청서(declaration of withdrawal)가 특허청에 접수된 날까지(포함해서) 출원 가능하다(GL A-IV 1.1.1, 8th par.).

권한이 없는 자에 의한 특허출원에 대해, 제3자가 정당한 권리자를 결정해달라는 소송을 제기한 이후에 해당 특허출원의 절차 유예(stay of proceedings)를 신청한 경우, 절차 유예된 특허출원을 기초로 분할출원을 할 수 없다(GL A-IV 1.1.1, 9th par.).

모출원이 계류상태라는 것은 절차적인 마감일이나 기한이 아니라, 분할출원을 제출하기 위한 조건이다. 따라서 분할출원한 시점을 놓친 것에 대해서, 기한을 준수하지 않았을 때 발생하는 권리상실을 치유하는 방법으로 사용되는 절차속행이나 권리회복 절차를 활용할 수 없다(GL A-IV 1.1.1, 10th par.).

4.5 소송을 준비하고 있는 특허의 권리범위를 소송 제기 전에 좁히고 싶을 때 어떻게 하나?

한정절차(limitation proceedings)를 활용하여 자발적인 특허권리범위 축소가 가능하다. 유럽특허청의 한정절차를 통해서 유럽특허의 권리범위가 축소되면, 이 효과는 해당 유럽특허가 유효한 모든 개별국에 미친다. 즉, 유럽특허청의 한정절차는 중앙집중식 절차이다.

여기서 '한정(Limitation)'이라 함은 청구항의 보호범위를 축소한다는 것을 의미한다. 따라서 불명확한 청구항을 보다 명확하게 다듬거나 다른 기술주제를 보호하기 위한 변경은 '한정'에 해당하지 않으므로 한정절차에서 받아들여지지 않는다(GL D-X 4.3).

한정절차는 이의신청과 달리 청구 기간에 제한이 없지만, 해당 특허에 대한 이의신청절차가 계류 중인 동안에는 청구할 수 없다(Art. 105a(2) 및 Rule 93(1) EPC).

한정절차 청구 시 ⅰ) 청구하는 특허권자를 기재하고, ⅱ) 대상이 되는 특허번호와 해당 특허가 유효한 지정국들을 기재하고, ⅲ) 대리인 정보를 기재하고, ⅳ) 한정절차료를 납부하고, ⅴ) 보정 청구항을 제출하고, ⅵ) 청구인이 특허권자인

지정국을 기재하고, vii) 청구인이 특허권자가 아닌 지정국들에 대해서는, 해당 지정국에서는 특허권자의 이름과 주소 및 청구인이 청구 자격이 있음을 입증하는 자료를 제출해야 한다(Rule 92(2) EPC).

한정절차에서 제출하는 청구항 세트는 주청구(Main request) 및 적어도 하나의 보조청구(Auxiliary request)로 구성할 수 있다(GL H–III 3).

한정절차에 대한 실체심사는 심사부에서 수행한다. 심사부는 보정한 청구항이 등록 청구항보다 권리범위가 좁은지, Art. 123(2) EPC 규정에 따라 최초출원명세서에 지지되는지, Art. 84 EPC 규정에 따라 청구항 발명이 명료하게 정의되어 있는지 여부만을 심사한다. 신규성/진보성 등 Art. 52부터 57 EPC에 따른 규정에 부합한지는 심사하지 않는다. 청구 시 또는 청구 후 단계에서, 청구인은 한정절차 청구가 왜 허여되어야 하는지 그 이유를 진술할 수 있다.

한정절차 청구가 허여되면, 심사부는 통지문을 보내 3개월의 기한 내에 공개료(Fee for publishing) 납부 및 보정된 청구항의 번역문 제출토록 안내한다(Rule 95(3) EPC). 이 기한이 준수되지 않으면 2개월의 추가 기간이 주어진다(Rule 82(3) EPC).

특허 한정에 대한 결정이 되면, 해당 결정에 대한 언급이 유럽특허공보(European Patent Bulletin)에 게시 후 가능한 빠른 시점에 보정된 명세서를 공개한다(Art. 68 EPC). 특허 한정은 소급적 효과를 가진다.

만일, 특정 지정국에서만 청구항을 한정하고 싶은 경우에는, 지정국에 따라 다른 청구항들을 제출할 수 있다(GL D–X, 10). 심사부는 서로 다른 청구항들을 동시에 처리하며 허여 결정도 동시에 내린다.

4.6 단일특허(Unitary Patent)는 기존의 유럽특허와 무엇이 다르고 어떻게 받을 수 있나?

1. UP의 특징

단일특허(Unitary Patent, 이하 간단히 "UP")와 통합특허법원(Unified Patent Court, 이하 간단히 "UPC") 시스템이 2023년 3월 1일 시행 도입기(Sunrise period)가 시작되어,

2023년 6월 1일 본격적으로 시작했다.

기존 유럽특허의 경우, 특허등록이 되면 원하는 개별국가에 권리를 유효화 (validation)시켜야 해당 국가에 유효한 특허권을 갖는다. 즉, 기존의 유럽특허는 각 개별국 특허의 "묶음(bundle)" 형태의 성격을 가진다. 한편, UP는 개별국에 별도의 유효화 절차 없이 UPC 시스템에 참여하고 있는 국가들(이하 간단히 "참여국")에 유효한 특허권을 갖는다. 이를 간단히 도식화하면 다음과 같다.

전략적인 특허권의 활용 및 비용을 고려하여, 특허등록 후 기존의 묶음형태의 유럽특허로 할지 아니면 UP로 할지 선택할 수 있다.

◾ UP, 기존 EP특허, 개별국 특허를 비교

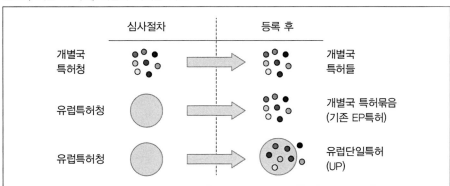

UPC 시스템에 참여국가는 유럽연합(EU) 국가이면서 통합특허법원조약(UPCA, The Agreement on a Unified Patent Court)을 비준한 국가로 현재 17개 국가로 구성되어 있다. 영국은 EU국가가 아니므로 여기에 포함되지 않고, 의회 비준을 아직 하지 않은 스페인도 참여국에 포함되지 않는다. 참여국을 유럽지도상에 표시하면 다음 그림의 옅은 회색으로 표시된 영역이다.

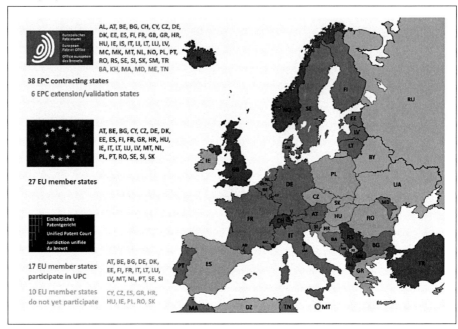

UP의 대표적인 특징으로는 **단일하면서 지역적으로 넓은 특허권을 확보**할 수 있다는 점이다. 단일한 특허권이라는 의미는, UP가 부여하는 권리의 범위 내지 한정이 참여국 모두에 동일하게 적용된다는 것이다.

관할배제(Opt-out)를 신청한 기존의 EP특허는 권리행사를 위해서 각 개별국에 소송을 따로따로 진행해야 한다. 반면, UP에 대한 특허소송은 UPC가 관할을 하고, UPC의 판결은 참여국 전체에 기속력을 가지므로 UPC를 통한 단일 소송으로 권리행사가 가능하다.

UP의 다음 특징은, **개별국에 유효화시키는 절차가 없어 권리화 절차가 간단**하다는 점이다. 즉, EP특허 등록 후 1개월 내에 요구조건을 갖추어 유럽특허청에 신청만 하면 획득할 수 있다.

UP의 또 다른 특징은, **여러 개별국에 유효화를 시킬 경우와 비교할 때 비용이 저렴할 수 있다**는 점이다. 가령, 연차료의 경우, 독일, 프랑스 및 네덜란드의 5년차부터 20년차까지 금액을 모두 합하면, UP에 대해 5년차부터 20년차까지 합한 금액과 대등한 수준이다. 따라서 위 3개 국가에 더하여 하나의 개별국에 유효화를 시키는 상황을 가정하면, 연차료 측면에서 UP가 더 비용이 저렴하다.

2. UP 신청방법

유럽특허공보에 **특허허여가 공개**(Publication the mention of grant of the European patent)**된 후 1개월 내에 단일효과 청구서**(Request for unitary effect)**를 제출**해야 한다 (Rule 6(1) UPR). 이 청구서의 양식은 EPO Form 7000으로 마련되어 있다. 이 1개월의 기간은, 통상 개별국 유효화를 위해 주어지는 3개월의 기간보다 매우 짧다. 이를 감안하여, 특허청은 특허허여결정문(Decision to grant)이 발행되는 시점부터 단일효과 청구서를 제출할 수 있도록 하였다(OJ EPO Supplementary publication 3). 그렇다 하더라도 번역문 준비에 필요한 충분한 시간을 고려할 때, UP로 할지 아니면 기존 유럽특허를 할지는 특허허여의사 통지를 받은 시점에 정하고 미리 번역문을 준비할 필요가 있다.

UP를 신청하기 위해서는 모든 참여국에 동일한 청구항 세트로 등록허여가 되어야 한다(Rule 5(2) UPR).

한편, 청구서에는 신청하는 특허권자에 대한 정보, 특허번호, 대리인 선임한 경우 대리인에 대한 정보 및 특허전문 번역문을 포함해야 한다. **심사과정의 언어가 영어인 경우에는 EU국가의 공식언어 중 하나로 번역**해야 하고, 심사과정의 언어가 프랑스어나 독일어인 경우에는 영어로 번역한 번역문을 제출해야 한다(Rule 6(2) UPR).

1개월의 UP 신청기간 내 적절히 신청을 하였지만, 청구서에 기재된 내용에 오류가 있거나 규정에서 요구하는 **번역문 제출을 못한 경우**, 특허청은 연장이 불가능한 **1개월의 추가 기간**을 주고 해당 하자를 치유할 기회를 준다. 만일, 이 추가기간 내에서 하자를 치유하지 못한 경우, UP 신청은 거절된다(Rule 7(3) UPR).

한편, **1개월의 UP 신청기간을 놓친 경우 권리회복**(Re-establishment of rights)**을 신청**할 수 있다. 권리회복 신청은 1개월의 기간 만료부터 2개월 내에 할 수 있으며, 이 2개월 내에 UP청구서 제출 및 소정의 수수료(685유로)를 납부해야 한다(Rule 22(2) UPR).

유럽특허청의 잘못된 판단에 의해 UP 신청이 최종 거절된 경우, 이를 다투기 위해서는 UPC에 소제기를 해야 한다(Rule 97 UPC Rules of procedure).

3. UP 선택 기준

등록 후 기존 묶음형태의 유럽특허로 권리를 유지할지 아니면 UP로 권리를 유지할지 어떤 기준으로 결정해야 할지 고민이 될 수 있다. 이때, 여러가지 판단기준을 생각해 볼 수 있다.

UP의 소송에 대한 관할권은 UPC가 독점적으로 가진다. UPC가 누적된 판례가 없는 상태에서 법원의 성향을 예측하기 어렵다. UPC 정착을 위해 특허권자에게 유리한 결과가 많이 나올 것이라고 분석하는 사람들도 있지만, 이는 어디까지나 예상일 뿐이다. 아직 예측할 수 없는 법원의 성향이, 권리행사에 문제가 될 수 있다고 생각하는 특허권자 입장에서는 UP 대신 기존 유럽특허로 등록을 받고 관할배제(opt-out)를 신청하는 것을 고려해 볼 수 있다.

UP의 무효소송도 UPC가 담당한다. UPC에서 무효소송 결과 특허가 무효로 판결이 나면, 모든 참여국에서 특허권을 상실하는 효과가 생긴다. 따라서 **특허의 권리안정성이 높지 않으면서, 특허가 사업적으로 매우 중요하기 때문에 특허무효의 리스크를 낮추고 싶은 경우** UP 대신 **기존 유럽특허로 등록을 받고 관할배제를 신청**하는 것을 생각해 볼 수 있다. 반면, 특허의 권리안정성이 높아 **무효 가능성이 낮으면서 동시에 여러 국가에서 침해소송을 제기할 필요성이 있는 경우에는 UP**를 고려할 수 있다. 표준특허가 대표적인 예이다.

비용 측면에서는 어느 국가들에서 권리를 확보하고자 하는가에 따라, UP가 유리할지 또는 불리할지 달라질 수 있다. 앞서 언급한 바와 같이, **연차료만 비교해 보면 4개 이상의 UPC 참여국들에서 권리를 확보할 경우 UP가 유리**할 수 있다. 한편, 유효화 단계 비용 측면에서는 각 국가의 번역문 제출요구 수준에 따라 비용이 크게 달라질 수 있기 때문에, 어떤 경우에 UP가 유리할지 일반화하기 쉽지 않다.

다음 사례를 통해서 단일특허(UP)를 활용하여 권리확보하는 방식이 기존의 묶음 형태의 유럽특허를 활용해 권리확보하는 방식과 비교해서 비용에서 얼마나 차이가 있는지 자세히 살펴본다.

첫 번째 사례로, UPC 참여국인 독일, 프랑스, 네덜란드에 더해 비참여국인 영국에서 권리확보하는 것을 가정하였다. 이때 기존 방식으로 4개의 나라에 개별적으로 유효화하는 비용이 약 2,000유로 소요된다. 한편, UPC 참여국들에 대해서는 단일특허를 확보하는 데 약 2,200유로, 영국에 유효화하는 비용이 약 500유로 소요되어, 총 2,700유로 소요된다. 유럽출원을 영어로 한 경우 단일특허 신청을 위해서 유럽연합 언어 중 하나로 번역된 명세서 전문을 번역해야 한다. 이 사례에서는 영어 10,000단어 기준으로 할 때, 스페인어 번역을 하면 약 2,000유로 소요되는 것을 가정하였다. 참고로, 현재 스페인 대리인들이 독일이나 이탈리아 대리인보다 훨씬 낮은 번역비용을 청구한다. 이 사례의 경우, 단일특허를 활용하는 것이 유효화 단계에서 돈이 더 든다.

단일특허를 활용하는 방식과 기존 개별국 유효화 방식 두 가지 경우, 매년 발생하는 비용을 비교하면 아래 그래프와 같다. 5년차는 유효화 비용 때문에 금액이 크다. 이후 연차료는 매년 조금씩 상승한다. 누적금액 기준으로 비용을 비교하면 그 아래 그래프와 같다. 즉 단일특허를 활용하는 권리확보방식이 비용에서 장점이 없다.

■ 독일/프랑스/네덜란드/영국에서 권리확보 시 연간 비용

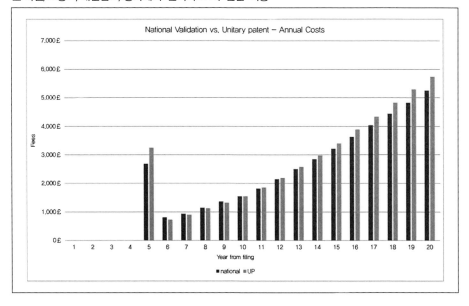

■ 독일/프랑스/네덜란드/영국에서 권리확보 시 누적 비용

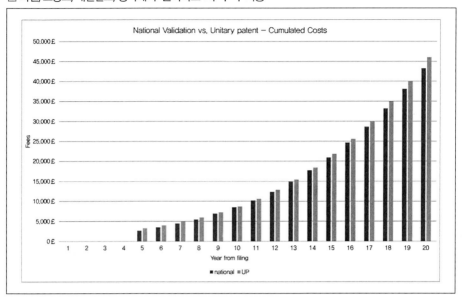

■ 독일/프랑스/이탈리아/영국에서 권리확보 시 연간 비용

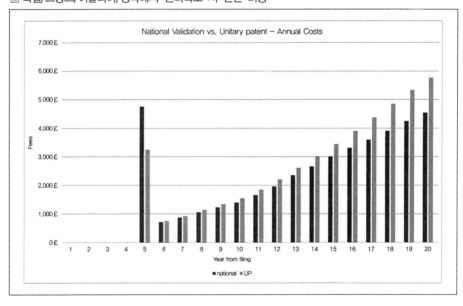

두 번째 사례로, 첫 번째 사례의 네덜란드를 이탈리아로 대체하였다. 이전 사례와 같이, UPC 참여국들에 대해서는 단일특허를 확보하는 데 약 2,200유로로, 영국에 유효화하는 비용이 약 500유로 소요되어, 총 2,700유로 소요된다. 하지만 기존 방식으로 4개의 나라에 개별적으로 유효화하는 비용이 약 4,000유로 소요된다. 비용 증가의 이유는 이탈리아에서 유효화를 위해서는 이탈리아어로 명세서 전체 번역이 필요하고, 이탈리아의 번역비용이 타 국가대비 비싸기 때문이다. 이 사례의 경우, 단일특허를 활용하는 것이 유효화 단계에서 돈이 덜 든다.

매년 발생하는 연차료를 살펴보면, 첫 번째 사례와 비교해 두 권리확보 방식의 금액 차이가 크다. 이는 네덜란드의 연차료보다 이탈리아 연차료가 작기 때문이다. 누적금액 그래프상에서는 14년차와 15년차에 두 방식의 금액이 같아지고, 이후 단일특허 방식이 더 비싸다.

▣ 독일/프랑스/이탈리아/영국에서 권리확보 시 누적 비용

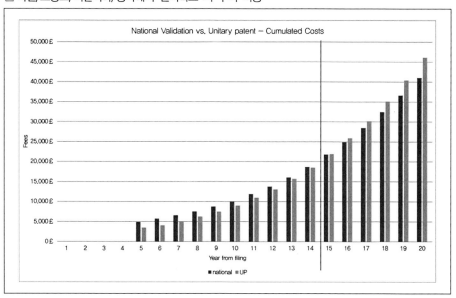

두 번째 사례의 변형으로, 15년차 이후에 프랑스와 이탈리아를 배제하는(권리를 포기하는) 상황을 가정해 보자. 그러면 16년차부터 개별국 유효화 방식의 비용이 대폭 줄지만, 단일특허 활용 방식은 금액 변화가 없다. 왜냐하면, UPC 참여국 중 일부 나라에 관심이 없다 하더라도 단일특허에 대한 연차료 금액은 감면되지 않

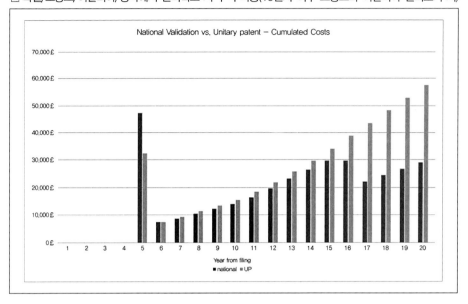

기 때문이다.

세 번째 사례는 지역 커버리지를 확대하여 총 6개 국가에서 권리확보하는 상황을 가정하였다. 즉, 표준세트라고 할 수 있는 독일, 프랑스, 영국에 더하여 네덜란드, 이탈리아, 스페인을 선택하였다. 이 경우 개별국에 유효화하는 방식은 약 6,700유로가량 소요된다. 한편, 단일특허를 활용하는 방식의 경우, 영국과 스페인에 유효화하는 데 약 2,500유로 소요되고, 단일특허 신청에 약 200유로 소요되어, 총 2,700유로가량 소요된다. 앞선 사례들에서 단일특허 신청에 약 2,200유로 든 것에 비해 대폭 줄어든 이유는, 스페인에서 유효화할 때 사용되었던 스페인어 번역문을 그대로 단일특허 신청에 사용했기 때문이다. 이 사례의 경우, 당연히 단일특허를 활용하는 것이 유효화 단계에서 돈이 훨씬 덜 든다.

다음 그림에서 보는 바와 같이, 유효화 단계부터 존속기간 끝까지 단일특허 활용하는 것이 더 경제적이다. 이는 개별국 유효화 방식의 경우 이탈리어와 스페인어 번역 비용이 많이 들고, 유효화 이후에는 6개국의 연차료를 내야 되기 때문이다.

■ 독일/프랑스/네덜란드/이탈리아/영국/스페인에서 권리확보 시 연간 비용

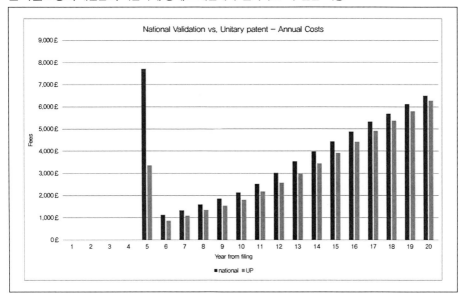

■ 독일/프랑스/네덜란드/이탈리아/영국/스페인에서 권리확보 시 누적 비용

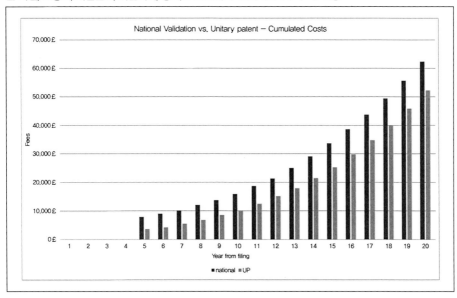

■ 독일/프랑스/네덜란드/이탈리아/영국/스페인에서 권리확보 시 연간 비용
  (12년차 이후 스페인/프랑스/영국 권리포기 및 15년차 이후 이탈리아/네덜란드 권리포기 시)

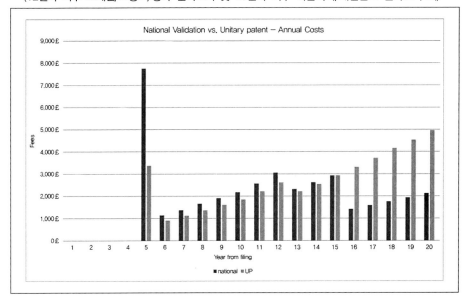

■ 독일/프랑스/네덜란드/이탈리아/영국/스페인에서 권리확보 시 누적 비용
  (12년차 이후 스페인/프랑스/영국 권리포기 및 15년차 이후 이탈리아/네덜란드 권리포기 시)

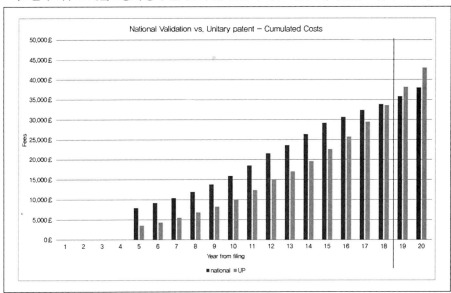

세 번째 사례의 변형으로, 스페인, 프랑스 및 영국은 12년차 이후에 배제(권리를 포기)하고, 이탈리아 및 네덜란드는 15년차 이후에 배제하는 상황을 가정하자. 단일 특허를 활용하는 방식 및 개별국 유효화하는 방식 모두 13년차에 연차료가 감소한다. 이는 두 방식 모두 13년차에 영국과 스페인의 연차료가 사라지기 때문이다. 하지만 프랑스, 이탈리아 및 네덜란드에서의 포기는 단일특허의 연차료에 영향을 주지 않는다.

누적비용을 살펴보면 매우 오랜 유지기간 동안 단일특허를 활용하는 방식이 더 저렴하다. 수직선으로 표시된 바와 같이, 남은 국가인 독일에서 20년차까지 권리를 유지하겠다고 하면 18년차 이후부터는 단일특허를 활용하는 방식이 더 비싸진다.

비용 측면에서 결론으로는, 독일 및 프랑스 이외에 다른 UPC 참여국에 관심이 없을 경우 기존의 개별국 유효화 방식의 유럽특허가 더 경제적인 선택이다. 한편, 위 세 번째 사례와 같이 **적어도 4개 UPC 참여국에 관심이 있을 경우 단일특허를 활용하는 쪽이 더 저렴**하다. 전체 명세서의 번역문 제출을 요구하는 국가 특성을 고려할 때, UPC 참여국 중 오스트리아, 불가리아, 에스토니아, 이탈리아 또는 포르투갈에서 권리확보가 관심 있을 경우, 단일특허가 더 저렴한 방법이 될 수도 있다. 주목해야 할 점으로는, UPC 참여국이 아닌 스페인에 권리화 필요 시, 스페인에서 유효화 시 제출했던 스페인어 명세서 전체 번역문은 단일특허 신청 시에도 재활용할 수 있다.

4.7 관할배제(Opt-out)의 의미는 무엇이고 어떻게 활용될 수 있는가?

1. 관할배제(opt-out)의 의미

기존의 유럽특허의 경우, 특허등록이 되면 원하는 개별국가에 권리를 유효화(validation)시켜야 해당 국가에 유효한 특허권을 갖는다. 즉, 기존의 유럽특허는 각 개별국 특허의 "묶음(bundle)" 형태의 성격을 가진다. 한편, UP는 개별국에 별도의 유효화 절차 없이 UPC 시스템에 참여하고 있는 국가들(이하 간단히 "참여국")에 유효한 특허권을 갖는다.

통합특허법원조약(The Agreement on a Unified Patent Court)이 발효된 2023년 6월 1일

부터 단일특허(Unitary Patent, 이하 간단히 "UP")에 대한 전속관할권은 통합특허법원 (Unified Patent Court, 이하 간단히 "UPC")이 가진다.

한편, **통합특허법원조약의 발효부터** 최소 7년(14년까지 연장가능)의 **과도기간 동안에는 기존 유럽특허들에 대한 소송을 UPC 또는 개별국 법원에 선택적으로 제기할 수도 있다.** 다시 말하면, 과도기간 동안에는 기존 유럽특허가 UPC를 이용할지, 개별국 법원을 이용할지 선택권을 부여하는 셈이다.

하지만 **기존 유럽특허들에 대한 관할배제(opt-out)를 선언하면 해당 유럽특허들에 대한 소송을 UPC에 제기할 수 없다.** 이를 도식화하면 아래와 같다.

▣ 관할배제(Opt-out) 효과

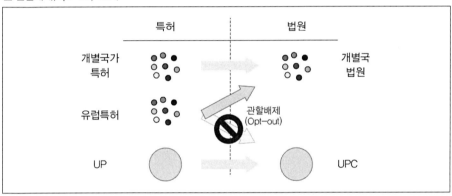

즉, 관할배제를 선언하면, 특허권자 입장에서는 UPC를 통한 중앙화된 무효소송 제기가 불가능하고, 특허권자에게 유리한 국가와 지역법원에서 특허침해소송을 진행할 수 있는 장점이 있다. 반면에 단점으로는, 여러 국가에서 권리행사를 위해서는 각 개별국에 소송을 따로 진행해야 하는 절차적 번거로움과 비용 증가를 부담해야 하고, 만일 **개별국 법원에 소송을 제기한 이후로는 다시 UPC로 관할회복** (opt-in 또는 withdrawal of opt-out)**을 할 수 없다**는 점이다.

2. 관할배제(opt-out) 신청방법

관할배제 신청은 도입기(Sunrise period) 시작인 2023년 3월 1일부터 최소 7년의 과도기간에 언제든 가능하다. 도입기에 신청한 관할배제의 법적 효과는 2023년 6월

1일에 발생한다.

관할배제 신청 및 관할회복 신청은 UPC의 사건관리시스템(Case Management System, CMS)을 통해서만 가능하다.

관할배제 신청과 관련하여 유의할 점으로는, 특허권자가 여럿일 경우 모든 특허권자의 이름으로 신청해야 하며, 각각의 특허권자 이름이 신청서에 기재되어야 한다. 또한 특허등기부에 기록 여부와 상관없이 실제 특허권자가 신청해야 한다 (Rule 5(1)(a), 5(3)(a) and 8(5)(a) RPUPC).

3. 관할배제(opt-out) 활용 판단 기준

특허의 권리안정성이 높지 않으면서, 특허가 사업적으로 매우 중요하기 때문에 특허무효의 리스크를 낮추고 싶은 경우 UPC를 통한 중앙화된 무효절차를 피하기 위해 관할배제를 신청할 수 있다.

특허를 공격하는 입장에서는 이의신청을 제기하면서 동시에 UPC에서 무효소송 제기가 가능하다. 따라서 이의신청이 제기되었거나 제기될 가능성이 있는 특허에 대해서 미리 관할배제 신청 여부를 검토할 필요가 있다.

기존 독일특허법의 경우, 같은 출원인이 같은 청구항 발명에 대해 EP특허와 독일특허를 중복해서 가지는 것을 허용하지 않았다(Artikels II § 8 IntPatÜbkG). 하지만 관련법을 개정하면서 관할배제 신청을 하지 않은 기존 유럽특허 내지 UP와 독일특허의 중복보호를 허용하는 것으로 바꾸었다. 따라서 사업적으로 중요한 기술발명의 경우, 유럽출원과 독일출원을 함께 하여 안정적인 중복 권리보호를 받는 방안도 고려해 볼 수 있다.

PART

05

이의신청 단계

5.1 이의신청 제기부터 이의신청에 대한 결정이 나오기까지 절차, 기간 및 예상비용은?

유럽특허청은 이의신청 결과가 나오는 기간에 대한 내부목표를 **이의신청 기간 종료 후 18개월**로 설정하고 있다. 이러한 노력이 계속되어 2020년 유럽특허청 업무품질 보고서에 따르면, 이의신청인(Opponent)이 1인이고 구두심리(Oral proceed-ings) 기간 연장이 없었던 일반적인 이의신청 사건들의 경우 74%가 18개월 내에 이의신청 결과가 나왔다. 코로나 팬데믹 영향으로 2020년에 예정된 이의신청 절차가 2021년으로 미뤄지면서 이의신청 기간이 많이 길어질 것으로 예상했으나, 2022년 유럽특허청 업무품질 보고서에 따르면 평균 19.6개월 소요되어 예상보다 절차지체가 많이 발생하지 않았다.

이의신청은 유럽특허공보에 **특허허여가 공개된 날로부터 9개월** 내에 신청가능하다(Art. 99(1) EPC). 이의신청이 접수되면 이의신청부(Opposition Division)는 즉시 이의신청서를 특허권자에서 전달한다. 9개월의 이의신청기간 경과하게 되면, 이의신청부는 **4개월의 기한**을 정해 특허권자에게 **답변서 및** 경우에 따라 **보정서를 제출**한 기회를 준다(Rule 79(1) EPC). 이후 이의신청부는 특허권자의 답변서 및 보정서를 이의신청인에게 전달한다.

이의신청부는 구두심리일(Date of oral proceedings)을 정하고 늦어도 구두심리일 6개월 전에 이를 당사자들에게 통지한다. 구두심리일 통지와 함께, 구두심리에서 논의할 쟁점들, 해당 쟁점들에 대해 이의신청부의 예비적이고 비구속적인 의견 (provisional and non-binding opinion, 간략히 '예비의견') 그리고 서면제출 마감일(Final date for making written submission/amendments)을 함께 통지한다. 서면제출 마감일은 통상 구두심리일로부터 2개월 전으로 설정한다(GL D-VI 3.2). 서면제출 마감일을 지나서 제출된 새로운 사실이나 증거나 새로운 청구항들에 대해서는 일반적으로 고려되지 않는다(Rule 116 EPC). 한편, 앞서 특허권자의 답변서 및 보정서를 전달받은 이의신청인은 구두심리일을 통지받은 시점 이전 또는 이후에 추가적인 의견서 제출이 가능하다.

서면으로 이루어진 이의신청인과 특허권자의 공방을 통해서 구두심리에서 논의될 쟁점이 구체화된다. 통상, 구두심리에서 논의되는 쟁점들의 순서는, 첫 번째로 심사과정에서의 보정이 Art. 123(2) 및 (3) EPC 규정에 부합한가를 먼저 논의하고, 두 번째로 주요 청구항 용어의 해석을 어떻게 해석할 것인가를 논의하고, 다음 Art. 54 및 56 EPC에 근거한 신규성 및 진보성을 논의한다. 이의신청부는 각 쟁점별로 당사자들의 주장을 충분히 들어보고 10~20분가량의 논의시간을 가진 후, 이의신청부가 합의에 도달한 결정내용을 선언한다. 이 구두결정은 추후 서면 결정문으로 당자자들에게 통지된다. 이의신청부의 결정을 다투고 싶은 당사자는 이 서면 결정문을 받은 후 2개월 이내에 심판을 청구할 수 있다(Art. 108 EPC).

이의신청절차의 전체적인 흐름을 도표화하면 아래와 같다.

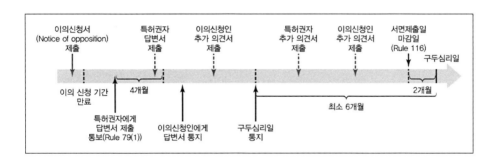

이의신청서 제출 시 특허청에 납부하는 관납료는 880유로이다. 한편, 이의신청 절차 진행 시 유럽대리인에게 지불하는 총 비용은 여러 변수에 의해 크게 달라진다. 가령, 몇 번이나 의견서를 제출하였는지, 이의신청 대상인 특허의 청구항 개수, 인용되는 선행문헌의 개수, 특허권자가 제출하는 보조청구(Auxiliary Request)의 개수, 특허기술의 기술적 난이도, 이의신청인 또는 특허권자가 대리인에게 제공하는 사전 분석결과의 상세 정도 등에 따라 달라진다.

통상적인 기준에서 대리인 비용은, 이의신청서(의견서 포함) 준비 시 7,000~

10,000유로 그리고 이에 대응하여 특허권자가 제출하는 답변서 작성 시 4,000~8,000유로로 정도 소요된다. 이후 서면제출일 마감일 전까지 추가로 제출하는 의견서의 경우 3,000~6,000유로로 정도 소요된다. 구두심리의 준비와 참석에 소용되는 비용은 6,000~9,000유로로 정도 소요된다.

5.2 이의신청절차에서 이의신청자 입장에서 유의할 점은?

이의신청절차는 단일 절차를 통해서 EPC가입국 전체 범위에 대해서 특허를 소급적으로 취소시키거나 권리범위를 대폭 축소시키는 효과를 얻을 수 있다(Art. 69(2) EPC). 그런데 이의신청은 유럽특허공보에 특허허여가 공개된 날로부터 9개월 내에만 제기가 가능하다는 제약이 있다(Art. 99(1) EPC).

9개월의 이의신청기간을 놓친 경우 이를 치유할 수 있는 방법은 없다. 만일 이 기간의 경과하여 특허를 무효시키기 위해서는, 특허가 유효하게 진입한 EPC 각 국가별로 특허무효소송을 제기해야 한다. 따라서 절차적으로 간단하고 상대적으로 비용이 저렴한 수단인 **이의신청절차를 효과적으로 활용하기 위해서는 경쟁사의 특허허여 정보를 지속적으로 모니터링**할 필요가 있다.

이의신청절차에서 특허를 취소시키기 위해 활용하는 이의신청 이유(Grounds for opposition)는, 신규성 및 진보성 부족(Art. 54 and 56 EPC), 불충분한 발명의 설명(Art. 83, 다른 용어로 '실시가능성 부족') 및 최초출원명세서 개시범위를 벗어난 보정(Art. 123(2) EPC)이 주된 이유이다. 단일성 위반(Art. 82 EPC), 불명료(Art. 84 EPC) 및 기타 형식적 요건에 대한 하자는 이의신청 이유에 포함되지 않는다(Art. 100 EPC).

실무적으로 이의신청절차에서 많이 활용하는 이의신청 이유는 최초출원명세서 개시범위를 벗어난 보정(Art. 123(2) EPC)이다. 최초출원명세서 개시범위를 엄격하게 판단하는 유럽실무를 고려하지 못하고, 패밀리 출원에서 적용된 청구항 보정과 유사하게 유럽특허출원의 청구항을 보정한 후 등록되었다 하더라도 이의신청절차에서 Art. 123(2) EPC 규정 위반으로 취소되는 경우가 많다. 따라서 이의신청인은 대상특허의 출원진행과정(File history) 중에 어떠한 보정이 있었는지 파악하고, 그 보정 중에서 **최초출원명세서 개시범위를 벗어난 보정을 포함하고 있는**

지 살펴봐야 한다.

이의신청인의 입장에서 기대하지 않았던 이의신청 이유라고 생각했던 것이, 이의신청절차 진행 중에 가장 유용한 공격 근거가 되는 경우가 있다. 예를 들어, 이의신청인은 대상 특허의 독립항에 대해서 진보성 부족이 가장 성공 가능성 높은 이유라고 생각하고 준비했었는데, 막상 구두심리통지와 함께 전달받은 이의신청부의 예비의견에서는 최초출원명세서 개시범위를 벗어난 보정으로 판단하는 경우가 있다. 이러한 예상하지 못한 이의신청부의 판단을 고려할 때, 이의신청인은 **활용가능한 모든 이의신청 이유들을 활용**해야 한다.

독립항에 대한 신규성 및 진보성 공격을 극복하기 위해 종속항을 독립항에 병합하는 보정을 할 수 있다. 이러한 보정된 독립항으로 해당 특허가 유지되는 경우, 이의신청인 입장에서 여전히 보정된 독립항이 원하지 않는 권리범위를 가질 수 있다. 이러한 가능성을 최소화하기 위해 이의신청인은 **모든 종속항에 대해서도 이의제기하는 것이 필요**하다.

한편, 이의신청서 준비 시 **가능한 충분한 자료와 논리를 대리인에게 제공**해야 대리인 비용을 줄일 수 있다. 특히, 신규성 및 진보성을 공격하기 위한 선행자료를 찾고 이를 바탕으로 공격 논리를 개발하여 대리인에게 제공하는 것이 비용 절감 측면에서 중요하다.

이를 위해서는 첫 번째 단계로 대상 특허의 출원진행과정을 검토해야 한다. 출원진행과정에서 어떤 특징이 심사관이 인용한 선행자료 대비 차별적 특징으로 인정이 되었는지 확인해야 한다. 또한, 출원인이 해석에 논란이 될 수 있는 용어나 표현을 어떻게 해석하였는지 확인해야 한다. 이를 바탕으로, 검색해야 할 기술/제품 범위와 찾고자 하는 목표 선행자료의 윤곽을 정할 수 있다. 두 번째 단계에서는 패밀리 특허에서 어떤 선행자료가 인용되었는지 파악한다. 그중에서 유럽특허 출원진행과정에서 인용되지 않으면서 기 인용된 선행자료보다 더 유용한 선행자료가 있는지 확인한다. 마지막으로는 첫 번째와 두 번째 단계에서 확인된 선행자료를 참조하여, IPC 분류와 검색어를 통해 새로운 선행자료를 발굴한다.

신규성 및 진보성에 대한 강한 논리는 간단하면서도 설득력 있는 이야기 흐름을 가지는 것이 중요하다. 특히, 문제-해결 접근법으로 진보성 부족을 주장할 때, 최근접 선행자료와 결합되는 다른 선행자료가 객관적 기술문제와 동일/유사한 기술문제를 인식하고 있고 그 해결방법으로 본 발명의 차별적 특징을 지시하고 있어야 간단하면서 설득력 있는 주장이 된다.

진보성 부족에 대한 주장과 불충분한 발명의 설명에 대한 주장을 동시에 할 때는 당업자의 기술수준에 대해서 일관성 있는 주장을 해야 한다. 다시 말하면, 진보성 부족 주장을 위해서는 당업자의 기술수준을 높은 수준으로 설정하는 것이 도움이 되지만, 이는 불충분한 발명의 설명 주장에는 오히려 해가 되기 때문이다. 위 두 주장을 전개하는 데 모두 도움이 될 수 있는 수준의 당업자 기술수준 설정이 요구된다.

5.3 이의신청절차에서 특허권자 입장에서 유의할 점은?

첫 번째 답변서를 제출할 때 **이의신청서에서 제기한 모든 이의신청 이유**(Grounds of opposition)**에 대해 반박**을 해야 한다. 다양한 선행자료의 조합으로 진보성 부족을 주장하면 모든 조합에 대해 개별적으로 반박해야 한다. 물론, 종속항에 대해서도 공격하는 경우 종속항에 대해서도 방어를 해야 한다. 이렇게 하지 않으면, 이의신청부는 이의신청인이 제기한 이의신청 이유에 대해 특허권자가 동의한 것으로 간주하고 해당 이유를 양 당사자가 서로 다투는 쟁점으로 다루지 않을 수 있다.

최초출원명세서 개시범위를 벗어난 보정이라는 주장을 반박하기 위해서는, 해당 보정이 최초출원명세서의 어느 부분에서 지지되는지를 설명한다. 불충분한 발명의 설명이라는 주장을 반박하기 위해서는 당업자의 기술수준을 고려할 때 왜 발명을 실시할 수 있고 기술적 효과를 얻을 수 있는지 설명한다. 이때 실험 데이터나 결과를 증거자료로 제출할 수도 있다.

진보성이 부족하다는 주장을 반박할 때는 문제-해결 접근법을 적극적으로 활용한다. 우선, 특허청은 진보성 평가에 이 문제-해결 접근법의 활용을 선호한다. 저자의 경험으로 볼 때, 문제-해결 접근법은 정해진 단계와 방식에 맞추어 진보성을 평가하는 것을 요구하고 있기 때문에, 이의신청인이 제시하는 선행자료들이 이 단계와 방식에 매끄럽게 들어맞지 않은 경우가 많다. 따라서 많은 경우 문제-해결 접근법은 특허권자에게 유리하게 활용될 수 있다.

이의신청 사유를 극복하기 위해서 청구항을 보정하는 경우, 보정된 청구항의 범위가 허여된 특허의 권리범위보다 같거나 좁도록 보정해야 한다(Art. 123(3) EPC). **즉, 허여된 청구항 중에 있는 특징을 삭제하거나 다른 특징으로 대체하는 것은 허용되지 않는다.** 예를 들어, 최초출원명세서 개시범위를 벗어난 보정이라는 주장을 극복하기 위해서 허여된 독립항의 일부 특징을 다른 특징으로 대체해야 할 경우 허용되지 않는다. 이 경우, Art. 123(2) EPC에 따른 하자를 해결하고자 하나 Art. 123(3) EPC에 저촉되기 때문에 이도 저도 못하는 상황이 된다. 이 경우를 '탈출할 수 없는 덫(inescapable trap)'이라고도 부른다. 유럽대리인들이 최초출원명세서 개시범위를 벗어나는 보정이 되지 않도록 엄격히 그리고 꼼꼼히 검토하는 이유는, 이의신청절차에서 탈출할 수 없는 덫에 빠지는 상황을 미연에 방지하기 위한 목적이 크다.

불명료(Art. 84 EPC)는 이의신청 사유는 아니다. 하지만 이의신청절차에서 이루어진 청구항 보정에 의해 새롭게 불명료를 초래하는 경우라면 이의신청부는 심사하여 해당 보정을 허용하지 않을 수 있다(G 3/14). 참고로, 종속항 전체를 독립항에 병합하거나, 종속항에 포함되어 있었던 여러 대안 중 하나를 독립항에 포함시키거나, 청구항에 이미 포함되어 있었던 선택가능한 특징 중 하나를 삭제하는 보정을 하였고, 그 보정된 청구항에서 불명료가 확인되더라도 이 불명료는 기존부터 존재하고 있었으므로 이의신청부는 이 보정을 허용한다.

이의신청 사유에 대응하여 청구항을 보정하는 경우, **주청구(Main request) 이외에 보조청구(Auxiliary request)를 많이 활용**한다. 주청구와 보정청구는 서로 다른 보정 청구항 세트를 의미하며, 이의신청부가 주청구가 받아들여지지 않을 경우 보조청구를 고려한다. 보조청구의 개수는 제한이 없으며 각 쟁점에 대응하는 다양한 보조청구를 제출할 수 있다. 보조청구가 다수개 있고 이의신청부가 상위순위 보조청구를 허여하지 않을 경우 차순위 보조청구를 고려한다. 다수의 보조청구를 제출할 경우, 통상적인 이의신청부의 심사순서에 맞는 쟁점 순서로 보조청구 시리즈를 구성한다. 즉, Art. 123(2) 및 (3) EPC에 위반되는 보정, Art. 83 EPC에 위반되는 불충분한 발명의 설명, Art. 54 EPC에 위반되는 신규성 부족, Art. 56 EPC에 위반되는 진보성 부족에 대응하는 순서로 보정청구 시리즈를 구성한다. 이를 Table로 표시하면 아래와 같다.

쟁점	보조청구1	보조청구2	보조청구3	보조청구4	보조청구5	보조청구6	보조청구7	보조청구8		보조청구13	보조청구14	보조청구15
Art.123(2) 원출원개시범위 내 보정 #1	O		O		O		O		...	O		O
Art.123(2) 원출원개시범위 내 보정 #2		O	O			O	O		...		O	O
Art. 54 신규성				O	O	O	O		...	O	O	O
Art. 56 진보성								O	...	O	O	O

다양한 구성의 **보조청구는** 구두심리일로부터 대략 2개월 전에 설정되는 **서면제출 마감일**(Final date for making written submission/amendments) **전까지 제출**하는 것이 바람직하다. 구두심리가 진행되는 도중에도 보조청구를 제출할 수 있지만, 이때 제출하는 보조청구는 구두심리에서 새롭게 제기되는 주장이나 거절에 대한 즉시 대응적인 성격의 청구이어야 하고, 이의신청부의 동의를 받아야 하는 제약이 있다. 가령, 상세한 설명에 있는 특징을 청구항과 결합시키는 보정을 담고 있는 보조청구를 서면제출 마감일 지나서 제출할 경우는 이의신청부가 동의하지 않을 가능성이 높다.

5.4 이의신청인이 누구인지 드러내지 않고 이의신청이 가능한가?

대부분의 경우 특정 특허로 인해 이익을 침해받는 당사자가 이의신청을 제기하는 것이 일반적이다.

그런데 이의신청절차를 통해 특정 특허를 취소시키고 싶으나 특허권자와의 원만한 관계를 해치고 싶지 않기 때문에 또는 특허권자와의 특허분쟁이 확대되는 것을 피하고 싶기 때문에 이의신청인이 누구인지 밝히고 싶은 않은 경우가 있다. 이러한 경우, 이의신청은 누구나 제기할 수 있다는 규정을 활용하여 제3자(이른바

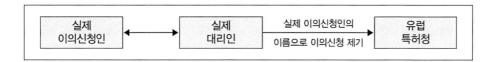

'허수아비')의 이름으로 이의신청을 할 수 있다. 즉, 제3자의 이름으로 실제 이의신청인을 대리하는 대리인(특허사무소)이 이의신청을 제기할 수 있다.

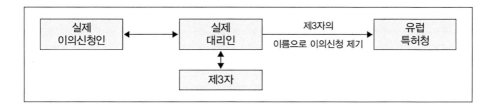

어떤 대리인이 특정 고객을 대리하는 것으로 익히 알려진 경우가 있다. 이런 경우, 제3자 이름으로 해당 대리인이 이의신청을 제기하더라도 뒤에 숨어있는 실제 이의신청인을 유추할 수 있는 경우가 있다. 이를 피하기 위해서, 제3의 대리인(이른바, '허수아비 특허사무소')을 통해서 제3자를 이의신청인으로 하여 이의신청을 제기할 수 있다.

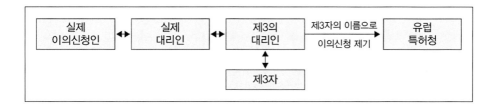

많은 경우 제3의 대리인은 실제 대리인이 신뢰할 만한 지인으로 선정하고, 그 지인의 가족 중 한 명을 이의신청인으로 선정하여 진행한다. 제3의 대리인을 통하여 이의신청을 제기하고 진행하는 경우 제반 문서는 실제 대리인이 준비하고 제3의 대리인은 제출하는 제한된 역할을 한다. 하지만 구두심리는 서류상의 적법한 대리인인 제3의 대리인만이 진행할 수 있으므로, 실제 대리인이 구두심리를 진행하도록 하려면 사전에 대리인을 변경하거나, 실제 대리인이 제3의 대리인으로부터 복대리권(sub-authorization)을 받아야 한다.

06

심판 단계

PART
06 | 심판 단계

6.1 누가 심판을 제기할 수 있나?

특허청의 모든 결정에 대해서, 해당 결정으로 **불이익을 받은**(adversely affected) **당 사자는 심판을 제기할 수 있다.** 즉, 특허청 접수부, 심사부, 이의신청부 및 법리검 토부의 결정에 대해 불이익을 받은 당사자는 심판을 제기할 수 있다(Art. 106(1) and 107 EPC). 실무적으로, 심사부의 거절결정 및 이의신청부의 결정에 불복하는 심판 이 대부분을 차지한다.

기한을 준수하지 못해 출원 취하로 간주된 출원에 대해서 권리회복(re-estab-lishment of rights) 청구를 했지만 거절된 경우, 심판 제기가 가능하다. 단, 거절에 대 한 특허청의 서면 결정을 요구하고 이 서면 결정을 통지받은 후 2개월 내에 심판 제기를 해야 한다.

이의신청절차에서 특허가 보정되지 않은 채로 유지되거나 보정된 주청구(Main request)**로 유지되는 경우,** 결정문 중 일부에 만족하지 못한 내용이 있더라도(예를 들어 청구항 해석에 동의하지 않는 내용이 있더라도) 특허권자는 심판을 제기할 수 없고 **이의신청자만**이 심판을 제기할 수 있다.

이의신청절차에서 **보조청구**(Auxiliary request)**로 보정되어 특허가 유지되는 경우, 특허권자와 이의신청자 모두** 심판을 제기할 수 있다.

이의신청절차에서 특허권자가 수용할 만한 보조청구로 특허유지 결정이 나왔 다면, 독립항의 보정범위에 따라 심판 제기 필요성이 달라질 수도 있다. 다만, 받 아들여지지 않았던 주청구가 명백히 허여불가능하더라도 다음의 상황을 고려하 여 심판 제기를 추천한다.

유지된 보조청구의 독립항이 상세한 설명에 개시된 어떤 특징 X를 추가하여 보정되었고, 이의신청부는 이 보정이 Art. 123(2) EPC에 부합한다고 판단하였다. 이에 이의신청인은 심판을 제기하였고, 심판부는 반대로 해당 보정이 Art. 123(2) EPC에 부합하지 않는다고 잠정적으로 판단하였다. 이를 극복하기 위해 특징 X를 특징 Y로 대체해야만 한다. 만일, 특허권자가 심판제기를 하지 않고 이의신청인만 심판제기를 한 상황이라면, 특허권자가 특징 X를 특징 Y로 대체하는 보정을 할 수 없다. 이를 **불이익변경금지의 원칙**(reformation in peius)이라고 한다. 이 원칙은 심판인이 심판을 제기하지 않았을 상황보다 더 불리한 상황에 놓여지지 말아야 함을 의미한다. 따라서 이 원칙에 근거할 때 **특허권자가 심판을 제기하지 않으면 심판절차에서 보정 자유도와 선택지가 제한**될 수 있다.

한편 **어떤 보조청구로도 특허가 살아남지 못하고 완전히 취소된 경우**, 결정문 중 일부에 만족하지 못한 내용이 있더라도 이의신청인은 심판을 제기할 수 없고 특허권자만 심판을 제기할 수 있다.

6.2 심판은 언제까지 제기할 수 있나?

심판을 제기하기 위해서는 **결정이 서면으로 통보된 후 2개월 내에 심판청구서**(Notice of appeal)**를 제출하고 심판청구료**(appeal fee, 2,925유로)도 납부해야 한다. 결정 통보 후 **4개월 내에는 심판의 이유**(grounds of appeal)**를 설명하는 진술서**(심판이유서)**를 제출**해야 한다(Art. 108 EPC).

심판청구 기간인 2개월과 심판이유서 제출기간인 4개월은 연장가능하지 않다. 이 기간은 절차속행 대상도 되지 않는다(Art. 121(4) EPC).

6.3 심판이유서에는 어떤 내용이 포함되어야 하나?

심판이유서에서는 심판청구인의 "완전한 사건(complete case)"을 포함해야 한다 (Art. 12(3) RPBA). 이것은 심판 대상이 되는 결정에 대한 모든 법적 이슈(legal issues) 및 기술적 이슈(technical issues), 청구항에 대한 모든 청구(all requests) 및 선행자료를 다루어야 함을 의미한다.

1. "완전한 사건(complete case)"

"완전한 사건"은 심판이유서 내용 및 상대방의 심판이유서에 대한 답변서의 내용으로 구성된다. 따라서 이의신청인이라면 본인의 심판이유서 및 상대방의 심판이유서에 대한 답변서에, 모든 공격 논리 및 관련된 모든 선행자료를 다루어야 한다. 예를 들어, 이의신청절차에서 활용한 선행자료가 심판이유서 또는 상대방의 심판이유서에 대한 답변서에서 다루어지지 않으면, 이후 절차에서 해당 선행자료를 활용하는 것은 이의신청인의 "사건(case)"에 대한 보정으로 간주되어 심판부가 거절할 수 있다.

한 상황을 가정해 보자.

이의신청절차에서 특허권자가 청구항에 대한 주청구(Main request)와 보정청구(Auxiliary request) 1부터 3까지를 주장하였고, 특허는 보정청구 2를 바탕으로 보정되어 유지되었다. 이의신청부는 주청구의 독립항이 신규사항(New matter)을 포함하고 있고, 보조청구 1은 진보성이 없다고 판단하였다. 특허권자는 심판을 제기하면서, 주청구의 신규사항에 대한 이유를 반박하였다.

이때, 심판이유서에서는 주청구의 독립항이 신규성과 진보성이 있다는 주장과 이유도 포함시켜야 한다. 왜냐하면, 심판부가 이의신청부의 결정을 뒤집어 신규사항에 대한 판단이 잘못되었다고 판단하면, 사건을 이의신청부에 환송시키고 이의신청부는 신규성과 진보성에 대한 심사를 할 수도 있다. 절차적 효율성을 생각해 환송시키지 않고 심판부가 최종 결정을 할 수도 있다. 이때 심판부는 왜 주청구의 청구항들이 신규성과 진보성을 가지는지 그 이유를 필요로 한다.

특허권자는 보조청구 1이 진보성 있음을 주장하였고, 보조청구 2를 유지하면서 보조청구 3을 다시 제출하였다. 보조청구 3은 심판부가 보조청구 2를 허여하지 않을 경우를 고려한 대안이다. 이때, 특허권자는 보조청구 3의 청구항이 왜 허여 가능한 지 주장과 상세한 이유를 제공해야 한다. 이 주장과 상세한 이유가 특허권자의 "사건(case)"의 일부가 된다. 만일, 이러한 주장과 이유가 없다면, 심판부는 왜 보조청구 3을 허여해야 하는지 특허권자가 진술하지 않았음을 이슈화할 수 있다.

한편, 이의신청인이 심판을 제기하면서 보조청구 2가 허여가능하다는 이의신청부의 결정을 공격할 수 있다. 또한, 이의신청인은 특허권자의 심판이유서에 대한 답변으로, 주청구와 보조청구 1과 3을 함께 공격할 수 있다. 이의신청인이 제출한 심판이유서에 대한 답변으로, 특허권자는 왜 보조청구 2가 허여가능한지와 이의신청부의 결정이 옳은지를 주장해야 한다.

"완전한 사건"에 관한 또 다른 사례들은 아래와 같다.

이의신청인의 어떤 공격이 이의신청절차에서만 있었고 심판이유서에는 포함되지 않았다면, 해당 공격은 심판절차에서 다투는 내용이 될 수 없다. 만일, 이후 단계에서 해당 공격이 다시 제기되면 심판부는 이를 받아들이지 않을 수 있다.

이의신청인의 공격이 합당한 근거없이 주장만 있다면(예를 들어, 청구항 1항은 신규성이 없다고 주장만 하면서 그 이유를 제시하지 않는 경우), 이러한 주장은 심판부에 의해 고려되지 않는다.

이의신청인 또는 특허권자가 이전 이의신청절차에서 제출한 서면의 특정 부분을 단순히 참조방식(예를 들어 "참조에 의한 병합(incorporation by reference)" 방식)으로 심판이유서에 언급했다면, 해당 부분은 "완전한 사건"에 포함되지 않으며 심판부에 의해 고려되지 않는다. 해당 부분을 나중에 제출하더라도 심판절차에 받아들여지지 않을 수 있다.

특허권자가 보조청구를 제출하면서 이 보조청구가 왜 허여되어야 하는지 설명이 없었다면 "완전한 사건"의 요건을 만족시키지 못하며, 심판절차에 받아들여지지 않는다. 특허권자가 이미 제출했던 청구들이 허여되지 않을 가능성을 고려해 새로운 보조청구를 제출했을 때, 심판부가 이 새로운 보조청구에 대한 결정을 하기 위해서는 왜 이 보조청구가 허여되어야 하는지 충분한 근거가 제공되어야 하기 때문이다.

새로운 청구항이 왜 허여되어야 하는지에 대한 설명없이 해당 청구항에 대한 청구(request)만을 하는 것은 "불완전한 사건(incomplete case)"에 해당한다.

상세한 설명을 심사과정에서 보정하였고 보정이 신규사항을 추가한 경우, 심판이유서와 함께 보정된 상세한 설명을 제출하지 않는 것은 "불완전한 사건(incomplete case)"에 해당할 수 있다.

2. 모든 법적 이슈(all legal issue)

심판 대상이 되는 결정에 대한 모든 법적 이슈를 다루어야 한다는 의미를 예를 들어 설명하면, 심판의 대상이 되는 결정이 신규사항 추가(Art. 123(2) or 76(1) EPC), 불충분한 개시(Art. 83 EPC), 불명료(Art. 84 EPC), 신규성 부족(Art. 54 EPC) 및 진보성 부족(Art. 56 EPC)에 대한 사안들을 포함하고 있을 경우, 심판청구인에게 불리한 모든 사안을 다루어야 한다는 의미이다.

3. 모든 청구(all requests)

청구항에 대한 모든 청구(requests)를 다루어야 한다는 의미는, 출원인 또는 특허권자는 심판이유서의 제출과 함께 등록받기를 원하는 청구항에 대한 주청구(Main request) 및 모든 보조청구(Auxiliary requests)를 제출해야 함을 의미한다. 만일, 이의신청인이 심판청구인인 경우, 이의신청부에 의해 유지되었던 청구항들에 대한 모든 공격 및 공격에 필요한 선행자료를 제출해야 함을 의미한다.

6.4 심판절차에게 다툴/공격할 수 있는 범위는?

심판 절차에서는 심사부/이의신청부의 **결정뿐만 아니라 결정 발행 전에 있었던 구두심리 회의록(minutes of oral proceedings)의 내용**에 대해서도 다툴 수 있다 (Art. 12(1)(a) RPBA).

구두심리 회의록은 구두심리에서 주고받았던 주장들의 흐름을 보여주기 때문에 결정이유를 해석하는 데 도움을 준다. 또한 이의신청결정에 대한 심판에서, 구두심리 회의록은 이의신청자가 어떤 공격 주장과 근거를 더 이상 유지하지 않는지, 특허권자가 어떤 청구(request)를 철회했는지 진술 내용을 담을 수 있다. 이러한 진술이 서면 결정문에서 누락이 될 수도 있다. 따라서 구두심의 회의록은 중요하며, 진술내용이 틀렸거나 정정할 내용이 있으면 심판에서 정정을 요구할 수 있다.

심판에서 다투는 내용은 결정 이유(reasons of decision) 중 심판청구인에게 불리한 이유에 대한 것이어야 하며, 해당 이유가 왜 잘못되었는지 상세히 심판부에 설명해야 한다. 심판청구인에게 유리한 이유에 대해서는 문제제기할 필요가 없다.

예를 들어, 이의신청부가 주청구(Main request)의 독립항이 보정요건(Art. 123(2) EPC) 및 명료성(Clarity, Art. 84 EPC) 규정은 만족하나 신규성 부족이라고 결정했다고 가정하자. 특허권자가 심판을 제기할 경우, 특허권자 입장에서 유리한 이유인 신규성에 대해서 문제제기할 필요가 없다.

6.5 심판 제기부터 심판 결정이 나오기까지 절차, 기간 및 예상비용은?

2020년 유럽특허청의 연간 보고서에 따르면, 심판의 90%가 심판 제기 후 5년 내에 결정이 나온다. 정규분포로 감안하면 평균적으로 대략 3~4년 정도 걸리는 것으로 추정할 수 있다. 사건의 복잡성 및 다수의 당사자 포함 가능성을 고려할 때, 거절결정에 대한 심판보다 이의신청부 결정에 대한 심판이 평균적으로 더 오래 걸린다.

1. 거절결정에 대한 심판

심사부의 거절결정에 대한 불복심판은 제3자가 관련되지 않는 결정계 절차(ex parte proceedings)이다.

이 심판의 경우, 심판의 대상이 되는 결정을 내렸던 심사부가 우선 심판청구서 및 심판이유서를 검토한다. 심사부는 해당 심판이 허용(admissible) 요건을 갖추었고 심판 이유의 근거가 충분하면(well founded) 기존 심사부의 결정을 정정해야 한다. 이를 **중간정정**(Interlocutory revision)이라고 한다. 이 중간정정은 심판이유서 접수 후 3개월 내에 이루어져야 한다. 만일, 심사부가 검토한 결과, 중간정정의 대상이 아니라고 판단하면 이 3개월 내로 심판부에 전달한다(Art. 109 EPC).

이 심판은 크게 3단계로 나눌 수 있다. 첫 번째 단계에서는 심판청구서 및 심판이유서를 제출하는 단계이다. 두 번째 단계에서는, 심판부가 제출된 서면을 바탕으로 예비의견(Preliminary opinion)을 발행하고, 출원인이 예비의견에 대한 답변서를 제출하는 단계이다. 심판부는 예비의견을 발행하면서, 구두심리가 열리는 날짜와 서면제출인 마감일(Final date for written submission)을 함께 통보한다. 세 번째 단계는, 구두심리를 진행하고 그 결과에 따라 결정(decision)을 서면으로 발행하는 단계이다.

심판청구 시 납부해야 할 심판청구료는 2,925유로이다. 심판청구인이 개인이거나, 중소기업, 비영리기관, 대학 또는 공공연구소인 경우 2,015유로로 감액 혜택이 있다(Art. 11 RFees).

대리인의 서비스 비용은 사건의 복잡성에 따라 좌우된다. 사건의 복잡성은 일차적으로 심판 대상인 결정의 이유들(종류와 개수)에 직접적으로 영향을 받는다. 가령, 심사부가 어떤 이유(신규사항 추가, 불충분 개시, 불명료, 신규성 부족, 진보성 부족)로 거절을 했는지에 따라 복잡성이 달라진다. 다음은, 얼마나 많은 선행자료를 심사부가 인용했는지 그리고 얼마나 많은 보조청구가 제출되었는지에 따라 사건의 복잡성이 달라진다.

통상, 심판청구서 및 심판이유서를 작성하는 데 4,000에서 7,000유로, 심사부의 예비의견을 검토하고 이에 대한 답변서를 작성하는 데 3,000에서 5000유로 그리고 구두심리를 준비하고 참석하는 데 4,000에서 7,000유로가량 소요된다.

2. 이의신청부 결정에 대한 심판

이의신청부의 결정에 불복하는 심판은, 일반적으로 특허권자와 이의신청자가 관련되는 당사자계 절차(inter parte proceedings)이다. 이 당사자계 절차에서는 중간정정(Interlocutory revision)이 적용되지 않는다(Art. 109 EPC).

이 심판도 크게 3단계로 나눌 수 있다. 첫 번째 단계에서는 심판청구서 및 심판이유서를 제출하고 당사자들이 상대방의 서면에 대한 답변서를 지속적으로 주고받는 단계이다. 두 번째 단계에서는, 심판부가 그간 제출된 서면을 바탕으로 예비의견(Preliminary opinion)을 발행하고, 양 당사자는 심판부의 예비의견 및 다른 당사자의 주장에 대한 반박을 계속하는 단계이다. 많은 경우 심판부는 예비의견을 발행하면서, 구두심리(Oral proceedings)가 열리는지 날짜와 서면제출인 마감일(Final date for written submission)을 함께 통보한다. 세 번째 단계는, 구두심리를 진행하고 그 결과에 따라 결정(decision)을 서면으로 발행하는 단계이다.

이 심판의 경우 서비스 비용을 예상하는 것이 더 어렵다. 서비스 비용이 사건의 복잡성뿐만 아니라 다른 당사자가 어떻게 절차를 진행하는가에 따라 영향을 받기 때문이다.

통상, 심판청구서 및 심판이유서를 작성하는 데 4,000에서 7,000유로로, 타 당사자의 심판이유서에 대한 답변서 작성하는 데 4,000에서 7,000유로로, 다시 상대방이 제출한 답변서에 재답변서를 제출하는 데 4,000에서 7,000유로가량 소요된다. 만일, 상대방이 공격적이어서 한두 번의 서면 공박이 계속될 경우, 서면제출 한 번에 2,000에서 4,000유로가량 소요된다. 이후, 심판부의 예비의견서에 대해 분석하고 이에 대한 답변서를 제출하는 데 3,000에서 5,000유로로, 구두심리를 준비하고 참석하는 데 6,000에서 12,000유로가량 소요된다.

6.6 심사를 담당한 심사관이 심판부에도 포함이 되나?

결론적으로 그렇지 않다. 심판부는 특허청의 한 부분을 구성하지만, 특허청의 1차 결정을 재검토하는 독립적인 조직이다. 따라서 심판 대상인 특허의 심사에 관여한 심사관은 심판부에 포함될 수 없다.

참고로, 대부분의 심판부는 기술심판부(Technical Boards of Appeal)이다. 심사부의 거절결정에 대한 심판 및 이의신청부의 결정에 대한 심판을 제기하면 대부분 기술심판부에서 담당한다. 기술심판부는 통상 2명의 기술적으로 자격을 갖춘 구성원들과 1명의 법률적으로 자격을 갖춘 구성원으로 이루어진다.

기술적으로 자격을 갖춘 심판부 구성원들 대부분 심사관으로 일했던 경험이 있지만, 심판부로 임명되면 바로 심사관의 자격은 중단된다. 한편, 법률적으로 자격을 갖춘 심판부 구성원은 특허청의 법리부(Legal Division)에서 근무한 경험이 있거나 각국 법원의 판사로 일한 경험이 많다.

6.7 심판절차에서 보정이 가능한가?

2020년 1월부터 유효한 심판절차규칙(Rules of Procedure of the Boards of Appeal, RPBA) 개정을 통해서, **심판부의 본연의 기능은 특허청의 1차 결정을 순수하게 재검토**하는 방향으로 설정하였다. 따라서 심판단계에서 보정은 점점 더 제약이 많고 특별한 상황에서만 허용된다. 심판단계의 어떠한 형태의 보정이라도 이를 받아들일지는 심판부의 재량이다.

심판부는 **보정의 복잡성**, 심판의 대상이 되는 결정을 가져오게 했던 이슈들에 대응하기 위한 **보정의 적절성** 및 **절차적 경제성**의 관점에서 재량을 발휘한다(Art. 12(4) RPBA).

출원인이나 특허권자가 심판절차에서 새로운 보정 청구항 세트를 제출할 경우, 심판절차에 받아들여지지 않을 가능성이 높다. 심판절차규칙에 따르면, 새로운 청구항 세트를 받아줄 만한 특별한 상황이 아닌 이상, 이전 절차에서 제출할 수 있었거나 이전 절차에는 있었지만 현재는 유지되지 않는 새로운 청구항에 대한 청구를 허용하지 않는다(Art. 12(6) RPBA). 따라서 **이전 단계인 심사절차 또는 이의신청절차에서 모든 가능성 있는 대안이 될 수 있는 청구항 세트들을 제출하는 것이 바람직**하다.

심판에서 보정은 출원인 또는 특허권자가 제출하는 **새로운 청구항**에 대한 청구(request)뿐만 아니라 이미 있는 선행자료에 기초한 **새로운 공격논리** 및 **새로운 선행자료** 제출도 포함된다. 따라서 심판절차에서 새로운 공격논리(예를 들어 심판이유서에서 처음으로 새로운 진보성 부족 이유를 주장하는 것)나 새로운 선행자료를 제출하는 것도 보정으로 간주되고 이것이 이전 절차에서 제출하는 것이 불가능했다는 것을 설득력 있게 주장하지 않으면 심판절차에 받아들여지지 않을 가능성이 높다.

만일, 보정이 이전 절차의 결정 이유(reasons of decision) 중에 있었던 예상치 못한 내용(surprising statement)과 관련되어 있다면 심판절차에서 받아들여질 수도 있다. 다시 말해, **보정이 결정문 이유로 인해 처음으로 명확해진 이슈에 대응이고, 이전 절차에서 대응할 수 없었으면** 받아들여질 수도 있다.

심판절차에서 보정을 꼭 해야 한다면 **심판이유서의 제출과 함께 또는 상대방의 심판이유서에 대한 답변으로 제출하는 것이 바람직**하다. 즉, 심판절차 시작 시점에 보정을 하는 것이 바람직하다.

심판이유서를 제출한 이후에 또는 상대방의 심판이유서에 대한 답변서를 제출한 이후에 보정은 받아들여지지 않을 가능성이 높다. 받아들여질 가능성을 높이기 위해서는, 왜 심판절차의 **이 시점에 제출할 수밖에 없었는지 이유를 제시하고, 다른 당사자 또는 심판부가 제기한 거절이유를 자명하게 극복하면서 새로운 거절이유를 초래하지 않는다는 것을 입증**해야 한다.

심판부의 예비의견(preliminary opinion)이 발행되고 구두심리일이 통지된 후에부터는 보정이 받아들여지기는 훨씬 더 어렵다. 이 단계에서 보정은 **예외적인 상황**이지 않으면 받아들여지지 않는다. 이러한 예외적인 상황은 관련된 당사자의 **"설득력 있는 이유**(cogent reason)"로 정당화되어야 한다. 예를 들어, 심판부의 예비의견에서 심판부가 새롭게 어떤 이슈를 제기하였고 이는 이전에 예상할 수 없었던 이슈인 경우, 이에 대응하기 위해 보정하였다는 것은 "설득력 있는 이유"가 될 수도 있다.

관련된 사례들은 아래와 같다.

ⅰ) 이의신청부가 청구항 1항이 특징 X가 없어서 Art. 123(2) EPC에 근거한 신규사항이라고 판단하였고, 특허권자는 이후 심판절차에서 구두심리 통보를 받은 직후 특징 X를 1항에 추가된 보조청구를 제출하였다. 이 경우 해당 보조청구는 받아들여지지 않는다. 왜냐하면, 이전 절차에서(적어도 이의신청절차의 구두심리에서) 해당 보조청구가 제출될 수 있었기 때문이다.

ⅱ) 이의신청자가 특허권자의 심판이유서에 대한 답변서를 제출하면서 뒷받침할 만한 이유가 제시되지 않은 공격을 했거나, 이의신청절차에 있었던 내용을 참조하는 방식으로 공격한 경우, 이 공격은 이의신청자의 "사건(case)"에 포함되지 않는다. 따라서 이후 단계(예를 들어 구두심리 과정에서)에서 해당 공격을 보완하더라도 이는 "새로운 사건(fresh case)"이 되기 때문에 받아들여지지 않는다.

iv) 특허권자가 심판절차의 구두심리에서 프로세스 청구항들을 삭제한 새로운 청구항 세트를 제출하였고, 이는 사건의 보정으로 간주되지 않아 심판부에 의해 받아들여졌다.

ⅴ) 심판부가 예비의견에서 새로운 거절이유를 제기하였고, 출원인/특허권자가 이 거절이유를 극복하기 위해 새로운 청구항에 대한 청구를 하면 받아들여질 수 있다.

ⅵ) 특허권자가 심판절차에서 구두심리일 통지 후 새로운 청구항 세트를 제출하면서 뒤늦은 제출이 심판부의 청구항 해석에 기인한다고 주장하였다. 만일, 이 청구항 해석이 이의신청절차의 결정에 이미 적용이 되었다면, 해당 청구항 세트를 이전에 제출될 수 있었기 때문에 받아들여지지 않는다.

ⅶ) 심판부의 예비결정에서 제기된 거절이유를 극복하기 위한 시도로 특허권자가 새로운 청구항 세트를 제출하였지만 실제로는 극복하지 못하는 청구항 세트인 경우 받아들여지지 않는다.

ⅷ) 심판부의 예비결정에서 제기된 거절이유를 극복하기 위한 시도로 특허권자가 새로운 청구항 세트를 제출하였다. 이 청구항들이 제기된 거절이유는 극복했지만 새로운 거절이유를 야기하는 경우 받아들여지지 않는다.

ⅸ) 종속항을 삭제하거나 청구항 내 선택적인 특징을 삭제하는 새로운 청구항 세트는 일반적으로 받아들여진다.

ⅹ) 이의신청인이 심판절차의 구두심리에서 새로운 진보성 거절이유를 제기하는 것은 일반적으로 받아들여지지 않는다.

6.8 심판절차를 좀 더 빠르게 진행시키는 방법은 있는지?

심판절차에 대해서는 심사절차의 PACE 청구와 유사한 방법은 없다. 하지만 심판 당사자의 요청에 의해서, 심판부는 절차를 가속시킬 수 있다. 이 요청을 할 때, 왜 가속해야 하는지를 정당화할 수 있는 이유를 포함해야 하며, 경우에 따라 서면

증거로 뒷받침되어야 한다. 예를 들어, 특허침해소송이 진행 중이라면 심판절차 가속을 위한 청구가 가능하다.

6.9 심판부가 심사부나 이의신청부로 환송할 수 있나?

결론적으로 그렇다. 예외적인 경우에, 심판부는 1심 성격인 심사부나 이의신청부로 사건을 환송한다. 예를 들어, 특허출원이 단지 신규사항 추가(Art. 123(2) EPC)로 거절되었거나 특허가 단지 하나의 이의신청이유(ground of opposition)를 이유로 취소되었고, 심판부과 심사부나 이의신청부의 결정과 다른 결정에 도달할 경우, 심판부는 다른 이유를 조사하도록 해당 사건을 환송할 수 있다.

6.10 심판비용 배상이 가능한가?

일반적으로 가능하지 않다. 각 당사자가 자신의 비용을 대야 한다. 아주 예외적인 경우에, 예를 들어 한 당사자가 심판절차를 악용하는 경우, 다른 당사자의 요청에 따라 심판부는 비용배분에 대한 결정을 할 수 있다.

07

모든 단계 관련사항

7.1 기한계산 방법은?

Rule 131(2) EPC에 따르면, 기한 계산은 관련된 이벤트가 발생한 날의 익일부터 시작하는 것으로 규정되어 있다. 여기서 관련된 이벤트는, 특허청 관련 절차상의 이벤트이거나 다른 기한의 만료가 해당된다. 예를 들어, 관련된 이벤트가 발생한 날에는 우선일, 출원일, 특허청으로 통지문을 받은 날 또는 번역문 제출 기한에 해당하는 출원일로부터 2개월의 만료일이 해당된다.

1. 통지일 기준 기한 계산

관련된 이벤트가 발생한 날이 통지일인 경우에는, 원칙적으로 통지되는 문서를 받은 날이 이벤트가 발생한 날이 된다. 하지만 문서를 발송한 날로부터 실제 문서를 받은 날까지 시간 간격은 상황에 따라 달라질 수 있으므로, 기한에 대해서 법적 불안정이 발생한다. 이를 해소하기 위해서는 Rule 126(2) 및 127(2) EPC에서는 **통지일로 간주하는 날**을 규정하고 있다.

즉, 등기우편으로 통지하는 경우에는 우편서비스 제공자에게 전달된 다음날부터 10번째 되는 날 또는 온라인방식으로 통지하는 경우에는 전송일(mailing date) 다음날부터 10번째 되는 날을 통지일로 간주한다. 이를 '10-day rule'이라고도 부른다. 그런데 만일 위의 10번째 되는 날 이후에 실제로 통지를 받게 되면, 기한은 실제 통지일로부터 계산한다. 만일, 출원인이 주장하는 실제 통지일에 대해 특허청이 다툴 경우, 실제 통지일에 대한 입증책임은 특허청이 진다(Rule 126(2) 및 127(2) EPC).

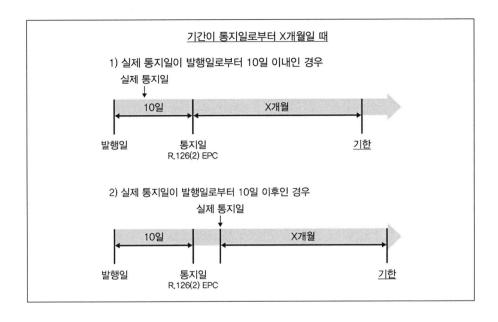

기간이 통지일로부터 X개월일 때

1) 실제 통지일이 발행일로부터 10일 이내인 경우

실제 통지일

10일 　　　　X개월

발행일　　통지일　　　　　　기한
R.126(2) EPC

2) 실제 통지일이 발행일로부터 10일 이후인 경우

실제 통지일

10일　　　　X개월

발행일　　통지일　　　　　　기한
R.126(2) EPC

　특허청은 업무 디지털화를 가속하면서 2022년 10월에 위에서 설명한 '10－day rule'에 관련 규칙을 개정하였다(https://www.epo.org/news－events/news/2022/20221021. html). 따라서 '10－day rule'은 2023년 10월 31일까지만 적용되며, 2023년 11월 1일부터 발행되는 통지문의 경우 통지문에 적힌 날짜에 통지된 건으로 간주한다. 통지 관련 다툼이 있을 경우, 통지여부 및 통지날짜의 입증책임은 특허청이 가진다. 통지문이 통지문에 적힌 날짜보다 7일 이후에 실제로 통지된 경우, 7일 넘는 날짜만큼 관련된 기한이 늦춰진다(GL E－II 2.3).

　다음은 '10－day rule'을 적용한 통지일 기준 기한 계산방법을 소개한다.

　실무적으로 온라인방식으로 통지하는 것이 일반적이고, 문서의 발행일(통지문에 적혀진 날짜)이 전송일이 되므로 대부분의 경우 통지일은 문서의 발행일로부터 10일을 더해서 계산한다. 다음 그림과 같이, 통지일로부터 4개월 이내에 답변서를 제출해야 하는 Art. 94(3) EPC 규정에 따른 통지서가 2021년 5월 11일에 발행된 경우 통지일은 2020년 5월 21일로 간주한다. 따라서 답변서 제출기한은 2021년 5월 21일에 4개월을 더한 2021년 9월 21일(화요일)이 된다.

	European Patent Office Postbus 5818 2280 HV Rijswijk NETHERLANDS Tel: +31 70 340 2040 Fax: +31 70 340 3016

Vossius & Partner
Patentanwälte Rechtsanwälte mbB
Siebertstrasse 3
81675 München
ALLEMAGNE

Formalities Officer
Name: Fontana Balparda, E
Tel: +31 70 340 - 2442
or call
+31 (0)70 340 45 00

Substantive Examiner
Name: Dezso, Gabor
Tel: +31 70 340 - 3092

Application No.	Ref. Z2598 EP	Date 11.05.2021
Applicant		

Communication pursuant to Article 94(3) EPC

The examination of the above-identified application has revealed that it does not meet the requirements of the European Patent Convention for the reasons enclosed herewith. If the deficiencies indicated are not rectified the application may be refused pursuant to Article 97(2) EPC.

You are invited to file your observations and insofar as the deficiencies are such as to be rectifiable, to correct the indicated deficiencies within a period

of   4   months

from the notification of this communication, this period being computed in accordance with Rules 126(2) and 131(2) and (4) EPC. One set of amendments to the description, claims and drawings is to be filed within the said period on separate sheets (R. 50(1) EPC).

If filing amendments, you must identify them and indicate the basis for them in the application as filed. Failure to meet either requirement may lead to a communication from the Examining Division requesting that you correct this deficiency (R. 137(4) EPC).

Failure to comply with this invitation in due time will result in the application being deemed to be withdrawn (Art. 94(4) EPC).

Registered letter
EPO Form 2001 11.16TRI

위 사례에서 2021년 5월 21일에 4개월을 더한 날짜가 2021년 9월 21일이 되는 근거는 Rule 131(4) EPC 규정에 의해서이다. Rule 131(4) EPC에 따르면, 기간이 몇

달로 정해지는 경우, 해당 기간은 관련된 후속달(위 사례에서는 9월) 내에서 기간 규정과 관련된 이벤트(위 사례에서는 통지 간주일 2021년 5월 21일)가 발생한 날과 동일한 숫자를 가지는 날에 만료한다. 그래서 위 사례에서는 9월 21일이 기한이 되는 것이다. 만일, 윤달과 같이 관련된 이벤트가 발생한 날과 동일한 숫자를 가지는 날이 없는 경우, 해당 월의 마지막 날에 만료한다(Rule 131(4) EPC).

계산된 만료일이 유럽특허청의 출원사무소들(뮌헨, 베를린, 헤이그) 중 한 곳이 문을 열지 않은 공휴일에 해당된다면, 해당 만료일은 모든 출원사무소들이 공휴일이 아닌 첫 번째 날까지 연장된다(Rule 134(1) EPC). 예를 들어, 독일 통일 기념일(10월 3일)에는 독일 국경일이라 유럽특허청의 뮌헨과 베를린 사무소는 문을 닫지만, 네덜란드의 헤이그 사무소는 문을 연다. 이 경우에는, Rule 134(1) EPC 적용을 받아서 기한 만료일이 10월 3일에 해당하는 경우, 3개 출원사무소가 함께 문을 여는 날까지 기한이 연장된다.

기한 계산을 통지일을 기준으로 하기 때문에 10일의 추가 기간을 더해야 하는, 실무적으로 자주 접하는 기간은 다음과 같다.[1]

1) 출원서류상의 형식적 요건을 만족하지 못해서 이를 정정하기 위해 주어지는 2개월(Rule 55, 56 및 58 EPC)

2) 청구항이 여러 개의 독립항을 포함하고 있는 경우 선행조사가 수행되어야 할 독립항을 지정하도록 주어지는 2개월(Rule 62a EPC)

3) 독립항이 너무 넓게 기재되어 있거나 불명료하게 기재되어 있어 선행조사를 수행하기 어려운 경우 선행조사가 수행되어야 할 기술주제를 제출하도록 주어지는 2개월(Rule 63 EPC)

4) 조사부에서 단일성 위반으로 판단하여 추가 조사료를 납부해야 하는 기간 2개월(Rule 64 EPC)

---

1 EQE Online Training Course for the Pre-examination, Module 2.1, 3.3

5) Euro-PCT출원에서 보충적 유럽조사보고서를 받기 전에 심사청구한 경우, 심사절차를 계속 진행할지 의사표시 및 보충적 유럽조사의견서상의 부정적 의견에 대한 답신 기간인 6개월(Rule 70(2) 및 70a(2) EPC)

6) 심사부에서 심사한 결과에 대한 답변서 및 필요시 보정서를 제출해야 하는 기간 4개월(Art.94(3) EPC)

7) 허여의사 통지에 대한 답변으로, 등록료 납부 및 청구항 번역문을 제출해야 하는 기간 4개월(Rule 71(3) EPC)

8) 기간 미준수나 권리상실에 대한 통지를 받은 후 절차속행을 청구할 수 있는 기간 2개월(Rule 135 EPC)

9) 결정문(Decision)을 통지받은 후 심판을 청구할 수 있는 기간 2개월 및 심판사유서(Statements of the grounds for appeal)를 제출할 수 있는 기간 4개월(Art. 108 EPC)

유럽정규출원의 경우 유럽조사보고서를 받기 전에 심사청구한 경우, Rule 70(2) 및 70a(2) EPC 규정에 따라 심사절차를 계속 진행할지 의사표시 및 유럽조사의견서 상에 부정적 의견에 대한 답신 기한은 **유럽조사보고서가 유럽특허공보에 공개된 날로부터 6개월**이다(GL C-II 1.1). 한편, Euro-PCT출원의 경우, 보충적 유럽조사보고서를 받기 전에 심사청구한 경우, Rule 70(2) 및 70a(2) EPC 규정에 따른 기한은 **Rule 70(2) EPC에 따른 통지문을 접수한 날로부터 6개월**이다(GL C-II 1.2). 따라서 후자의 경우 통지문을 발행일로부터 10일을 추가하면 통지일로 간주된다.

2. 고정일 기준 기한 계산

기한 계산에 있어서 관련된 이벤트가 통지일이 아니라 정해진 날짜인 경우는 Rule 126(2) 및 127(2) EPC 규정에 따르는 10일의 추가기간 혜택을 받을 수 없으므로, 기한 계산 시 혼동하지 말아야 한다.

정해진 날짜를 기준으로 기한을 계산하는, 실무적으로 자주 접하는 기간은 다음과 같다.

1) 우선기간

우선권 기초출원의 출원일로부터 12개월(Art. 87(2) EPC)

2) 출원서를 국문으로 제출한 경우 영어번역문을 제출하는 기간

출원일로부터 2개월

3) 출원료 및 조사료 납부기간

출원일로부터 1개월

4) 우선권 주장 기간

우선일로부터 16개월

5) 우선권 주장을 정정할 수 있는 기간

기존 최우선일 및 변경된 최우선일 중 앞서는 우선일로부터 16개월, 출원일로부터 4개월, 두 기간 중 늦게 만료하는 날

6) 지정료 납부 기간, 심사청구 기간 및 유럽조사의견서에 기재된 거절사유 (objection)에 대한 답신 기간

유럽조사보고서 공개일로부터 6개월(Rule 39(1), 70(1) 및 70a(1) EPC)

7) 이의신청 기간

특허허여가 공개된 날로부터 9개월(Art. 99(1) EPC)

앞서 설명한 바와 같이, Euro-PCT출원의 경우 Rule 70(2) 및 70a(2) EPC에 따른 통지문에 대한 답변 기한 계산은 통지일을 기준으로 계산하기 때문에 10일의 추가기간을 고려해야 하지만, 유럽정규출원의 경우 Rule 70/70a EPC에 따른 통지문에 대한 답변은 정해진 날짜(유럽조사보고서가 공개된 날)를 기준으로 하기 때문에 10일의 추가기간을 고려할 필요가 없다. 유럽조사보고서가 공개되는 날은 Rule 69 EPC에 따라 출원인에게 통지되는데, Rule 70a(1) EPC에 따른 통지문과 함께 통지되거나 사전에 별도로 출원인에게 통지된다.

다음 그림은 Rule 70(2) 및 70a(2) EPC에 따른 통지문의 첫 페이지를 보여준다.

유럽조사보고서가 공개된 날이 2023년 6월 21일이므로, 심사단계로 진행하는 것을 원한다는 것을 특허청에 의사표시하는 기한은, 공개일로부터 6개월에 해당하는 2023년 12월 21일(목요일)이다.

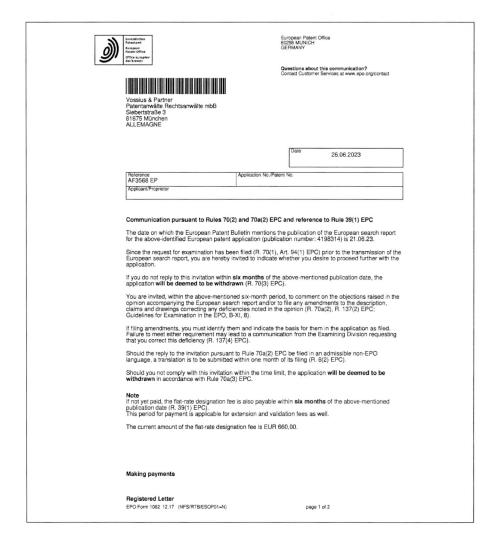

7.2 기한을 지키지 못한 경우 해결방법은?

유럽특허법에서는 준수해야 할 다양한 기한을 규정하고 있다. 그러한 기한은, 특정 이벤트의 발생을 기준으로 자동적으로 결정되는 기한과 특허청의 통지일을 기준으로 결정되는 기한으로 나눌 수 있다. 출원일로부터 1개월 이내인 출원료와 조사비를 납부하는 기한은 전자에 해당하고, Art. 94(3) EPC에 근거한 통지일로 부터 2개월 또는 4개월 이내인 심사결과에 대한 답변서 제출 기한은 후자에 해당한다.

기한을 준수하지 못한 경우, 이루어지지 않은 행위의 종류에 따라, 출원일이 부여되지 않거나, 출원이 거절 또는 취하된 건으로 간주되는 법적효과가 발생한다. 특히, 기한 미준수로 취하 간주된 출원명세서에 개시된 발명 내용은 Art. 54(3) EPC에 따른 선행기술이 되어, 나중에 후추 특허출원을 하더라도 해당 발명에 대한 특허를 받을 수 없는 경우가 발생한다. 이 경우, 기한 미준수는 출원인에게 심각한 권리상 손해를 가져올 수 있다. 따라서 의도치 않은 실수로 기한을 준수하지 못한 경우나 의도적으로 기한을 준수하지 않았으나 차후 필요성에 의해 이를 번복할 필요성이 있는 경우, 기한을 지키지 못한 절차적 하자를 치유하는 방법이 필요하다.

이러한 방법으로, **절차속행(Further processing, Art. 121 and Rule 135 EPC) 또는 권리회복(Re-establishment of rights, Art. 122 and Rule 136 EPC)**을 청구하는 방법이 있다.

1. 절차속행 청구

1) 활용 주체

절차속행 청구는 출원인만이 가능하다(Art. 121(1) EPC). 따라서 절차속행 청구는 특허권자가 이의신청, 한정절차 또는 취소 절차에서 청구할 수 없다.

2) 청구 방법 및 청구 기한

절차속행은 별도의 서면으로 청구하는 것이 아니라, 기한 내에 이루어지지 않은 행위를 완료하고 동시에 절차속행료(fee for further processing)를 납부함으로써 청구하게 된다.

기한을 준수하지 못한 경우, 특허청은 이 사실을 출원인에게 통지하면서 그 결과로 **권리상실(loss of rights)이 발생하였음을 통지**하게 되는데(Rule 112(1) EPC), 이 **통지일로부터 2개월 내에 앞서 기한 내에 이루어지지 않은 행위를 완료하고 절**

차속행료를 납부해야 한다(Rule 135 EPC). 실무적으로 특허청은, 권리상실 발생 통지문을 받기 전에 절차속행을 청구하는 것도 허용한다(GL E−VII 2.1).

3) 절차속행료(절차속행 청구비용)

절차속행료는 기한을 준수하지 못한 행위의 성격에 따라 금액이 달라진다. 만일, 관납료 납부 기한을 준수하지 못한 경우, **절차속행료는 납부하지 못한 관납료의 50%**에 해당한다. 관납료 납부 이외의 행위를 준수하지 못한 경우, **절차속행료는 준수하지 못한 행위당 고정금액**(290유로)이다(Art. 2(1) Item 12 RFees).

다만, 예외 규정으로써 Rule 71(3) EPC에 따른 번역문 제출과 등록료 납부를 기한 내에 하지 못한 경우, 번역문 제출에 대한 절차속행료 290유로와 등록료(930유로)의 50%에 해당하는 절차속행료 465유로를 합한 금액이 총 절차속행료가 되는 것이 아니라, 290유로만을 납부하면 된다.

4) 절차속행의 법적 효과

절차속행 청구가 받아들여지면 기한 미준수에 따른 법적 결과가 발생하지 않았던 것으로 간주된다(Art. 121(3) EPC).

5) 절차속행이 적용되지 않는 기한[2]

Art. 121(4) 또는 135(2) EPC에는 **절차속행이 적용되지 기한**을 규정하고 있다. 이에 해당하는 대표적인 기한은 아래와 같다.

(1) **파리조약에 따른 우선권 주장 출원 기한인, 우선일로부터 12개월**(Art. 87(1) EPC)

(2) 심판청구 기한인, 결정 통지일로부터 2개월(Art. 108 EPC)

(3) 재검토청원(petition for review) 청구 기한인, 심판 결정 통지일로부터 2개월 (Art. 112a(4) EPC)

(4) 절차속행 청구 또는 권리회복 청구를 할 수 있는 기한

(5) 출원명세서 번역문 제출 기한인, 출원일로부터 2개월(Rule 6(1) EPC)

---

2 EQE Online Training Course for the Pre−examination, Module 3.2, 3.3

(6) 분할출원명세서 번역문 제출 기한인, 분할출원일로부터 2개월(Rule 36(2) EPC)

(7) **연차료 추가납부 기한인, 원 납부기한으로부터 6개월**(Rule 51(2) EPC)

(8) **우선권을 추가하거나 기 주장된 우선권을 변경하는 경우, 추가 또는 변경된 우선일 중에서 가장 빠른 우선일로부터 16개월**(Rule 52(2) and (3) EPC)

(9) 출원일 부여 요건에 대한 심사에서 발견된 하자를 치유하는 기한인, 해당 통지일로부터 2개월(Rule 55 EPC)

(10) 누락된 출원명세서 일부를 추후 제출하는 기한인, 출원일로부터 또는 해당 통지일로부터 2개월(Rule 56 EPC)

(11) 출원 서류의 형식 심사에서 발견된 하자를 치유하는 기한인, 해당 통지일로부터 2개월(Rule 58 EPC)

(12) 우선권 주장의 하자를 치유하는 기한인, 우선일로부터 16개월(Rule 59 EPC)

(13) **다수개의 독립항이 있는 경우 조사대상인 독립항을 특정하는 기한인, 해당 통지일로부터 2개월**(Rule 62a (1) EPC)

(14) 조사대상인 기술주제를 정의하는 데 요구되는 기한인, 해당 통지일로부터 2개월(Rule 63(1) EPC)

(15) **추가 조사료를 납부하는 기한인, 해당 통지일로부터 2개월**(Rule 64(1) EPC)

(16) 권리상실(loss of rights) 통지에 대한 결정을 요구하는 기한인, 권리상실 통지일로부터 2개월(Rule 112(2) EPC)

Euro-PCT출원이 출원일(또는 우선일)로부터 31개월 내에 유럽단계 진입을 위한 요구조건들을 일부 이행하지 못한 경우, 31개월이 만료된 날로부터 해당 Euro-PCT출원은 취하된 건으로 간주된다. 이때, 특허청은 권리상실이 발생되었음을 통지하고, 이 통지일로부터 2개월 내에 절차속행 청구 및 이행하지 못한 요구조건을 완성함으로써, 권리상실을 치유할 수 있다.

2. 권리회복 청구

1) 활용 주체

권리회복 청구는 출원인 또는 특허권자만이 가능하다(Art. 122(1) EPC). 따라서 이의신청인은 권리회복 청구 제도를 이용할 수 없다.

또한, 출원인 또는 특허권자가 개별 상황에서 요구되는 **모든 주의 의무**(all due care)를 다 했음에도 기한을 놓쳤을 때만 가능하다. 따라서 권리회복 청구 시 모든 주의 의무를 다 했음에도 기한을 지키지 못한 것이 예상치 못한 상황에 의해 발생하였음을 입증하는 증거를 제출해야 한다(GL E-Ⅶ 3).

그러한 증거로서 충분하기 위해서는, 기한을 모니터링하는 시스템이 갖추어져 있고, 통상적으로 시스템이 잘 작동하나 **예외적인 상황**(exceptional circumstances) **또는 단발성 실수**(isolated mistake)로 기한을 놓친 상황이 발생했다는 것을 입증해야 한다(J 2/86).

이와 같은 예외적인 상황으로 인정된 사례로는, 특허청의 온라인 통지문이 잘못해서 삭제된 경우(T 14/89), 복잡한 회사의 인수/합병 과정으로 관리상의 실수를 피하기 어려운 경우(T 469/93), 출원인의 서류가 화재로 전부 소실되어 다시 서류를 준비해야 되는 경우 또는 대리인이 출원인에게 우선권 서류와 관련된 잘못된 도면 세트를 송부했으나 그러한 잘못을 즉시 인지하기 어려웠던 경우가 있다. 반대로, 새로운 시스템의 설치로 인한 오류는 예외적인 상황으로 인정되지 않으며(T 489/04), 관리자의 부재 시 대체 인력을 효과적으로 마련하는 것은 위에서 말한 통상적으로 잘 작동하는 시스템으로 인정받기 위해서 필수적인 조건이다. 한편, 동일한 실수가 동일한 사람에 의해 발생했다면, 단발성 실수로 인정받기 어렵다(T 283/01).

모든 주의 의무를 다해야 하는 주체는 출원인이다. 만일, 제3자가 출원인을 대리하고 있다면, 제3자의 대리활동을 출원인인 활동으로 간주할 수 있다. 주의 의무의 수준을 평가하는 데 있어서, 기한을 놓친 실수를 출원인이 했는지 또는 대리인이나 대리인의 비서가 했는지 여부가 고려된다. 따라서 대리인이 EPC 규정을 잘못 해석하여 기한을 놓친 실수를 했다면, 일반적으로 주의 의무를 다한 것으로 간주되지 않는다(J 42/89). 이러한 판례를 고려하여, 대부분의 대리인들은 기한 관리 담당자로 대리인들의 비서를 지정한다.

그렇다고 해서, 기한을 관리하는 비서들이 전혀 업무적인 전문성이 없는 경우에도, 기한 관리 시스템이 통상적인 상황하에서 잘 작동하는 것으로 인정되지 않는다. 기한을 놓친 실수를 비서가 한 경우에는, 비서가 해당 업무에 적합한 능력을 가지고 있고, 해당 업무를 수행하기 위한 적절한 지시를 받았으며, 해당 업무에 대해 대리인이 비서를 합리적으로 감독하고 있다는 것을 입증해야, 그러한 통상적으로 잘 작동하는 기한 관리 시스템으로 인정받을 수 있다(J 5/80).

한편, 권리회복 청구의 대상이 되는 권리상실은 기한을 준수하지 못한 사유로 발생했어야 한다. 구체적인 날짜나 조건이 설정되어 있다 하더라도, 시작 날짜와 절차적 행위를 완성하기 위한 기간을 가지고 있지 않다면, 권리회복 목적의 기한으로 간주되지 않는다(J 18/4). 따라서 구체적 날짜가 지정된 구두 심리에 참석하지 못한 것은 권리회복 절차에 의해 치유될 수 있는 대상이 아니다. 마찬가지로, 분할출원은 모출원이 계류 중인 동안에 할 수 있다는 요건은, 기한이 아니라 조건에 해당됨으로, 권리회복 절차의 대상이 되지 않는다(J 21/96; J 10/01).

2) 청구 방법 및 청구 기한

권리회복 청구는 서면으로 해야 하고, 청구 사유와 관련 사실 관계를 기술해야 한다(Rule 136(2) EPC). 따라서 청구 사유를 뒷받침하는 구체적인 사실에 대한 내용이 기술되지 않은 경우 권리회복 청구는 받아들여지지 않는다(J 19/05).

권리회복 청구는 **기한을 준수하지 못한 원인이 해소된 날로부터 2개월 내** 그리고 **미준수한 기한의 만료일로부터 1년 이내**에 해야 한다. 단, 미준수한 기간이 우선권 기간(Art. 87(1) EPC의 12개월)이나 재검토 청원(Petition for review) 청구 기간 (Art. 112a(4) EPC 의 2개월)인 경우, 미준수한 기한의 만료일로부터 2개월 이내에 해야 한다(Rule 136(1) EPC). 이 권리회복 청구 기한 내에 원래 미준수된 기한 내에 이루어졌어야 할 절차적 행위를 완성해야 한다(Rule 136(2) EPC).

통상, 권리상실의 통지를 받은 날을 기한을 준수하지 못한 원인이 해소된 시점으로 추정한다(T 1588/15, r.11). 하지만 이러한 추정을 개별적 사실에 기초해서 반박할 수 있다.

한편, 기한을 준수하려는 의도가 있었음에도 실수로 인해 준수하지 못한 경우에는, 기한 준수의 행위에 대한 책임이 있는 사람(대리인)이 기한을 놓쳤다는 사실을 인지하게 된 날이, 상기 원인이 해소된 날이 된다(J 27/88; J 5/94).

3) 권리회복 청구료

권리회복 청구료는 720유로이다(RFees Art. 2, item 13). 권리회복비가 납부되기 전까지 권리회복 청구가 이루어지지 않은 것으로 간주한다(Rule 136(1) EPC).

4) 권리회복의 법적 효과

권리회복 청구가 받아들여지면 권리상실이 발생하지 않았던 것으로 간주된다(Art. 122(3)). 즉, 권리회복은 소급적 효과가 있다.

5) 권리회복이 적용되지 않는 기한

절차속행 대상이 되는 기한과 **권리회복을 청구하는 기한 자체**에 대해서는 권리회복 절차가 적용되지 않는다(Art.136(3) EPC).

6) 권리회복이 적용되는 기한[3]

절차속행이 적용되지 않았던 기한들에 대해서 권리회복 절차가 적용된다. 따라서 권리회복이 적용되는 기한들은 앞서 설명한 '절차속행이 적용되지 않는 기한' 부분에 열거되어 있다.

7.3 특허청이 정한 기간을 연장하는 방법은?

예정된 기간의 만료일이 유럽특허청의 출원사무소 3곳(뮌헨, 베를린, 헤이그) 중 한 곳이라고 문을 열지 않는 공휴일에 해당하는 경우, 그 기간은 출원사무소 3곳이 모두 문을 여는 가장 첫 번째 날까지 자동으로 연장된다(Rule 134(1) EPC). 이러한 기간의 자동연장을 적용하더라도 출원인의 사유로 인해서 정해진 기간 내에 특허법에서 요구하는 절차를 이행할 수 없는 상황이 발생할 수 있다. 현재 앞두고 있는 기간 만료를 연장할 수 있는지, 있다면 어떻게 연장해야 하는지 의문을 가질 수 있다.

특허법 또는 특허규칙에서 확정된 기간을 규정한 경우 원칙적으로 연장이 불가능하다. 예를 들어, Art. 87(1) EPC에서 규정한 1년의 우선기간; Rule 52 (2) 및 (3)

---

3 EQE Online Training Course for the Pre-examination, Module 3.4, 3.2.9

EPC에서 규정한 16개월의 우선권 주장 기간 및 16개월/4개월의 우선권 정정기간; Rule 55, 56 및 58 EPC에서 규정한 형식적 하자를 치유하기 위해 통지하는 기간 2개월; Rule 70(1) 및 70a(1) EPC에서 규정한 6개월의 심사청구 및 유럽조사의견서에 대한 답변서 제출기간; Rule 71(3) EPC에서 규정한 4개월의 등록료 납부 및 청구항 번역문 제출기간이 이에 해당한다.

특허법 또는 특허규칙에서 기간을 정하는 데 있어서, **"a period to be specified" 용어로 정의한 경우, 이는 유럽특허청이 재량이 가지고 기간을 정할 수 있다**(Rule 132(1) EPC). 이렇게 유럽특허청이 재량을 가지고 정한 기간의 경우, 원칙적으로 출원인의 요청에 의해서 기간 연장이 가능하다. 특허청이 재량을 가지고 정할 수 있는 기간은 **통상적으로 2개월에서 4개월 사이이며 최대 6개월까지**이다(Rule 132(2) EPC). 따라서 Art. 94(3) 및 Rule 71(1) EPC 규정에 따라 심사부의 심사결과에 대해 답변서 및 필요 시 보정서를 제출해야 할 기간이 4개월 주어진 경우, **출원인의 청구에 의해** 추가 2개월 기간 연장이 가능하다.

한편, Rule 70(2) 및 70a(2) EPC에서는, 심사절차를 계속할지 여부를 표시하고 유럽조사보고서상의 거절이유에 대한 답변서 및 필요 시 의견서를 제출해야 하는 기간을 "within a period to be specified" 용어로 정의한다. 유럽정규출원의 경우 이 기간을 Rule 70(1) 및 70a(1) EPC에서 규정한 기간과 마찬가지로 유럽조사보고서가 공개된 날로부터 6개월로 정하고 있다. Rule 132(2) EPC 규정에 따라 특허청이 재량을 가지고 정할 수 있는 기간이 최대 6개월이므로, Rule 70(2) 및 70a(2) EPC에서 정한 6개월 기간을 더 이상 연장할 수 없다.

특허청이 정한 기간을 연장하기 위해서는 그 기간이 만료되기 전에 기간 연장을 요청해야 한다(Rule 132(2) EPC). 실무적으로 Art. 94(3) EPC 규정에 따른 4개월의 답변기간 만료 전에 2개월의 기간 연장을 신청한 경우, 별도의 승인 절차없이 자동적으로 연장되며 특허청은 연장 여부를 확인해주는 통지서를 발송한다. 기간 연장 청구 시 특허청에 납부하는 별도의 관납료는 없다.

기간을 연장할 수 있는 예외적인 절차로는 절차중단(Interruption of proceedings)이 있다. 절차중단 사유는 ⅰ) 출원인, 특허권자 또는 그들의 대리인이 사망하였거나 법률적 무능력자(Legal incapacity)가 되었거나, ⅱ) 출원인, 특허권자 또는 그들의 대리인이 파산이나 지불불능의 이유로 특허청에 대한 절차를 지속하기 어렵게 된 경우이다(Rule 142(1) EPC). 이러한 절차중단 사유가 발생 시 이를 특허청에 통보하면, 특허청은 해당 절차중단 사유가 발생한 첫 번째 날로부터 소급해서 절차를 중단시킨다(OJ EPO 1988, 323).

출원인과 특허권자의 권리보호를 위해서 절차중단 기간 동안에는 기한이 만료되지 않으며, 절차중단 시점에 적용되던 기간은 절차가 재개된 날로부터 다시 시작한다(Rule 142(4) EPC). 예외적으로, 심사청구 기간이나 연차료 납부 기간은 절차 재개 후에 다시 시작하지 않으며, 절차중단 기간 내에 해당 기간이 만료한 경우, 심사청구는 절차재개 후 2개월 이내까지 가능하고, 연차료 납부는 절차재개 후 6개월 내까지 추가료를 내면서 납부할 수 있다(Rule 142(4) EPC 및 J 902/87).

결론적으로, 절차중단 기간 만큼 앞서 계류 중인 기간을 연장하는 효과를 기대할 수 있으나, 이 절차중단 사유는 매우 제한적이라 활용도가 높지는 않다.

7.4 출원 이후 등록 전까지 보정이 가능한 시기는 언제인가?

선행자료 조사 또는 심사결과에서 제기된 거절이유를 극복하기 위해, 명세서나 청구항을 보정하는 경우가 일반적이다. 하지만 출원이 스스로 청구항 문구가 명확하지 않다고 판단하거나, 출원 이후에 알게 된 선행자료로 인해 기존 청구항의 기술주제를 수정해야 하거나, 출원 이후에 알게 된 경쟁사 제품을 공격할 수 있도록 청구항을 조정해야 하는 등 여러 사유로 출원인이 자진해서 청구항을 보정하는 경우도 실무적으로 빈번하게 발생한다.

심사단계에서 명세서를 보정할 수 있는 시기는 아래와 같다.

1) Euro-PCT출원(PCT출원 후 유럽진입한 건)의 경우, Rule 161/162 EPC에 따른 통지문을 받은 경우, 상기 통지된 날로부터 6개월 이내

2) 조사보고서 또는 추가 조사보고서가 발행된 이후에 Rule 70a EPC에 따른 통지문을 받은 경우, 조사보고서가 공개된 날로부터 또는 Rule 70a EPC 통

지문을 받은 날로부터 6개월 이내

3) 심사부에서 심사한 결과에 대해 Art. 94(3) EPC에 따르는 통지문을 받은 경우, 상기 통지된 날로부터 4개월 이내(2개월 연장 가능)

4) Rule 71(3) EPC에 따른 허여의사 통지를 받은 경우, 상기 통지된 날로부터 4개월 이내

Euro-PCT출원이 아닌 **정규 EP 출원의 경우,** Rule 161/162 EPC에 따른 통지를 받지 않으므로 **조사보고서와 조사의견을 통지받지 전에, 명세서를 보정할 기회는 없다**(Rule 137(1) EPC).

모든 Euro-PCT출원은 유럽단계 진입 후에 Rule 161/162 EPC에 따른 통지를 받게 된다. 만일, EPO가 국제단계에서 국제조사기관으로 조사보고서상에 부정 적인 의견(negative WO-ISA)을 표시했거나, 국제예비심사기관으로 심사보고서상에 부정적인 심사결과(negative IPER)를 제시했거나, 추가국제조사기관으로서 추가 조사보고서상에 부정적 표시(negative SISR)를 한 경우에는, Rule 161/162 EPC에 따른 통지에 대한 답변서(필요 시 보정서 포함) 제출이 의무사항이다. 만일, 이러한 의무적 답변서 제출에 대응하지 않으면 해당 출원은 취하 간주된다(Rule 161(1) EPC).

EPO가 국제조사기관 또는 추가국제조사기관이 아니었던 경우, EP 단계 진입 후 추가 조사보고서가 발행된다. 따라서 Rule 161/162 EPC에 따른 통지에 대해 청구항을 자진하여 보정한 경우, 보정된 청구항을 바탕으로 추가 조사보고서 및 의견서가 작성된다.

위의 2)에서 언급한 시기 관련하여, 조사보고서가 발행된 이후에 Rule 70a EPC에 따른 통지문이 발행되기 전까지 경우에 따라 몇 개월의 시간차가 발생한다. 대부분의 경우, 출원인은 Rule 70a EPC에 따른 통지문을 받은 이후에, 보정안을 제출하는 것이 일반적이다. 하지만 EPO에서는 **조사보고서가 발행되고 나서 Rule 70a EPC에 따른 통지문이 발행되기 전에 보정안을 제출하는 것도 허용하며, 심사기간을 줄여서 특허등록을 최대한 빨리 받고자 하는 출원인의 경우, 이 시기에 보정안을 제출하는 것을 적극적으로 활용**할 수 있다.

European Patent Office
80298 MUNICH
GERMANY

Questions about this communication ?
Contact Customer Services at www.epo.org/contact

Vossius & Partner
Patentanwälte Rechtsanwälte mbB
Siebertstrasse 3
81675 München
ALLEMAGNE

Date	
	22.03.17

Reference	Application No./Patent No.
Z2598 EP	
Applicant/Proprietor	

Communication pursuant to Rules 161(2) and 162 EPC

1. Amendment of the application (R. 161(2) EPC)

The above-mentioned international (Euro-PCT) application has entered the European phase.

Under Articles 28, 41 PCT and Rules 52, 78 PCT the application may be amended before a designated or elected Office.

In accordance with Rule 161(2) EPC, you may amend your application once within a **non-extendable period of six months** after notification of the present communication.

If filing amendments, you must identify them and indicate the basis for them in the application as filed. Failure to meet either requirement may lead to a communication from the Examining Division requesting that you correct this deficiency (R. 137(4) EPC).

The claims applicable on expiry of this period, i.e. those filed on entry into the European phase or in response to the present communication, will form the basis for the calculation of any claims fee to be paid (see page 2).

2   Claims fees under Rule 162 EPC

If the application documents on which the European grant procedure is to be based comprise more than fifteen claims, a claims fee shall be payable for the sixteenth and each subsequent claim within the period provided for in Rule 159(1) EPC.

☑ Based on the application documents currently on file, all necessary claims fees have already been paid (or the documents do not comprise more than 15 claims).

☐ All necessary fees will be debited automatically according to the automatic debit order.

☐ The claims fees due for the claims .... to .... were not paid within the above-mentioned period.

Registered letter
EPO Form 1226CC 06.15 (NFS) EUOL   (15/03/17)   page 1 of 2

유럽조사보고서(또는 보충적 유럽조사보고서)와 유럽조사의견서를 통지받게 되면, 출원인은 조사의견에 대한 답변서를 반드시 제출해야 한다. 이때, 답변서와 함께 필요시 청구항, 상세한 설명 또는 도면에 대한 보정을 제출할 수 있다(Rule 137(2) EPC).

유럽조사의견서는 실질적으로 EPO가 처음으로 청구항에 정의된 발명의 특허성 및 명세서의 형식적 하자에 대한 의견을 표명한 것이므로, 심사결과를 받은 것과 동일하게 간주하여 철저히 답변서 및 보정서를 준비하여 대응해야 한다.

위의 3)에서 언급한 시기 이후에 보정서를 제출할 경우, 보정서를 받아들일지 여부는 심사부의 재량에 달려 있다. 심사부는 개별 출원 건의 상황인 현재까지의 심사진행 상황을 고려하여 판단하게 되는데, 중요한 판단 기준은 출원인에게 이미 충분한 보정의 기회가 있었는지 여부이다. 특히나, 심사부가 이전에 지적한 그래서 이미 삭제했던 하자를 다시 명세서에 넣은 보정은 허용되지 않는다(GL H-II 2.3, 5th par.).

또한, 보정서는 가능한 심사 진행의 초기단계에 제출할 때, 심사부가 재량으로 받아들여 줄 가능성이 높다. 나중에 제출될수록, 출원인이 특허를 받는 이익과 EPO가 심사절차를 종료하는 이익의 경중을 따지는 데 있어서, 절차적 경제성이 중요한 판단 요소가 되어 심사부가 보정을 받아줄 가능성이 낮아진다(GL H-II 2.3, 5th par.).

한편, 이미 허여가능하다고 판단된 청구항을 추가 한정하는 보정이나, 이미 충분히 명료한 명세서나 청구항을 보다 명료하게 하는 보정은 통상적으로 받아들여진다(GL H-II 2.3, 6th par.).

위의 4)에서 언급한 시기에 출원인의 보정은, 통상적으로 명세서의 형식적 요건에 부합되도록 심사부가 재량으로 수행한 보정(가령, 독립항을 two-part form으로 만들거나, 발명의 요약부가 허여 대상인 청구항과 부합되도록 변경하거나, 심사 과정에서 인용된 선행특허를 종래기술 설명하는 부분에 추가하거나, 명세서 내에 불명확한 표현을 삭제하는 보정 등)에 대한 정정을 요구하기 위해 신청하는 것이 일반적이다.

이때, 출원인이 요청한 보정이 받아들여지면 심사부는 Rule 71(3) EPC에 따른 두 번째 통지를 발송한다. 만일, 출원인이 요청한 보정이 받아들여지지 않으면, 심사 절차가 재개된다.

유럽정규출원 및 Euro—PCT출원의 보정 가능시기를 시간축에서 표시하면 다음과 같다.

▣ 유럽출원 후 보정 가능시기

7.5 연차료 회차 및 납부 마감일 계산 방법은?

유럽특허출원을 한 후 **출원일로부터 3년차 및 그 후 년차에 대해서 연차료를 납부해야 한다**(Art. 86(1) EPC). 다가오는 년차에 대한 **연차료를 납부 마감일은, 출원일이 포함된 달의 마지막 날**이 된다(Rule 51(1) EPC).

연차료를 간단히 계산하는 방법으로는, 현재 연도에서 출원연도를 뺀 값에 1을 더하면 그 해 납부해야 할 연차료의 년차가 나오고, 마감일은 출원일이 속한 달의 마지막 날이다. 가령, 출원일이 2012년 3월 12일이고 2020년에 납부해야 할 년차는, (2020−2012)+1=9 해서 9년차에 해당하고, 마감일은 3월의 마지막 날인 3월 31일이 마감이 된다. 즉, 2020년 3월 31일까지 9년차 연차료를 납부해야 한다.

3년차 연차료는 마감일로부터 6개월 이전에 납부할 수 없고, **3년차 이후 연차료는 마감일로부터 3개월 이전에 납부할 수 없다**(Rule 51(1) EPC). 만일, 연차료를 마감일 내에 납부하지 못한 경우, **마감일로부터 6개월 이내에 50% 추가료와 함께 납부 가능**하다(Rule 51(2) EPC).

예를 들어, 2016년 11월 15일에 출원한 경우, 3년차 연차료 마감일은 2018년 11월의 마지막 날인 2018년 11월 30이 되고, 3년차 연차료를 납부할 수 있는 가장 빠른 날은 해당 마감일로부터 6개월 전인 2018년 5월 31일이 된다(GL A-X, 5.2.4). 만일, 마감일인 2018년 11월 30일까지 3년차를 납부하지 못한 경우, 마감일로부터 6개월 이내인 2019년 5월 31일까지 50% 추가료와 함께 납부 가능하다.

1. Euro-PCT출원의 경우

Euro-PCT출원의 경우, 연차료에 대한 년차 계산은 **국제출원일을 기준으로 계산**한다(Art. 153(2) EPC). 예외적으로, 국제출원이 31개월 기한 마지막 날에 유럽단계 진입을 하였고, **유럽단계 진입시점에 국제출원일 기준으로 따져서 이미 3년차 연차료 마감일이 경과한 경우, 이 Euro-PCT출원의 3년차 연차료 마감일은 유럽단계 진입한 날**이 된다(Rule 159(1) EPC). 이 경우, **추가료 50%를 내면서 3년차 연차료를 낼 수 있는 마지막 날은 유럽단계 진입일로부터 6개월이 되는 날**이다.

예를 들어, 2016년 7월 15일에 출원한 한국특허출원을 우선권으로 하여, 2017년 7월 14일에 국제출원을 하였고, 우선일로부터 31개월의 마지막 날인 2019년 2월 15일에 유럽단계 진입을 하였다. 이 Euro-PCT출원에 대해서, 3년차 연차료의 마감일은 국제출원일을 기준으로 따져서 2019년 7월 31일이 되고, 3년차 연차료를 납부할 수 있는 가장 빠른 날은 2019년 1월 31일이 된다(GL A-X 5.2.4). 50% 추가료를 내면서 3년차 연차료를 납부할 수 있는 마지막 날은 2019년 7월 31일로부터 6개월 이내인 2020년 1월 31일이 된다.

또 다른 예로, 2016년 4월 20일에 출원한 한국특허출원을 우선권으로 하여, 2016년 10월 17일에 국제출원을 하였고, 우선일로부터 31개월의 마지막 날인 2018년 11월 20일에 유럽단계 진입(Euro-PCT)을 하였다. 이 Euro-PCT출원에 대해서, 3년차 연차료의 마감일은 국제출원일을 기준으로 따져서 2018년 10월 31일이 되는데, 이는 유럽단계 진입하기 전에 이미 지났다. 이 경우, 3년차 연차료의 마감일은 유럽단계 진입일인 2018년 11월 20일이 된다. 50%의 추가료를 지불하면서 3년차 연차료를 납부할 수 있는 마지막 날은 2018년 11월 20일로부터 6개월 후인 2019년 5월 20일이 된다(GL A-X 5.2.4).

2. 분할출원의 경우

분할출원에 대한 연차료 계산은, 분할출원의 기초가 된 가장 앞선 모출원의 출원일을 기준으로 계산한다(Rule 51(3) EPC). 일반적으로, 분할출원은 모출원의 출원일로부터 최소 2년이 경과한 시점 이후에 출원하는 경우가 많으므로, **분할출원일 이전에 도래했던 그리고 분할출원일 당일날에 도래하는 연차료는 분할출원일로부터 4개월 이내 납부해야** 한다. 만일, 이 기간 내에 납부하지 못한 경우, 분할출원일로부터 6개월 이내 50% 가산료와 함께 납부할 수 있다(Rule 51(3) EPC).

예를 들어, 2009년 4월 8일에 출원한 유럽출원을 기초로, 2019년 6월 4일 분할출원을 했다고 가정하자. 2019년 4월 30일은 11년차((2019−2009)+1=11) 연차료 마감일이었고, 분할출원한 시점에 이미 지났다. 따라서 분할출원일로부터 4개월 이내에, 3년차부터 11년차까지 모두 합한 금액인 약 11,160유로를 연차료로 납부해야 한다.

만일, 상기 분할출원일로부터 4개월 이내에 새로운 연차료의 마감일이 도래한 경우, 상기 4개월 이내에는 추가료 없이 해당 연차료를 납부할 수 있고, 이때 50% 추가료와 함께 연차료를 낼 수 있는 기한은 마감일로부터 6개월 이내이다(J 4/91).

예를 들어, 모출원은 2008년 3월 25일에 출원되었고, 모출원을 기초로 2011년 1월 11일에 분할출원을 하였다. 이 경우, 분할출원에 대한 3년차 연차료 마감일은 2010년 3월 31일이었는데, 분할출원일 이전에 이미 지나갔으므로 분할출원일이 3년차 마감일이 된다. 또한, 4년차 연차료 마감일은 2011년 3월 31일인데, 이는 분할출원일로부터 4개월 기한인 2011년 5월 11일 이내이다. 따라서 이 분할출원에 대해서는, 2011년 5월 11일까지 3년차 연차료와 4년차 연차료를 추가료 없이 유효하게 납부할 수 있다. 만일, 2011년 5월 11일까지 3년차와 4년차를 납부하지 않은 경우, 50% 추가료와 함께 3년차를 납부할 수 있는 기한은 분할출원일로부터 6개월 내인 2011년 7월 11일까지이다. 또, 50% 추가료와 함께 4년차를 납부할 수 있는 기한은, 4년차 마감일인 2011년 3월 31일부터 6개월 내인 2011년 9월 30일이 된다(GL A-IV 1.4.3).

3. 연차료 미납의 법적효과

50% 추가료와 함께 연차료를 납부할 수 있는 6개월의 기한 내에도 연차료를 납부하지 못한 경우, 출원은 취하된 건으로 간주한다(Art. 86(1) EPC). 이러한 취하 간주는 6개월의 기간이 지나가자마자 발생하는 것으로 본다(J 23/14).

연차료 미납에 의한 권리상실의 경우, 절차속행 신청을 이용해서 회복될 수 없고(Rule 135(2) EPC), **권리회복 신청을 통해서만 회복할 수 있다.** 다만, 권리회복 신청을 하기 위해서는, **모든 주의 의무를 다했음에도**(all due care) **연차료 미납이 발생했다는 것을 입증해야** 한다(Rule 136 EPC).

또한, 권리회복을 신청하기 위해서는, 지키지 못한 기한 만료일로부터 1년 이내에 신청해야 한다(Rule 136(1) EPC).

위 2)의 마지막에 소개한 예에서, 3년차 연차료를 2011년 7월 11일까지 또는 4년차 연차료를 2011년 9월 30일까지 납부하지 못해서 해당 출원이 취하 간주된 경우에, 3년차 연차료 미납으로 발생한 권리상실에 대한 권리회복 신청은 2012년 7월 11일까지 해야 하고, 4년차 연차료 미납으로 발생한 권리상실에 대한 권리회복 신청은 2012년 10월 1일까지(2012년 9월 30일은 일요일) 해야 한다(GL A-IV 1.4.3).

4. 연차료 납부는 언제까지?

납부해야 할 마지막 연차료는, 해당 출원의 특허허여(grant of the European patent)가 유럽특허공보에 공개되는 년도에 해당하는 연차료이다(Art. 86(2) EPC).

예를 들어, 2017년 7월 2일에 출원하였고, 2019년 7월 31일에 3년차 연차료를, 2020년 7월 31일에 4년차 연차료를 납부하였다. 이후 2020년 11월 4일에 유럽특허공보에 해당 출원의 특허허여가 공개되었다(GL A-X, 5.2.4). 이 경우, 특허허여가 공개된 시점은 4년차에 해당하고, 이 4년차 연차료는 이미 납부하였으므로, 5년차 연차료는 유럽특허청에 납부할 의무가 없다. **특허허여가 공개된 시점 이후에 도래하는 연차료 마감일에 대해서는 유럽특허청이 아닌 개별국 특허청에 납부해야 한다.**

5. 납부된 연차료 조회방법

EPO가 온라인으로 제공하는 European Patent Register(https://register.epo.org)를 통해 해당 유럽특허출원의 출원번호나 공개번호를 입력한 후, "About this file"이라는 좌측 탭을 선택하면 해당 출원에 대한 관련정보들이 보인다. 이 정보 중에서 중간을 보면 "Fee paid"라는 항목이 나오는데, 여기서 몇 년차 연차료가 이미 납부된 상태인지를 확인할 수 있다.

예를 들어 EP 2,345,678 특허를 조회해 보면 다음과 같이 7년차까지 연차료 납부 후 등록되었다는 사실을 알 수 있다.

Examination procedure	16.12.2010	Examination requested [2011/29]
	12.04.2011	Despatch of a communication from the examining division (Time limit: M04)
	17.08.2011	Reply to a communication from the examining division
	10.07.2015	Despatch of a communication from the examining division (Time limit: M04)
	09.11.2015	Reply to a communication from the examining division
	22.03.2016	Despatch of a communication from the examining division (Time limit: M06)
	01.08.2016	Reply to a communication from the examining division
	06.12.2016	Communication of intention to grant the patent
	16.03.2017	Fee for grant paid
	16.03.2017	Fee for publishing/printing paid
	16.03.2017	Receipt of the translation of the claim(s)
Divisional application(s)	EP17156140.0 / ↗ EP3184562	
	The date of the Examining Division's first communication in respect of the earliest application for which a communication has been issued is 12.04.2011	
Opposition(s)	29.01.2018	No opposition filed within time limit [2018/14]
Fees paid	**Renewal fee**	
	11.12.2012	Renewal fee patent year 03
	12.12.2013	Renewal fee patent year 04
	11.12.2014	Renewal fee patent year 05
	10.12.2015	Renewal fee patent year 06
	13.12.2016	Renewal fee patent year 07

8.1 유럽특허청은 출원사실 증명서를 발급해 주나?

8.2 인수받는 특허출원을 기초로 정당한 권리자로서 분할출원할 수 있는 시기는?

8.3 특허권의 이전이나 실시권 설정을 등록하는 방법은?

8.4 유럽특허의 심사이력(file history)을 확인하고 다운로드받는 방법은?

8.1 유럽특허청은 출원사실 증명서를 발급해 주나?

결론적으로, 유럽특허청은 한국특허청에서 발행해 주는 출원사실증명원에 대응될 수 있는 서류를 발행해 주지 않는다.

따라서 이러한 증명서류 대신에 출원사실 여부를 간접적으로 입증하기 위해 활용할 수 있는 것으로는, ⅰ) 유럽대리인이 서명한 출원신청서(Request for grant of a European patent)와 특허청의 접수확인서(Acknowledgement of receipt) 또는 ⅱ) 유럽특허공개문헌이 있다.

한편, 특허등록이 되면 특허청은 등록특허에 대한 증명서(Certificate)를 발행한다(Rule 74 EPC). 2022년 1월 1일 기준으로, 이 증명서에는 특허번호 및 특허권자이름과 주소만이 기재되나, 2022년 4월 1일부터는 특허번호, 특허권자의 이름과 주소, 발명의 명칭 및 유럽특허공보에 공개된 날 등 좀 더 자세한 정보를 기재하게 된다(OJ EPO 2021 A94). 참고로, 한국특허청에서 발행하는 특허등록증은 특별한 문양이 인쇄된 양식을 사용하여 시각적인 주목을 끌 수 있는 형태이지만, 유럽특허청이 발행하는 증명서는 유럽특허청 마크만 표시된 간단한 양식으로 되어 있어서 칼라인쇄를 하더라도 소위 '장식적' 목적으로 쓰이기 부족한 측면이 있다.

8.2 인수받는 특허출원을 기초로 정당한 권리자로서 분할출원할 수 있는 시기는?

분할출원을 할 시점에 모출원의 출원인으로 유럽특허등기부(https://register.epo.org)에 **등재된 당사자**만 상기 모출원을 기초로 분할출원을 할 수 있다(GL A−IV 1.1.3).

따라서 인수자가 인수받는 특허출원을 기초로 분할출원을 최대한 빨리 하기 위해서는, 최대한 빨리 그러한 권리 인수를 증명할 수 있는 문서와 함께, 해당 특허출원의 권리 이전을 특허청에 등록해야 한다(Rule 22 EPC).

8.3 특허권의 이전이나 실시권 설정을 등록하는 방법은?

특허출원을 한 경우, 등록 전이라도 특허받을 수 있는 권리를 양도할 수도 있고 (Art. 71 EPC), 특허출원에 대한 실시권 계약을 체결할 수도 있다(Art. 73 EPC). 이러한 권리 사실은 유럽특허등기부에 등록 가능하다. 등기부 등록을 위해서는 해당 신청과 함께 이를 입증할 수 있는 문서도 제출해야 한다.

등록 후 이의신청 청구기간, 즉 특허허여 여부가 유럽특허공보에 공개된 날로부터 9개월 또는 이의신청절차 진행 중인 시기 내에도, 유럽특허등기부에 상기 권리 관계를 등록할 수 있다.

이 기간을 경과한 이후에는 특허권 양도 또는 실시권 설정 내용을 유럽특허등기부에 등록할 수 없다. 이 시기에는, 유럽특허등기부가 아닌 각 개별국의 등기부에 등록하는 방법을 이용해야 한다. 예를 들어, 독일, 영국 및 프랑스에서 권리가 유효한 유럽특허에 대해서, 독일과 영국 내에서의 특허권을 인수한 경우, 특허권자 변동 내용을 독일과 영국특허시스템에서 제공하는 등기부에 등록할 수 있다.

개별국에 따라서 그리고 특허권 이전의 양태나 실시권의 종류에 따라서 등기부 등록에 요구되는 서류가 다를 수 있으므로, 등기부 등록에 요구되는 정확한 서류의 종류는 개별국 대리인에게 문의하는 것이 바람직하다.

8.4 유럽특허의 심사이력(file history)을 확인하고 다운로드받는 방법은?

유럽특허등기부(European Patent Register, register.epo.org) 사이트를 통해 유럽특허의 심사이력을 확인하고 파일들을 다운받을 수 있다. 예를 들어 설명하면, 다음과 같이 유럽특허등기부 사이트에서 특허번호 EP 2,345,678을 입력한다.

다음에 아래와 같은 화면이 나오는데, 여기서 좌측 칼럼의 'Event history'를 클릭한다.

그러면 다음 화면과 같이 심사과정 이력 및 관련 파일 리스트가 보인다. 각 이벤트 좌측의 체크박스를 선택하거나 전체 체크박스 선택한 후 'Selected document'를 눌러서 해당 파일을 다운받을 수 있다.

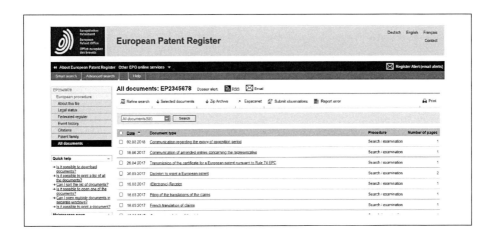

8.5 독일특허의 심사이력(file history)을 확인하고 다운로드받는 방법은?

유럽특허의 심사이력뿐만 아니라 독일특허의 심사이력을 다운로드받는 방법에 대한 문의가 많다. 실무적인 편의를 위해 이 방법도 같이 소개드린다.

우선 독일특허청 등기부 사이트(register.dpma.de/DPMAregister/Uebersicht?lang=en) 에 접속하면 아래 화면이 나온다.

위 화면의 'Go directly to the Basic search' 밑에 'patents, utility models, topographies and supplementary protection certificates' 항목을 클릭하면 다음 화면이 나온다.

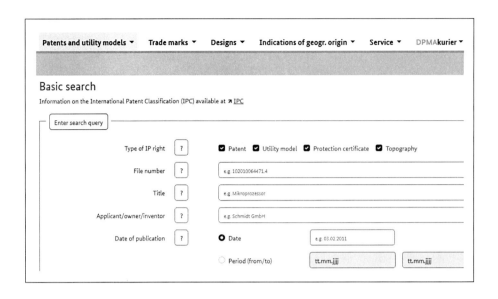

위 화면에서 'File number'에 예를 들어 독일특허 공개번호 DE102020123456을 입력하고 엔터를 치면 아래 화면이 나온다.

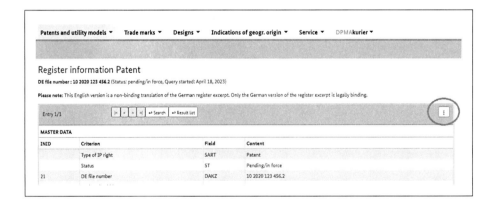

위 화면의 우측 중간에 동그라미 안에 있는 점 세개로 표시된 아이콘을 클릭하면 'File inspection'이라는 하위 메뉴가 나온다. 이를 선택하면 다음 화면이 나온다.

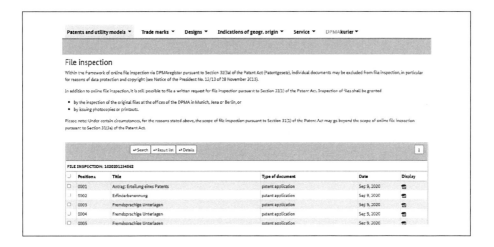

이 화면에서 각 이벤트 좌측의 체크박스를 선택하거나 전체 체크박스를 선택한 후, 화면 우측의 점 세개로 표시된 아이콘의 'Show selection'을 선택하면 해당 파일들을 PDF 파일로 보여주고 다운로드도 가능하다.

8.6 유럽특허가 현재 어느 국가에 유효한 상태인가 확인하는 방법은?

유럽특허등기부(European Patent Register, register.epo.org) 사이트에 접속하여 해당 특허번호를 입력한다.

예를 들어 EP 2,345,678을 입력하면 아래와 같은 화면이 나온다.

여기서 좌측 칼럼의 'Legal status'를 클릭하면 아래와 같은 화면이 나온다.

이 화면에서는 각 나라에서 해당 특허의 유효화(Validation)가 이루어졌는지 아닌지를 알 수 있다. 즉, 'Lapse'라고 표시된 나라에서는 유효화가 이루어지지 않았다는 것을 의미한다. 반면, EP 2,345,678 특허에 대해서는 독일(DE), 핀란드(FI), 프랑스(FR), 영국(GB) 및 스웨덴(SE)에서 유효화가 이루어졌음을 알 수 있다.

유효화가 이루어진 국가 내에서 연차료 납부가 지속적으로 이루어져 해당 특허가 여전히 유효한 상태인가를 확인하기 위해서는 두 가지 방법이 있다.

첫 번째 방법으로는, 위 'Legal status' 화면을 스크롤 다운하면 나오는 INPADOC data를 통해서 확인할 수 있다. INPADOC data의 맨 하단 데이터를 보면 가장 최근의 이벤트를 확인할 수 있다. 가장 최근에 어느 국가에 연차료를 납부했는지 또는 어느 국가에 연차료를 납부하지 않아 기한이 경과했는지 확인할 수 있다.

두 번째 방법으로는, 각국 특허청 사이트에 들어가서 확인하는 방법이 있다. 위 'Legal status' 화면에서 독일국가 약어인 'DE'를 클릭하면 아래 화면과 같이 독일특허청이 제공하는 해당 특허의 정보가 나온다.

이 화면의 'Status' 항목에 'Pending/in force'로부터 해당 특허가 독일 내에 유효한 상태임을 알 수 있다.

| Patents and utility models ▾ | Trade marks ▾ | Designs ▾ | Indications of geogr. origin ▾ | Service ▾ | DPMAkurier ▾ |

Register information Patent

DE file number : 60 2010 041 822.7 (Status: pending/in force, Query started: February 9, 2023)

Please note: This English version is a non-binding translation of the German register excerpt. Only the German version of the register excerpt is legally binding.

MASTER DATA

INID	Criterion	Field	Content
	Type of IP right	SART	Patent
	Status	ST	Pending/in force
21	DE file number	DAKZ	60 2010 041 822.7
96	EP file number	EAKZ	10 19 5312.3
97	EP publication number	EPN	2345678
54	Designation/title	TI	Aufzeichnungsmaterial
51	IPC main class	ICM	C08F 265/00 (2006.01)

앞서 'Legal status' 화면에서 영국국가 약어인 'GB'를 클릭하면 아래 화면과 같이 영국특허청이 제공하는 해당 특허의 등록정보가 나온다. 'Last Renewal Date' 날짜를 통해 해당 특허가 현 시점에서 유효한 상태인지 아닌지 확인할 수 있다.

8.7 경쟁사 특허의 등록을 저지하거나 넓은 권리범위로 등록되는 것을 막기 위한 수단은?

제3자 의견제출(third party observations) 제도를 활용할 수 있다. 제3자 의견제출은 대상 특허가 공개된 후 **누구든지 할 수 있으며, 신규성 및 진보성 부족에 대한 의견뿐만 아니라, 특허받을 수 없는 발명**(Art. 52 and 53 EPC), **산업상 이용가능성** (Art. 57 EPC), **불명료**(Art. 84 EPC), **충분한 개시 부족**(Art. 83 EPC) **및 보정 요건 위반**(Art. 76(1), 123(2) and (3) EPC)을 근거로 제출할 수 있다(Art. 115 and Rule 114(1) EPC).

제3자 의견제출은 대상 특허가 공개된 후 가능하므로, **심사단계뿐만 아니라 이의신청단계에서도 가능**하다.

제3자 의견제출은 특허청 공식언어 중 하나로 작성할 수 있고, 의견의 근거를 명시해야 한다. **제3자 의견제출은 익명으로도 제출**할 수 있다(GL E-Ⅵ 3, 2nd par.).

의견을 뒷받침하는 문서들은 어떤 언어라도 무방하다. 이 경우 특허청은 정해진 기간 내에 특허청 공식언어로 된 번역문 제출을 요구할 수 있다. 이 기간 내 번역문 제출이 이루어지지 않으면 고려되지 않는다(GL E-Ⅵ 3, 3rd par.).

특허청은 제3자 의견제출 내용에 대응해 취할 조치에 대해서 해당 제3자에게 별도로 통지하지 않는다. 다만, 제출된 의견을 검토한 결과는, 다음 특허청이 발행하는 다음 통지문에 간략히 언급되어 해당 제3자가 그 결과를 확인할 수 있다(GL E-Ⅵ 3, 4th par.).

제출된 의견은 지체없이 출원인/특허권자에게 통보되고 해당 출원인/특허권자는 이에 대한 의견서를 제출할 수 있다. 제출된 의견이 전체 또는 부분적으로 발명의 특허성에 문제를 제기할 경우, 심사부 또는 이의신청부는 다음 통지문 발행 시 해당 내용을 반영한다. 만일, 제출된 의견이 문서가 아닌 선행자료(prior use 등)에 기반하면, 주장된 사실이 출원인/특허권자와 다툼이 없거나 합리적인 의심을 넘어 확실한 경우에만 고려된다(GL E-Ⅵ 3, 5th par.).

Rule 71(3) EPC에 근거한 허여의사 통지(Notice of intent for grant)**를 발행한 후** 그리고 허여결정이 특허청 우편서비스에 전달되기 전에 접수된 제3자 의견제출의 경우, 심사부는 제출된 내용을 검토한다. 만일, **제출된 내용이 이유가 있다고 판단하면**(considered relevant) **심사부는 심사절차를 재개하고, 그렇지 않으면 간략히 의견서를 남긴다**(GL E-Ⅵ 3, 6th par.).

구두심리에서 결정이 선언된 이후이거나, 서면심리에서의 결정이 발행되어 특허청 우편서비스에 전달된 이후에 접수된 제3자 의견제출은 내용에 대한 언급 없이 파일포대에 포함된다(GL E-Ⅵ 3, 7th par.).

특허청 절차가 계류 중이지 않은 상태에서 제출된 제3자 의견제출은 고려되지도 않고 파일포대로 공개되지 않는다. 다만, 이의신청절차나 한정절차의 개시와 같이, 특허청 절차가 다시 계류 중일 때 해당 제3자 의견제출은 고려되고 파일포대로 공개된다(GL E-VI 3, 8th par.).

　　제3자 의견제출이 익명으로 제출되지 않았고 의견이 입증된 경우, 특허청은 제3자 의견제출을 접수한 후 **3개월 내에 다음 통지문을 발행**하도록 최선을 다한다. 기 발행된 통지문에 대한 출원인이 답신을 해야 되는 시점에서 제3자 의견제출이 접수된 경우, 앞서 3개월의 기간은 출원인의 답신이 접수된 시점부터 따진다(GL E-VI 3, 10th par.).

INDEX
찾아보기

저자약력

지유철(유럽변리사)

서울대학교에서 기계공학을, 연세대학교에서 통신공학을 전공하여 두 분야 석사학위를 받았다. 한국의 유명한 전자회사 특허조직에서 오랫동안 근무한 경험을 바탕으로, 2017년부터 Vossius & Partner에서 근무하면서 한국기업들의 우수한 유럽특허 확보를 위해 활동하고 있다.

Rainer Viktor(유럽 및 독일변리사)

Technical University of Munich에서 전기공학 및 IT를 전공하였다. 1995년부터 Vossius & Partner에 근무하면서, 소프트웨어, 전자제품, 의료기기 등과 관련한 폭넓은 기술분야에서, 출원뿐만 아니라 침해/무효 소송 등 다양한 특허업무를 수행하였다. 최근 Legal 500 Deutschland 및 IM Patent 등에서 우수 변리사로서 추천되었다.

Q&A로 알아보는 유럽특허 실무

초판발행	2023년 11월 13일
지은이	지유철·Rainer Viktor
펴낸이	안종만·안상준
편 집	사윤지
기획/마케팅	정연환
표지디자인	권아린
제 작	고철민·조영환
펴낸곳	(주) 박영사
	서울특별시 금천구 가산디지털2로 53, 210호(가산동, 한라시그마밸리)
	등록 1959. 3. 11. 제300-1959-1호(倫)
전 화	02)733-6771
f a x	02)736-4818
e-mail	pys@pybook.co.kr
homepage	www.pybook.co.kr
ISBN	979-11-303-4562-8 93360

정 가   23,000원